台湾研究文库
TAIWANYANJIUWENKU

台湾历史纲要

陈孔立 主编

九州出版社 | 全国百佳图书出版单位
JIUZHOUPRESS

图书在版编目（CIP）数据

台湾历史纲要 / 陈孔立主编. -- 2版. -- 北京：
九州出版社，2019.12（2021.4重印）
ISBN 978-7-5108-9038-3

Ⅰ．①台… Ⅱ．①陈… Ⅲ．①台湾－地方史 Ⅳ.
①K295.8

中国版本图书馆CIP数据核字(2020)第020994号

台湾历史纲要

作　　者	陈孔立　主编
出版发行	九州出版社
地　　址	北京市西城区阜外大街甲 35 号 (100037)
发行电话	(010)68992190/3/5/6
网　　址	www.jiuzhoupress.com
电子信箱	jiuzhou@jiuzhoupress.com
印　　刷	三河市九洲财鑫印刷有限公司
开　　本	720 毫米×1020 毫米　16 开
印　　张	17.375
字　　数	280 千字
版　　次	2020 年 3 月第 2 版
印　　次	2021 年 4 月第 3 次印刷
书　　号	ISBN 978-7-5108-9038-3
定　　价	68.00 元

《台湾历史纲要》编委会

目　录

第一章　早期台湾 ……………………………………………… 1

　第一节　地理环境和早期住民 ……………………………… 1

　第二节　早期住民的社会生活 ……………………………… 6

　第三节　早期台湾与大陆的关系 …………………………… 12

第二章　荷兰入侵的 38 年 …………………………………… 20

　第一节　荷兰和西班牙的入侵 ……………………………… 20

　第二节　殖民统治下的社会经济 …………………………… 25

　第三节　殖民统治与反抗斗争 ……………………………… 32

第三章　明郑时期 ……………………………………………… 40

　第一节　郑成功收复台湾 …………………………………… 40

　第二节　大陆移民与台湾开发 ……………………………… 47

　第三节　郑氏政权的对外关系和郑清关系 ………………… 63

第四章 清代前期 ……………………………………… 72

第一节 康熙统一台湾与经济发展 ……………… 72

第二节 移民社会的结构与内外关系 …………… 92

第三节 清政府的统治与社会矛盾 ……………… 111

第五章 清代后期 ……………………………………… 128

第一节 外国入侵与对外贸易的发展 …………… 128

第二节 由移民社会向定居社会的转变 ………… 139

第三节 台湾建省与近代化的开始 ……………… 151

第四节 反对日本占领的斗争 …………………… 167

第六章 日本统治的 50 年 …………………………… 181

第一节 殖民统治的建立 ………………………… 181

第二节 社会经济的殖民地化 …………………… 190

第三节 民族抵抗的社会运动 …………………… 208

第四节 殖民统治的强化与战时反日活动 ……… 218

第七章 当代台湾 ……………………………………… 227

第一节 台湾光复 ………………………………… 227

第二节 国民党的专制统治 ……………………… 233

第三节 经济的恢复与发展 ……………………… 242

第四节 社会与文化的变迁 ……………………… 251

第五节 本土化和自由化的推行 ………………… 264

后 记 …………………………………………………… 271

第一章　早期台湾

第一节　地理环境和早期住民

一、地理环境

台湾由台湾本岛及兰屿、绿岛(火烧岛)、琉球屿、龟山屿、彭佳屿、钓鱼岛、黄尾屿等22个附属岛屿,澎湖列岛64个岛屿组成,总面积36006.2245平方公里。

台湾位于祖国大陆东南海上,其西与福建省仅一水之隔,最近的距离是130公里;其东是太平洋,离海岸30公里,便是深达4000米以上的海沟;台湾以北有琉球群岛,通往日本本土;以南隔巴士海峡,与菲律宾群岛相望。远古时代,台湾与大陆连成一体,后来台湾岛才和大陆分开。从海底地形来看,台湾海峡海底河谷有向南及向北两大河系,这种海底河谷地形是台湾海峡还是陆地的时候,由陆上河谷侵蚀形成的。[1]最深处不过100米,过半地域深度只有50米。从海底河谷看出台湾与大陆原本连成一体。台湾就在中国东南沿海的大陆架上。

由于台湾与大陆紧密相连,因此在地形、海域、气候和植被等方面与隔

1

海相望的福建十分相似。在地势上，台湾是一个多山的岛屿，由几条平行于岛轴的山脉组成。中央山脉贯穿南北，北起苏澳，南到恒春半岛，全长 340 公里，3000 米以上的高峰林立。中央山脉西侧为雪山山脉、玉山山脉和阿里山山脉。位于平原和山地之间是台地和丘陵。平原包括河流冲积平原和海岸平原，分布于岛的周缘，主要有西部的嘉南平原、南部的屏东平原和东北部的宜兰平原。[2]福建也是一个多山的省份，境内山岭耸峙，丘陵起伏，在中部和西部有两列山脉，丘陵面积较大，而平原面积较小，只占全省面积的10% 左右。

台湾的气候与福建一样同属于亚热带海洋季风气候，夏长冬短，气温较高。平原气候自 4 月以后平均温度达 20℃ 以上，其中，6 月至 9 月，平均最高温度超过 30℃。冬季除高山以外，各地最冷月份的平均温度，均在 15℃ 以上。[3]福建全省各地，除山地和局部海拔较高的丘陵地区外，年平均气温多在 17℃—22℃ 之间。台湾雨水丰富，湿度较大，除西部沿海一带雨量较少外，其余各地年平均降水量均在 1500 毫米以上，山地雨量更大，平均在 3000—4000 毫米以上。福建绝大部分地区年降水量也在 1200—2000 毫米之间。每年冬季形成大陆境内的西北季风，影响到台湾。闽台气候带有海洋性特点。

台湾的土壤、植被也与福建大体相似。在山区广泛分布石质土和经灰化而成的各种灰化土，在低丘岗陵区主要是黄棕壤和红棕壤，在沿海低平地区为肥力较高的冲积土和贫瘠的盐土。闽台两地终年高温多雨，地形复杂，加上有不同的土壤类型，因此，生物植被繁殖力旺盛，种类繁多。台湾的森林群系就有海岸林群、热带雨林群、硫磺泉植物群、亚热带与暖温带雨林群、暖温带山地针叶树林群、冷温带山地针叶树林群、亚高山针叶树林群等。[4]

辽阔的海域，漫长的海岸线是闽台地理环境的又一特征。台湾岛周围散布着澎湖列岛及钓鱼岛群岛等众多岛屿。台湾本岛的海岸线长达 1250 公里，大部分海岸比较平直，但也有比较好的港口，如北部的基隆港、南部的高雄港和安平港。福建东濒台湾海峡，海岸线漫长曲折，达 3051 公里，全省大小港湾共 120 个，其中较大的有 14 个。良好的海域条件使闽台自古以来对外交通和海上贸易都比较发达，两地之间的来往比较方便。

参 考 文 献

〔1〕林朝棨.《从地质学说台湾与大陆的关系》，载《中原文化与台湾》，台北市文献

会，1971 年版，第 199—222 页。

〔2〕石再添主编.《台湾地理概论》，台湾中华书局，1987 年版，第 13—16 页。

〔3〕石再添主编.《台湾地理概论》，台湾中华书局，1987 年版，第 26 页。

〔4〕石再添主编.《台湾地理概况》，台湾中华书局，1987 年版，第 86—87 页。

二、早期住民

1971 年，在台南县左镇乡发现人类右顶骨残片化石，1974 年，又在同一地点发现人类左顶骨残片化石，经学者研究，是属于晚期智人，即现代人，其年代距今大约 3 万年，被命名为"左镇人"。这是至今发现的台湾最早的住民。考古学家认为，在 3 万年前更新世晚期，台湾和大陆相连，"左镇人"是从大陆东南经过长途跋涉到达台湾的。

台湾早期住民的成分比较复杂，有属于尼格利伦种的矮黑人，也有属于琉球人种的琅峤人，但大部分属于南亚蒙古人，他们是直接或间接从大陆移居台湾的。南亚蒙古人发源于我国北方，一支从东部沿海南下，散居在东南沿海一带，古称百越；另一支从西北南下，散处于我国西南山地，则称百濮。百越族又分许多支，有东瓯、闽越、南越。其中，闽越主要居住在今浙江南部和福建东部沿海，《淮南子》称"越人习水便舟"，是一个善于航海的民族，有一部分闽越族渡过台湾海峡，直接进入台湾。

闽越族是何时迁移台湾的呢？有的学者认为：在新石器时代中期或晚期，有一支越族自我国东南沿海分数批渡海到了台湾，一部分留下来与先住在那里的矮黑人相融合，后来成为泰雅、赛夏、布农、朱欧等人的祖先。这些早期住民多数住在北部，其祖先来自大陆，"所以至今仍保持有古代越、濮诸族的一些文化特征，如缺齿、去毛、文身、黥面、猎首、吹口琴、着贯头衣、住干栏屋、行崖葬及室内葬、腰机纺织以及父子连名等等，而和南方诸族有颇大的差异。"〔1〕

台湾学者从史前考古学的角度论证大陆古人类直接到达台湾，指出，在第四纪出现几次的海进和海退。每当海退时，海平面下降，古代人类趁此机会，由大陆进入台湾。例如，距今 12000 年至 4500 年前，发生海退，大陆与台湾、澎湖连成一片，大陆的绳纹陶文化人进入台湾。到下一次海进时，他们迁移到台地丘陵区，或进入山区，由于交通不便，文化发展受阻，长期保守其由大陆所带来的原始文化和古代社会制度。今日的泰雅人就是绳纹陶文化人的后裔。距今 4500 年至 2000 年前，因出现海退，台湾本岛出现大面积的海岸平原，为人类提供良好的耕种和居住条件。同时，台湾海峡变浅易于渡海，于是，居住于大陆北部海岸区的黑陶文化人，趁机进入台湾中部和南部的海岸平原，从事耕种。他们就是圆山文化人和龙山形成期文化人。由于中南部平原区已被占据，圆山文化人便迁入较为狭窄的台北盆地、淡水河岸和北部海岸。到下一次海进时，广大平原被海水淹没，居住北部的圆山文化人和居住中南部的龙山形成期文化人，被迫逐渐迁入丘陵和台地。现今的赛夏人文化比泰雅人较晚，但从脸部刺墨来看又比凯达格兰人和第二黑陶文化人较早，所以可以断定，他们是圆山文化人的后裔。现在的布农人是制造黑色陶器的能手，从其地理分布、传说、口碑以及制陶技术看，他们是龙山形成期文化人的后裔。至于凯达格兰人、第二黑陶文化人、含砂红灰陶文化人，则是在以后的海退期间，由我国大陆渡海而来的。凯达格兰人（包括蛤仔难人祖先）住在北部，第二黑陶文化人在中部，而含砂红灰陶文化人则在南部，他们都是会驾船、打鱼、农耕、捞贝的大陆沿海居民。凯达格兰人还会探矿、冶炼，他们的文化水平比较高，今日部分的平埔族就是凯达格兰人和第二黑陶人的后裔。曹人属于含砂红灰陶文化的子孙。[2]

　　早期住民除大部分从大陆直接移居之外，还有一部分是从南洋群岛移居来的南岛语族。据人类学家研究，古代有几支越人和濮人经过中印半岛到达南洋群岛，他们分别与古印度奈西安种人相融合，成为原马来人，其中大部分与先住在当地的尼格利仿种人结合。另一些则未同尼格利仿人结合，其中的一支经由菲律宾群岛进入台湾，这些人是现在鲁凯人、排湾人、雅美人、阿美人、卑南人的祖先。南部和东部的鲁凯人、雅美人、排湾人和卑南人，其体质、语言和风俗与南洋群岛之马来人有许多相同之处。在体质上，雅美人身长，头长，头幅小，头型指数为阔型，眼睛圆而大，与菲律宾土人最相近。在语言上，言语之声调尤为相似，数字的读音多与菲律宾的马来语相同，其他字声也相似。在文化特质上，台湾土著居民中也保留着印度奈西安文化系统的多数原始文化特质，如烧垦与轮休、锹耕、鹿猎与野猪猎、兽骨悬挂、手网与鱼笙捕鱼、弓箭、腰刀、木杵臼、矮墙茅屋、腰机纺织、贝饰、拔毛、缺齿或涅齿、刳木、藤竹编篓、编蔗席口琴、弓琴、鼻笛、轮舞、猎头与骷髅崇拜、亲族外婚、老人政治、年龄阶级、男子会所、多灵魂观、鸟占与梦卜、室内蹲葬、文身、几何形花纹、父子连名、双杯与并口饮等。[3]

从神话传说也可看出台湾东南部各土著居民与南岛语族的关系。如台湾南部和东部土著居民的神话传说，多数与海洋有关。阿美人传说，在很久以前，某地有一个部落，全体成员出海捕鱼，下海不久，突然发生了强烈大地震。在山崩地裂时，海水也变成滚热，于是，绝大多数人遭灭顶之灾，仅有一对聪明的姐弟，幸能驾着一只小船，手抓一把糯米，在海浪滔天之中逃生。这一对姐弟最后漂到台湾东部拉瓦山上，姐弟二人为繁殖人种着想，就结为夫妻，后来他们又生下许多子女，一代一代渐渐繁殖成一个部落。卑南人也传说他们的祖先来自太平洋的小岛，靠近台东附近，叫做巴那巴那扬（Panapanayan）。直到今天，他们举行祭祖时，仍须面对绿岛及兰屿方向祭拜。雅美人传说在太古时代，南方来了一位神人，他先创造小兰屿，再创造兰屿，返回南方，不久又回到兰屿，制造竹神和石神，生出男女，他们就是雅美人的祖先。[4] 从以上部分族群海上发祥的传说可以看出，他们的始祖是从南洋群岛渡海而来的。考古学者认为南岛语族及其文化起源于中国沿海，而向南洋一带发展；[5] 作为大陆特征的考古遗物，如石器、有段石锛、有肩石斧等，也出现在台湾及南岛语族的文化圈内[6]。

综上所述，台湾早期住民的一部分是由大陆东南沿海直接渡过海峡，进入台湾的，他们成为泰雅、赛夏、布农等人的祖先；另一部分与东南亚南岛语族的古文化特质有许多相似之处，包括鲁凯、雅美、阿美、卑南等，其祖先是从菲律宾群岛及印度尼西亚各岛屿及中南半岛迁来的，因此与南岛语族有着密切的关系。有些日本学者指出，台湾史前文化中，不但有浓厚的大陆北方文化要素，而且所谓"南方要素"也有许多是由大陆沿海传入台湾的。"台湾先史文化的基层是中国大陆的文化，此种文化曾分数次波及台湾。"[7] 不少中国学者也持类似观点。[8]

参　考　文　献

〔1〕陈碧笙.《台湾地方史》，中国社会科学出版社，1982年版，第19页。

〔2〕林朝棨.《概说台湾第四纪的地史并讨论自然史和文化史的关系》，载《考古人类学刊》第28期。

〔3〕卫惠林.《台湾土著族的渊源和分类》，载《台湾文化论集》（一），台北中华文化出版事业委员会，1954年版，第32—33页。

〔4〕陈国钧.《台湾土著社会始祖传说》，台北幼狮书店，1964年版，第7—8、66、

81—82 页。

〔5〕张光直.《中国东南海岸考古与南岛语族的起源》,载《南方民族考古》第 1 辑,
1987 年版。

〔6〕安志敏.《香港考古》,载《文物》1995 年第 7 期。

〔7〕转引自陈奇禄等著《中国的台湾》,台北中央文物供应社,1980 年版,第 97 页,
金关丈夫、鹿野忠雄等人的观点。

〔8〕例如:凌纯声《台湾先史学民族学概观序》,徐松石《东南亚民族的中国血缘》,
刘芝田《菲律宾民族的渊源》等。

第二节　早期住民的社会生活

一、旧石器文化与社会生活

台湾旧石器时期的人类遗址主要有两处:一是台南左镇乡的人类顶骨化石遗址,另一处是台东长滨乡的八仙洞遗址。左镇在台南县的东南,境内四面环山,属丘陵地带,有一条溪流,名为菜寮溪,每当大雨滂沱、河水暴涨之后,溪边显露出很多化石、石器和陶片等。1971 年 11 月,台湾学者在左镇乡发现了人类右顶骨残片化石,1974 年 1 月,又在同一地点发现人类左顶骨残片化石。根据右顶骨的氟及锰含量的研究,其年代距今有 3 万年至 2 万年,这就是"左镇人",属于旧石器时代后期。[1]

八仙洞位于台东县北端罗汉山上,属长滨乡。1968 年 3 月,台湾学者在八仙洞发现洞穴的堆积中不仅有新石器时代的文化层,并且有年代更为古老的红色土层。后来台湾大学考古发掘队在潮音洞、海雷洞及乾元洞的底层发现很丰富的旧石器时代先陶文化,获得大量先陶时代的遗物,其中有石质标本数千件,骨角器近百件及许多兽、鱼骨,命名为"长滨文化"。由于各洞穴海拔高度不同,而有早晚之分,高度越低,年代越晚。学者对于具体年代有不同的看法,[2]但大都认为长滨文化在距今 15000 年至 5000 年前。1979 年,在台北市士林区芝山岩背后的水田中,发现一件典型的砾石砍器,也属于长滨文化,说明台湾北部也存在这种文化。

在长滨文化层中发现数以千计的有人工痕迹的石片和石器,这些石质标

本中大型的石器较少，大部分使用矽质砂岩、橄榄岩、安山岩及辉长岩等质地较为粗松的砾石制成，多数石片是直接敲打砾石面加以片解的，因此保全了砾石的原有外皮，只有少量的石片有第二步加工的痕迹。另有一批石器是用石英、燧石、铁石英等质地较为致密的石料制成，一般都较小，最大的一件长仅8厘米，但加工方法较为精细，可分为边刃刮削器、尖器、刀形器。[3]这些石器的出现，说明在漫长的岁月里，台湾的早期住民奔驰在茫茫的原野中，追捕野牛、野鹿、大象等野兽，在海边捕捞鱼、蚌，用石片切割兽肉，刮削兽皮，挖掘块根，砍砸野果，与自然界展开艰苦的斗争，过着狩猎、捕捞而兼采集的原始生活。

在遗址中还发现骨角器，这些骨角器可分长条尖器和骨针两种，长条尖器是将兽长骨的一端或两端加以削尖，或者一端为关节，另一端逐渐削尖。骨针加工比长条尖器精致，反映了早期住民有较高的骨器制作技术。他们利用骨针缝制兽皮，作为防御寒冷、保护身体的服饰。在长滨文化的潮音洞的先陶文化层，发现3件木炭标本，在乾元洞先陶文化层中找到少量的木炭粉末，这说明早期住民已经用火来照明取暖、防御猛兽和烧烤食物了。

参 考 文 献

〔1〕〔3〕宋文薰.《由考古学看台湾》，载《中国的台湾》，台北中央文物供应社，1986年版，第112、105页。

〔2〕宋文薰.《由考古学看台湾》；安志敏《闽台史前遗存试探》，载《福建文博》1990年增刊。

二、新石器文化与社会生活

从台北到台中、台南以及台东都发现了新石器，其中有新石器前期遗存，也有新石器后期遗存，可以大坌坑文化、凤鼻头文化、圆山文化和麒麟文化作为代表。

大坌坑遗址位于台北八里乡（俗称八里坌）埤头村的观音后山北麓，出现了多层的文化层次。第一层为绳纹陶文化层，第二层为赤褐色素面陶文化层（圆山文化层），第三层为赤褐色方格印纹厚陶文化层，第四层为赤褐色网纹硬陶文化层。最下一层约10厘米厚，出土的陶片为棕黄色或红褐色，质粗含砂，体厚而粗重，手制，少数素面，多数有绳印纹，是用裹着绳索的印棒自上而下转动压印出来的。同时出土少量石器，有打制和磨制两种。[1]这种以绳纹粗陶及打磨石器并存为主要文化内涵的大坌坑文化，在台湾分布很广。经碳–14年代测定，在距今5000年至3700年前，属绳纹陶文化晚期。[2]

凤鼻头文化遗址，主要分布在西海岸的中南部，自大肚山起向南到岛的南端和澎湖列岛。其典型代表是高雄县林园乡凤鼻头遗址，包含各文化层的遗物，该遗址的上层为刻纹黑陶文化层，中层为印纹红陶文化层，下层为大坌坑文化层。红陶文化层的主要遗物是泥质磨光红陶。器形有大口盆、碗、细长颈的瓶、小口宽肩的罐、穿孔圈足的豆和圆柱形足的鼎，制法多属手制，然后拍印上绳纹或席纹，有的陶片上有刻画纹和附加堆纹，少数的杯片或钵片还有深红色的彩画。[3]黑陶文化的石器与红陶文化基本相同，主要有锄、斧、凿等，仍为磨制，但制作更为精美，陶器以橙红陶、黑陶和彩陶为主。黑陶形制有杯、豆和圆底罐等，仍为手制，但有慢轮修整的痕迹，全面打磨光亮，色深黑，体薄，纹饰有刻画的线条纹、波纹，也有用贝壳刻画的纹饰。

台湾北部出现的圆山文化，距今有4000年至3500年，其代表遗址是台北市北端的圆山贝丘，遗物分两层，下层属大坌坑文化，上层则是圆山文化的代表。与此文化同类型的还有大坌坑遗址上层、芝山岩、大直、尖山等数十处，遍布于淡水河两岸和淡水河上游基隆河、新店溪、大汉溪沿岸的台地上。圆山文化的石器类型很多，最能代表这一文化特质的有磨制大铲、平凸面大锄、扁平石凿、有段石锛、有肩石斧、石枪头及石箭头等。圆山文化的陶器大多数是浅棕色素面的罐形器，其中有许多带有一对由口唇到肩上的竖行把手，而显示其独特的风格。这些圆山式素面陶器的表面，往往出现大片涂上的红褐色颜料，或出现彩绘点纹或彩绘条纹，此外，圆山陶器的外表还偶见有施印网纹的，这也是圆山期文化不同于其他文化的另一特点。[4]

此外，在东部沿海一带，还有与台湾其他地区完全不同的巨石文化，其代表是台东县成功镇麒麟遗址，最大特色是由岩棺、石壁、巨石柱、单石、石象、有孔石盘等组成。

在新石器时期，早期住民的活动范围进一步扩大，他们不仅使用磨光的石斧、石锛等较进步的工具，在茂林草地上，猎取野鹿、羚羊、野猪以及其他飞禽走兽，而且还制造石箭头、网坠，从事水生动物、植物和鱼类的捞取，从圆山文化遗址出土的带有倒刺的骨角鱼叉，说明当时的渔猎技术已有所进步。

此外，农业种植业已经出现，从圆山文化出土大量的石锄、石斧和凤鼻头文化出土大宗的石刀来看，当时已开始种植和收割农作物。此外，营埔遗址还发掘到印在陶片表层里的稻壳遗痕，虽然稻壳已在烧陶过程中成为灰炭，但稻谷的外形仍完整地保留下来，据农业专家鉴定它属于印度亚种的栽培种[5]。在牛稠子遗址的红陶文化层还发现粟粒的遗迹，出土的黑陶纹饰，压印纹有圆圈纹和斜行线纹，圆圈纹是用小管形器压印上去的。据专家鉴定，这种管形器是粟类之秆管，而斜行线纹应是由粟穗压印而成的[6]。

随着社会和生产力的发展，石器制造技术，已从打制发展到磨制。在新石器时代早期的大坌坑遗址里还有打制与磨制石器并存的现象，磨制也比较粗糙。到圆山文化、凤鼻头红陶文化，主要是磨制，而且磨制技术逐步提高，石锄、石斧、石刀的刃口比较锋利，其中长方形和半月形带一孔或两孔石刀，是为了装上木柄，便于使用。凤鼻头黑陶文化层中的石锄、石斧、石锛、箭头、石刀等制作更为精美。

新石器时代的台湾住民开始烧制陶器，在圆山文化遗址的底层大坌坑文化层发现用草拌泥搭盖的半圆形低屏壁，据推测是挡风烧陶的窑址。制陶技术也不断改善，早期都是手制，用泥条盘筑陶坯，体厚，而且厚薄不均匀，而凤鼻头遗址的黑陶虽是手制，但经慢轮修整，全面打磨光亮，体薄，最薄的地方只有二三毫米。陶器的种类也多种多样，有盛储器如罐、盆；有饮食器如碗、盘；有炊具如釜、甑；有的还安上支脚。此外，还有陶纺锤、陶网坠等生产工具。陶器的装饰，制作精美，布满各种花纹，有刻画上去的和压印上去的各种绳纹、席纹等，极少数的杯片或钵片的外面有勾连形或平行线的深红色的彩画，色彩鲜艳，形象生动，古朴优美。

农业、手工业的发展，为台湾早期住民改善居住环境提供了条件，他们已开始走出洞穴，建筑房屋。如凤鼻头红陶文化遗址，坐落在海岸的一个高台地上，最顶上是居住区。发现有一所房屋遗址，长方形，东西向，残存的西南角，有七个柱洞，洞柱间隔90厘米，但西面中间的两个柱洞较宽，相隔180厘米，是门。柱洞插入地面约40厘米深。洞口覆盖一层土沥青，是为了防潮，土沥青的使用反映了当时木结构的建筑已有一定的技术水平。这所房屋是干阑式建筑。[7]

参 考 文 献

〔1〕刘斌雄.《台北八里坌史前遗址之发掘》，载《台湾文献》第 3 期。

〔2〕黄士强.《台南县归仁乡八甲村遗址调查》，载《考古人类学刊》第 35、36 期合刊。

〔3〕〔7〕韩起.《台湾省原始社会考古概述》，载《考古》1979 年第 3 期。

〔4〕〔5〕宋文薰.《由考古学看台湾》，载《中国的台湾》，台北中央文物供应社，1986 年版，第 123、128 页。

〔6〕刘斌雄.《台中清水镇牛骂头遗址调查报告》，载《台湾文献》第 6 卷第 4 期。

三、两岸古代文化的比较

近年来考古学的新发现，将闽台两地的古人类与文化关系推前到旧石器时代晚期。台湾发现左镇和长滨两处古人类遗址，福建的清流、漳州、东山也发现古人类化石。清流县境内的古人类牙齿化石，推测是旧石器时代晚期的晚期智人所有，经研究确定为距今 1 万多年。[1] 漳州人类化石是一段胫骨，其绝对年代距今 1 万年左右。东山人类化石是一段肱骨，绝对年代约距今 1 万年前后。虽然，从年代看，福建人类化石比台湾左镇人晚一些，但根据对牙齿结构的对比研究，左镇人、清流人、东山人和柳江人，同属我国旧石器时代南部地区的晚期智人，他们的体质形态基本相同，都继承了中国直立人的一些特性。可见左镇人和清流人存在着共同的起源。[2]

再从出土的石器来看，长滨文化的旧石器是用在水里磨滚过的砾石打制的有一面或两面打击的砍砸器、刮削器等，其制法与大陆南方发现的旧石器十分相似，尤其是与湖北大冶石龙头、广西百色上宋村两处出土的砾石砍砸器在基本类型和制作技术上没有什么差别。考古学家认为，"这里的砾石石器属于华南的工艺传统。"[3] 台湾学者将长滨旧石器与周围同一阶段的文化石器进行比较研究，也认为由各种条件及已知考古资料来说，台湾长滨文化的祖籍是中国大陆。[4]

以绳纹粗陶为代表的大坌坑文化，以印纹细陶为代表的凤鼻头文化和圆山文化，都和大陆东南、华南地区新石器文化有很大的相似性。大坌坑文化的遗物在大陆东南沿海各地广泛存在，1968 年，台湾学者在金门岛富国墩发现夹砂陶为主的文化遗存。1985 年至 1986 年，福建省博物馆在平潭岛的壳丘头遗址也发现了与富国墩遗址相似的文化遗址。因此，考古学界把这类型的文化遗存称之为"富国墩—壳丘头文化"。[5]富国墩遗址陶片的刻印纹和贝印纹，与台南八甲村遗址相近。壳丘头遗址出土的石器，打制与磨制并存，与大坌坑文化有许多相同和相似的文化因素，但也有不少差异性。因此可以说，大坌坑文化的产生"与大陆早期新石器的绳纹陶有着某些联系"。[6]

凤鼻头文化"是继承大坌坑文化而继续发展的，当然接受大陆文化的影响也更加显著"。[7]凤鼻头红陶显然受到大陆东南沿海地区马家浜—良渚文化的影响，当这种红陶类型文化在台湾中南部扩展时，又受到福建闽江下游昙石山文化的浸润。昙石山文化中层出土陶器以夹砂陶印纹硬陶为主。纹制为拍印的条纹和交错条纹，还有一定数量的绳纹。这些特征与凤鼻头红陶文化十分相近。再从其文化层的年代看，属于凤鼻头红陶类型文化的南投县草鞋墩遗址，其碳–14测定数据为距今4000±200年，正与昙石山中层的年代相吻合。凤鼻头上层的素面和刻画黑陶文化与昙石山遗址上层以及福建福清东张遗址中层的遗物十分相似，同属于闽台地区以几何印纹硬陶和彩陶共存为特征的古文化遗存。[8]

圆山文化以彩绘陶、印纹陶、有段石锛，有肩石斧、巴图石器为主要特征。尽管在大陆还暂时找不到基本相同的遗存，但有许多文化因素表现了密切的联系。其中有段石锛起源于长江下游，在河姆渡文化和马家浜文化便出现原始的形制，到良渚文化时又进一步发展，同时在华南分布也很普遍，台湾圆山文化中出现的有段石锛，显然有大陆文化的影响。有肩石斧起源于广东珠江三角洲，主要分布在两广、云贵各省。圆山文化中的彩绘陶、印纹陶及殷周式的双翼铜镞、石刀、玉玦等，也显然受到大陆的影响，只有巴图石器是台湾特有的遗物。[9]

此外，台东麒麟的巨石文化可能受到浙江南部瑞安、东阳巨石遗址的文化影响。[10]鹅銮鼻发现的史前遗址，与大陆东部或东南部古代文化有关。卑南发现的玉玦耳饰，则与东南亚及大陆沿海地区发现的新石器时代的玦耳饰极其相像。在台东县成功镇发现的马武窟"海蚀洞人"，采用"蹲踞葬"，台湾考古学家认为，这种葬式广见于广东、广西史前文化遗址，"海蚀洞人"很可能与大陆有关。

参 考 文 献

〔1〕尤玉柱等.《福建清流发现的人类牙齿化石》,载《人类学学报》1989 年第 3 期。

〔2〕尤玉柱主编.《漳州史前文化》,福建人民出版社,1991 年版,第 123 页。

〔3〕〔6〕〔7〕〔9〕安志敏.《闽台史前遗存试探》,载《福建文博》第 16 期。

〔4〕宋文薰.《长滨文化发掘报告》,载《中原文化与台湾》,台北市文献会,1971 年
版,第 241—260 页。

〔5〕陈存洗.《福建史前考古三题》,载《福建文博》第 16 期。

〔8〕彭适凡.《中国南方古代印纹陶》,文物出版社,1987 年版,第 359 页。

〔10〕安志敏.《浙江省支石墓的调查》,载《考古》1995 年第 7 期。

第三节 早期台湾与大陆的关系

一、早期的史籍记载

三国时代的吴国黄龙二年(公元 230 年),吴王孙权派遣将军卫温、诸葛直率领 1 万名官兵"浮海求夷洲及亶州",到达夷洲。夷洲在什么地方历来都有争论,有的认为在今天日本或冲绳,但大多数学者认为夷洲即今日台湾。有的学者指出:"夷洲之方向,地势,气候,风俗与台湾极相似,舍台湾外无可指,且近时日本人曾在台北发现指掌型之古砖,推其时代即属于三国,故夷洲之为台湾,绝无疑义。"[1] 有的学者认为,成书于公元 264 年至 280 年的《临海水土志》所记的夷洲,在地理方面无一不与今日之台湾相合,如方位:"夷洲在临海东南",临海郡北起浙江宁海一带;气候:夷洲"土地无雪霜,草木不死";物产:"土地饶沃,既生五谷,又多鱼肉";文化特征:如凿齿,"女已嫁,皆缺去前上一齿",台湾北部的泰雅人,直到明清时期,仍有此风,男女青年相爱,男"凿上颚门旁三齿授女,女亦凿三齿付男,期某日,就妇室婚,终身依妇以处"。又如猎头,勇士"战得头,著首还,中庭建一大材,高十余丈,以所得头差次挂之,历年不下,彰示其功"。台湾土著居民长期保持这种风俗,"所屠人头,挖去皮肉,煮去脂膏,涂以金色,藏诸高阁,以多较胜,称为豪侠云"。据上所述,《临海水土志》描述的夷洲就是当

时台湾的情况。[2] 吴国孙权派遣官兵前往夷洲，规模很大，时间很长，前后经历一年之久，卫温、诸葛直到达夷洲后，由于疾疫流行，水土不服，"士众疾疫死者十有八九"，不得不带领数千名夷洲人返回大陆。[3] 这是中国军队第一次到达台湾。同时，这次行动使丹阳太守沈莹有可能通过到过夷洲的官兵和由官兵带回的夷洲人，详细地了解夷洲的情况，写出《临海水土志》，留下了世界上有关台湾情况最早的记述。

隋炀帝于大业三年（公元607年）下令羽骑尉朱宽与海师何蛮一同入海，经过艰难的航行，终于到达流求（台湾）。因"言不相通，掠一人而返"。第二年，隋炀帝又令朱宽再去慰抚，但"流求不从"，仅取其布甲而返。大业六年（公元610年），派遣武贲郎将陈稜及朝请大夫张镇州率领东阳（今浙江金华、永康等地）兵万余人，自义安（今广东潮州）起航，到高华屿，又东行二日到鼋鼊屿，再航行一日，便至流求。当地土著居民"初见船舰，以为商旅"，相继前来贸易。这说明当时已常有大陆商人在那里通商，所以当地居民见到船舰才习以为常。陈稜要求当地酋长欢斯渴剌兜投降，遭到拒绝，于是隋军"虏其男女数千人，载军实而还"。[4]

隋代称台湾为流求，但《隋书》中的流求指的是什么地方，历来有不同的看法。早在19世纪末，荷兰学者施列格（Gustave Schlegel）在《古流求国考证》中从地理方位、王居及民居、政治、衣饰、兵器、战争、学术与宗教、外貌风俗及习惯、丧事、动物等12个方面，详细论证古中国地理家记载之流求，即今日之台湾。此外，中日许多学者也都主张流求即台湾。但也有少部分学者认为流求即今日之冲绳。如果用《隋书·流求传》与《临海水土志》互相印证，并与台湾土著居民的生活形态相对比，可以看出其中的历史渊源。

参 考 文 献

〔1〕林惠祥.《台湾番族之原始文化》，国立中央研究院社会科学研究所专刊第3号，1930年版，第93—94页。

〔2〕凌纯声.《古代闽越人与台湾土著族》，载《台湾文化论集》（一），台北中华文化出版事业委员会，1954年版，第4—16页。

〔3〕《三国志》，卷60全琮传、卷47孙权传，中华书局，1959年版，第1384、1136页。

〔4〕《隋书》，卷81，流求国传，中华书局，1973年版，第1825页。

二、澎湖驻军与巡检司的设立

关于汉人在台湾地区的活动，在唐朝有施肩吾《岛夷行》一诗述及，但因没有其他史料可证，许多人怀疑其真实性。到宋代，就有了明确的记载，楼钥《汪公行状》指出，乾道七年（1171年）四月，汪大猷知泉州郡，"郡实濒海，中有沙洲数万亩，号平湖，忽为岛夷号毗舍邪者奄至，尽刈所种"，汪大猷认为原来春季遣戍，秋暮始归，花费太大，因而在当地造屋200间，"遣将分屯"。[1]真德秀的《申枢密院措置沿海事宜状》则直接提到澎湖："朱宁寨去法石七十里，初乾道间，毗舍耶国入寇，杀害居民，遂置寨于此，其地阔临大海，直望东洋，一日一夜可至澎湖。"[2]因此，《汪公行状》所云海中大洲"平湖"应为澎湖无疑。稍后，宋人赵汝适的《诸蕃志》写道："泉有海岛曰澎湖，隶晋江县。"有的史书还说澎湖"宋时编户甚蕃"。[3]从上述记载中可以看出，当时澎湖已有不少居民，并在那里定居，而且已经从事粮食和经济作物的种植。更值得注意的是，宋朝政府已经在澎湖戍兵防守，澎湖在建制上已经归福建晋江县管辖了。

宋代大陆人民迁居台湾地区的原因，从福建来说，主要是隋、唐、五代以来中原人口多次南迁，使福建得到开发，但由于山多地少，土地一般比较贫瘠，产粮不多，而人口增长却很快。唐天宝元年（742年）福建五郡共9.1万余户，41万多人。到南宋绍兴三十二年（1162年），达139万余户，282.8万余人，400年间，人口增加近6倍，以致出现地狭人稠、生活困苦的状况，正如北宋末年方勺在《泊宅篇》中写道："七闽地狭瘠，而水源浅远，其人虽为勤俭，而所以为生之具，比他处终无有甚富者。"其次，寺院经济的恶性膨胀。五代十国时，福建佛教势力大肆扩张，王审知"雅重佛法"，增设寺院267所，到北宋初年，泉州已有"泉南佛国"之称。到南宋时，泉州寺田已占土地总额7/10，漳州寺田多达6/10，这就使得一般民人所占土地更少。第三，政治动乱迫使一部分人民遁逃台澎。沈文开在《杂记》中说："宋时零丁洋之败，遁亡至此者，聚众以居。"[4]《噶玛兰志略》也说："宋零丁洋之败，有航海者至此。"由于以上各种原因，大约北宋末年，最迟于南宋时，已有较多的大陆汉族人民东渡台湾海峡，到澎湖从事打鱼、捞贝和耕种。

到了元朝，到澎湖的汉人更多，他们已在此地建造茅屋，过着定居的生活，不仅到海上捕捞鱼虾，而且在岛上种植胡麻、绿豆，放牧成群的山羊，形成男子耕、渔、牧，女子纺织的聚落社会。大陆汉人开拓澎湖之后，开始向台湾岛发展。据亲自到过台湾的元代著名地理学家汪大渊所著《岛夷志略》记载，当时台湾东部高山峻岭，林木葱郁，西部平原土地肥沃，种植黄豆、黍子。大陆商人将处州的瓷器等货物运到台湾与当地土著居民交换硫磺、黄蜡和鹿皮。

随着大陆人民的不断迁居澎湖，宋、元王朝也开始经营台湾地区，南宋乾道年间已派兵到澎湖巡防。元朝至元二十八年（1291年），海船副万户杨祥请求带兵6000人前往流求招降，如其不服就发兵攻击，朝廷从其请。当时有从小生长福建沿海、熟知海道利病的吴志斗主张先从澎湖发船往谕，了解水势地利，然后发兵。当年10月，元政府命杨祥为宣抚使，给金符，吴志斗为礼部员外郎、阮鉴为兵部员外郎，给银符，往使流求，这是元朝经营流求的开始。第二年，他们从汀路尾澳起航，船行不久，望见一个低而长的岛屿，杨祥以为已到流求，率众船停靠岛边，命令刘闰带领200余人分乘11艘小船上岸。岛上的人听不懂他们的话，引起争执，元军被杀3人，不得不撤到船上，继续航行，抵达澎湖。第二天，因吴志斗失踪，只好返航，招谕流求的任务没有完成。过了5年，成宗元贞三年（1297年），元朝政府改福建省为福建平海等处行中书省，并由福州"徙治泉州，以图流求"。同年9月，福建平章政事高兴派省都镇抚张浩、福州新军万户张进二人率军再次赴流求招谕。这七八年是元朝积极经营台湾的时期。大约就在这个时期，为了便于在流求的活动，元朝在澎湖设立了巡检司。《岛夷志略》记载，澎湖"地隶晋江县，至元年间，立巡检司，以周岁额办盐课中统钱钞一十锭二十五两，别无差科"。巡检职位很低，秩九品，"职巡逻，专捕获"，其下有巡逻弓手，专管查缉罪犯，在澎湖还可能兼办盐课。[5]澎湖巡检司的出现，说明了元朝政府已经在这个地区设置了行政管理机构。[6]

参 考 文 献

〔1〕楼钥.《攻媿集》，卷88，汪公行状。
〔2〕真德秀.《西山先生真文忠公文集》，卷8。
〔3〕沈有容.《闽海赠言》，卷2，陈学伊谕西夷记，台湾文献丛刊第56种，第34页。
〔4〕周钟瑄.《诸罗县志》，卷12。
〔5〕张崇根.《台湾历史与高山族文化》，青海人民出版社，1992年版，第124页。

〔6〕1955年，荣孟源在《历史研究》第1期发表《澎湖设巡检司的时间》一文提出，设巡检司的时间应是元世祖至元，排除元顺帝至元说。1980年，陈孔立又在《中华文史论丛》第二辑发表《元置澎湖巡检司考》，进一步论证，元代澎湖巡检司设置于元世祖至元二十九年至三十一年之间，隶属于福建省晋江县。张崇根有不同看法，见《台湾历史与高山族文化》，第123页。

三、明代汉人迁居台湾

朱元璋建明朝以后，为了防止方国珍、张士诚部逃亡海上的残余势力卷土重来，也为防止倭寇的骚扰，在东南沿海实行"迁界移民、坚壁清野"的政策。以澎湖"居民叛服不常，遂大出兵，驱其大族，徙漳、泉间"。但是，迁界政策不能完全阻止福建沿海人民继续迁居澎湖的趋势，内地农民为了逃避沉重的赋税负担，"往往逃于其中，而同安、漳州之民为多"。〔1〕至明代中叶，日本侵袭鸡笼、淡水时，福建官绅就提出要设防的建议，〔2〕福建巡抚黄承玄也奏请加强澎湖防务，并随时察视台湾。〔3〕当时前往台澎的汉人更多，其中有的渔民先在澎湖列岛捕鱼，接着又到台湾中南部的魍港一带，然后扩展到鸡笼、淡水等北部渔场。这些渔民在岛上搭寮居住，成为常住居民。因此，天启二年（1622年），荷兰舰队到达澎湖时，发现有3个汉人在看守"小堂"（即天后宫），又在该处看到数只山羊和猪、牛，据说在岛的北部还有许多渔夫居住。〔4〕当他们航行到台湾岛时，有两个汉人到船上，引他们到台窝湾。荷兰人在台窝湾港附近，发现许多汉人与当地土著居民住在一起，大员港附近的许多家庭，常有汉人3至5人同居。

除了渔民之外，还有许多中国的海盗商人经常出没于台澎各地。嘉靖三十三年（1554年），陈老等"结巢澎湖"。嘉靖四十二年（1563年），林道乾集团逃入台湾，俞大猷率军追至澎湖，因水道迂曲，不敢冒进，留偏师驻守澎湖，派兵到鹿耳门等地追缉，林道乾终于从大员二鲲身遁去占城。这是明朝官兵到台湾本岛追击海盗的行动。隆庆年间，曾一本集团冲破兵部侍郎刘涛会同广东巡抚熊桴、福建巡抚涂泽民的围剿，突围北上，准备到澎湖或台湾建立新的基地。万历二年（1574年），林凤集团被福建总兵胡守仁打败，撤至澎湖。十月，林凤又自澎湖转住台湾魍港，再西渡台湾海峡至福建、广东沿海，继续进行走私贸易活动。明朝政府集中兵力打击林凤，并传谕"东番"合剿，使林凤不得不率领62艘大船逃往吕宋。虽然在明朝军队的围剿下，较大的海上武装集团无法在台澎长期居留，但大陆的散商仍然活跃于台澎各地。1582年，西班牙船长嘉列（F.Cualle）在台湾遇见一位中国商人"三弟"（santy译音），曾9次到达台湾收购野鹿皮、沙金，运回中国大陆。[5]万历三十一年（1603年），陈第跟随沈有容到达台湾与澎湖，看见"漳泉之惠民、充龙、烈屿诸澳，往往译其语，与贸易"。[6]他们用大陆运去的玛瑙、瓷器、布、盐、铜簪环等货，交换当地出产的鹿脯和皮、角。据估计，每年有十多艘漳泉商船往返于台澎各港口，从事两岸的贸易活动。

明朝万历年间，东南沿海有以颜思齐为首的海上武装集团，对日本进行海上贸易。天启元年（1621年），郑芝龙到台湾追随颜思齐。[7]天启五年，颜思齐病亡，"众推芝龙为首"。他以台湾为根据地，设立佐谋、督造、主饷、监守、先锋等官职，对当地军民实行管理。[8]同时，"置苏杭两京珍玩，兴贩琉球、朝鲜、真腊、占城诸国，掠潮、惠、肇、福、汀、漳、台、绍之间"，在海峡两岸进行大规模的走私贸易活动。为了进一步扩大队伍，他还趁福建连年大旱之机，用钱米救济饥民，"于是求食者争往投之"。由于他"劫富而济贫，来者不拒而去者不追"，沿海大量破产农民纷纷加入，他的队伍迅速扩大到3万余人，其中一部分人可能移民台湾本土，成为开发台湾的生力军。崇祯元年（1628年），郑芝龙就抚于明朝政府，授海上游击，其实他仍保持很大的独立性，就抚期间既未领过明朝政府的军饷，也从未听从明朝的调动，只不过是双方相互利用达成默契而已。明朝政府想利用郑氏集团的力量平定东南沿海海盗的骚扰，而郑芝龙也想借助明朝政府的力量，消灭刘六、刘七等众多的海上竞争对手，达到垄断海上贸易的目的。因此，郑芝龙就抚以后，努力扩大自己的队伍。

此时，福建年年旱灾，"谷价腾涌，斗米百钱，饥莩载道，死亡横野"，出现大批的无业流民，社会动荡不安。郑芝龙经福建巡抚熊文灿的批准，招募饥民前往台湾，结果募集了数万人，"人给银三两，三人给牛一头，用海舶载至台湾，令其芟舍开垦荒土为田"。[9]有人指出，在动乱饥馑年代，福建地方政府要拿出数万两银和一万头牛，诚非可能。尽管移民人数难以确定，但郑芝龙曾经运送大批饥民到台湾垦荒，则应是可信的事实。这是一次经政府批准、由郑芝龙组织的移民活动，它对台湾人口的增加和土地开发起了一定的作用。

17

参 考 文 献

〔1〕林谦光.《台湾纪略》,台湾文献丛刊第 104 种,第 64 页。

〔2〕《明经世文编》,卷 461,叶向高.答韩辟哉。

〔3〕《明经世文编》,卷 479,黄承玄.条议海防事宜疏。

〔4〕村上直次郎译注,中村孝志校注.《巴达维亚城日记》,第 1 册,东京平凡社,1974 年版,第 10 页。

〔5〕中村孝志.《十七世纪荷人勘查台湾金矿纪实》,转引自赖永祥.《台湾史研究初集》。

〔6〕陈第.《东番记》,引自《闽海赠言》卷 2。

〔7〕台湾省文献会.《台湾史》,台北众文图书公司,1984 年版,第 59—60 页;黄志中.《颜思齐郑芝龙入台时间考》,《福建师范大学学报》1983 年第 3 期。

〔8〕江日升.《台湾外纪》,福建人民出版社,1983 年版,第 13—14 页。

〔9〕黄宗羲.《赐姓始末》,台湾文献丛刊本,第 6 页。

四、日本的侵台活动

16 世纪后期,日本丰臣秀吉用武力迫使琉球国王称臣纳贡,接着把侵略的矛头指向台湾。1593 年,日本出使吕宋的原田喜左卫门,路过台湾时,递交所谓"招谕"文书,要台湾像琉球一样向日本称臣纳贡,否则就要发兵"攻伐",遭到拒绝后,又派遣钦门墩率领 200 多只战船,准备进攻鸡笼,占领澎湖。由于明朝政府已在澎湖设防,才没有得逞。

德川家康上台后,继续推行丰臣秀吉的侵略政策,1609 年,命令有马晴信率船到台澎地区,侦察海湾港口,调查物产资源,招谕台湾向日本纳贡。有马晴信船队到鸡笼,遇到当地居民的顽强抵抗,"一月不能下,则髡渔人为质于鸡笼,请盟。鸡笼人出,即挟以归"。[1] 德川家康又派许多使者直接到台湾要求通商贸易,但是这些使者都没有受到土著人的欢迎,反而有的被杀,有的被拘留作为奴隶。1615 年,德川再次命令村山等安组织大规模的武装征讨。村山等安是一个靠航海贸易发家的富商,在他担任长崎代官期间,积极发展与英国、荷兰等国商人的贸易,同时与住在平户的中国海商李旦也有来往。当他获得德川家康授予赴台湾的渡航船御朱印状后,积极征集士兵和船只,准备各种战略物资。

村山准备侵台的消息很快传到琉球,中山王尚宁特遣通事渡海向明朝政府报告："倭造战舰五百余，胁取鸡笼山岛野夷。"[2]福建巡抚黄承玄认为如果日本占领台湾，会构成对东南沿海各省的严重威胁，他调兵遣将，作了积极的防范，同时移咨浙江巡抚，督促温州、处州的将领防止倭寇的突然袭击。1616 年 5 月，村山等安派遣他的次子秋安率领 13 只船，离开长崎，远征台湾。船队驶到琉球海面被暴风雨打散，只有一只船到达台湾，遇到土著居民的顽强抵抗和包围。明石道友率领的两只船，航行到福建闽东海面的东涌，挟持明朝的侦探董伯起返回长崎。这支远征船队由于遇到暴风雨和大陆军民与台湾土著居民的顽强抵抗，而完全失败。

1617 年，日本又派遣明石道友以送董伯起回国为名，到达福建，"献方物，上章求市"，福建海道副使韩仲雍前去警告："汝若恋住东番，则我寸板不许下海，寸丝难望过番，兵交之利钝未分，市贩之得丧可睹矣，归示汝主，自择处之"，拒绝了他们的要求。[3]

参 考 文 献

〔1〕董应举.《崇相集》，筹倭管见。

〔2〕陈仁锡.《皇明世法录》，卷80，琉球，广陵古籍刻印社，1987 年版。

〔3〕张燮.《东西洋考》，卷12，台湾学生书局，1975 年版，第332—335 页。

第二章　荷兰入侵的 38 年

第一节　荷兰和西班牙的入侵

一、荷兰入侵澎湖

16 世纪是西方航海殖民势力纷纷由大西洋向印度洋和太平洋扩张的时期。1497 年，华斯哥·达·伽玛船队驶过好望角，发现新航线，接着一支支葡萄牙远征队，越过印度洋向太平洋进军。1509 年，塞克拉到达马六甲，不久，占领鹿加群岛的德那弟岛和中国的澳门等据点。与此同时，西班牙在占领海地、古巴、墨西哥以后，也把矛头指向菲律宾群岛。1521 年 3 月，费迪南·麦哲伦率领的远征队，经过漫长的航行，终于到达菲律宾的三描岛，揭开了西班牙征服东方的序幕。17 世纪初期，摆脱西班牙统治的荷兰也踏上东征的道路。1601 年，格罗次保根率船队远道来到中国沿海，要求通商贸易，没有得到明朝政府的允许。1602 年，荷兰东印度公司成立以后，由韦麻郎（W.V.Waerwijk）率领船队东来，曾经进攻澳门，遭到抵抗，转到大泥。在当地经商的福建海商李锦建议他占领澎湖，作为据点。1604 年 8 月，韦麻郎带领船队抵达澎湖时，正值春汛结束，澎湖岛上没有守兵，他们便在岛上"伐木筑舍，为久居计"。[1] 这是荷兰人第一次进犯澎湖。福建官员多次派人到澎湖警告，韦麻郎不仅不肯撤退，还派人向福建税监高案行贿。高案接受贿赂以后，派遣心腹前往澎湖，与荷兰人秘密商议通商的条件。

但是，福建巡抚徐学聚坚决反对荷兰人占有澎湖，他认为这是自撤藩篱，会导致荷兰与日本相互勾结，贻害无穷。同时，如果让荷兰人占据澎湖，就会严重影响福建的贸易和关税。徐学聚一方面上疏皇帝，一方面命令沿海各地加强防守，并派总兵施德政负责驱逐荷兰侵略者。10月，施德政派遣都司沈有容带兵到澎湖，明确表示不准通商，并要求韦麻郎立即撤离。韦麻郎不得不于12月15日退走。至今马公镇还存有"沈有容谕退红毛番韦麻郎碑"。

韦麻郎撤走以后，荷兰人并没有放弃侵占台澎的野心，因为17世纪欧洲市场对生丝及瓷器等中国商品的需求，以及由此带来的高额贸易利润，愈来愈刺激荷兰殖民者开展对华贸易的欲望。荷兰东印度公司十分重视对中国生丝的贸易，1608年，公司董事会发出指示说："我们必须用一切可能来增进对华贸易，首要目的是取得生丝，因为生丝利润优厚，大宗贩运能够为我们带来更多的收入和繁荣。"[2] 精美的中国瓷器是荷兰东印度公司极力经营的另一项重要商品，荷兰人认为中国瓷器比水晶还要美。[3] 为了源源不断地购买大量的生丝和瓷器，攫取高额的利润，荷兰殖民者迫切要求在中国沿海建立自己的贸易地点，他们选择了澎湖和台湾。

从地理位置来看，澎湖与台湾的确十分优越，它的西面正对着当年大陆东南两个重要的海上贸易商港——月港和南澳港，占领台、澎就可以控制中国商品的货源，打开对华贸易的大门。其次，台、澎向北可航行到日本、朝鲜各国，向南可抵达南洋各地，是太平洋西海岸航道的咽喉，有利于控制南北航路和远东贸易。所以荷兰殖民者虽然被迫从澎湖撤退，但仍然时时窥视这一地区。

正当荷兰殖民者处心积虑想占领台湾时，1621年11月，他们从捕获的西班牙船上获悉西班牙人也准备占领台湾的计划。于是巴城总督柯恩（J.P.Coen）立即采取先发制人的措施，向舰队司令雷约兹（Cornelis Reijersz）发出占领台湾的命令：如果进攻澳门失败，则留数艘船只监视，而将主力移驻泉州对面的毕斯卡度雷斯（Pescadores，今澎湖列岛），当舰队主力到达时，应派船到雷克贝克诺（Lequeo Pequeno，今台湾）及邻近地区探勘，抢先占领南部良港，建筑城堡，并派兵镇守。[4] 雷约兹率领舰队于1622年6月29

日抵达澎湖岛，7月11日进入马公港。8月1日，入侵者决定在澎湖风柜尾修建城堡。他们认为该岛位于漳州东南方18—19英里，安平西北约10英里，是各岛屿中最适中的地方，可以扼阻大员与大陆沿海各港口之间的航路。

雷约兹占领澎湖以后，立即派遣船只到大陆沿海，要求通商，福建巡抚商周祚要他们撤出澎湖，否则不与贸易。1623年1月，雷约兹从厦门登陆，亲自到福州。商周祚会见他，同意他们未找到适当的贸易场所以前，暂时留在澎湖岛，一旦有了新的场所应立即撤走，并私下对雷约兹的翻译说：荷兰人若离开澎湖，将与荷兰人进行贸易；如果荷兰人继续留在澎湖，则断绝与他们的一切往来。

雷约兹不断派出船队在福建沿海进行骚扰活动，从而引起明朝的严重不安。1623年7月，南居益继任福建巡抚，他一方面下令沿海戒严，任何人不得与荷兰贸易，另一方面积极准备用武力驱逐入侵者。当年冬天，福建官兵在厦门附近打败荷兰兵船。南居益整顿营伍，操练水师，准备渡海驱逐荷人。1624年2月8日，由守备王梦熊率领舟师，从澎湖北部吉贝屿登陆，从白沙岛突入镇海港，建造石城，屡出奋攻，各有斩获。荷兰侵略军被迫退守风柜城。5月，南居益命令副将俞咨皋等到达澎湖，占领山冈，对荷兰侵略者形成包围之势。此时，荷兰新任舰队司令宋克（Martinus Sonck）眼看中国兵舰布满海面，其势还在增加，他报告说："我们若不肯离开，他们将诉诸武力，……直到将我们从澎湖岛逐出中国为止。"[5] 8月间，宋克慑于明朝军队强大的威力，不得不接受中国海商李旦的斡旋：荷兰人从澎湖撤走，福建当局允许他们到台湾贸易。经与俞咨皋达成协议后，荷兰人于8月26日开始拆城，将建筑材料、大米、武器及其他财物运往台湾岛。福建官员为了收回澎湖，而对荷兰人移往台湾通商则采取忍让的态度，当时明朝政府正面临农民大起义和东北满族力量日益强大的威胁，无力顾及台湾防务。台湾就是在这种情况下，于明天启四年（1624年）被荷兰人夺占的。

参 考 文 献

〔1〕《明史》，卷325，和兰传，中华书局，1974年版，第8435页。

〔2〕Glamann. *Dutch-Asiatictrade*，引黄文鹰等《荷属东印度公司统治时期巴城华侨人口分析》，厦门大学南洋研究所，1981年。

〔3〕T. 佛尔克.《瓷器与荷兰东印度公司》，引陈万里《宋末清初中国对外贸易中的

瓷器》，载《文物》1963年第1期。

〔4〕村上直次郎.《热兰遮城筑城始末》，载《台湾文献》第26卷第3期。

〔5〕村上直次郎译注，中村孝志校注.《巴达维亚城日记》第1册，东京平凡社，1974年版，第68页。

二、荷兰占领台湾

荷兰殖民者侵占澎湖时，已十分注意调查台湾岛的情况。1622年7月，雷约兹到大员港测量，又到了琉球屿等地。他们发现大员港在涨潮时，水深可达15—16英尺，海岸的沙丘上有许多丛林，较远处有树木和竹，可利用这些材料在港口南侧建立城堡，以控制船舶的进出。同时，他们还了解到每年有日本船到达这里采购鹿皮，还有中国船运来的丝织品，与日本商人交易。[1] 1623年3月，又由商务员阿当·威府尔特（Adam Verhult）带领两只船到大员港，与中国商船试行贸易。

由于荷兰人对台湾的航道、环境、物产和贸易已作过详细的调查，因此，1624年9月，当宋克率舰队撤退到台湾后，立即在大员建筑城堡，取名奥伦治城，在北线尾岛建立商馆。后来根据阿姆斯特丹总公司的通知，将奥伦治城改称热兰遮城，并在北线尾岛建立新的城堡，命名为热堡。热兰遮城经过多次的改建和扩建，内城于1632年底完成，两年后内外城全部完工。与此同时，宋克还在赤崁地区建立另一个城堡，取名为普罗文查，到1625年已建有长官及随员宿舍、大仓库、医院、班达岛土人住宅、木匠、砖匠工房、储藏室以及中国人建的房屋三四十间。

荷兰人占领台湾不久就同日本人发生冲突，因为日本人反对向他们缴纳关税。在争执中，荷兰人指出"台湾土地不属于日本人，而是属于中国皇帝，中国皇帝将土地赐予东印度公司，作为我们从澎湖撤退的条件"，现在东印度公司已成为主人，日本人应当向他们纳税。从这些话可以看出，当时荷兰人承认台湾是中国领土，但他们说中国皇帝已将土地赐予他们，则不是事实。因为那是副将俞咨皋和地方官员的私下承诺，未经上报朝廷批准，所以《巴达维亚城日记》指出："中国人已获准前往台窝湾（安平）与我方贸易，但宫廷并未公开许可，而军门、都督及大官则予以默认。"[2] 荷兰人在大员征税引起日本人的不满，日本官方提出抗议。1628年，日本派滨田弥兵卫率领武装船只前来贸易，被荷兰台湾长官讷茨（Pieter Nugts）扣留，后来滨田又绑架讷茨，迫使荷兰人进行谈判。直到 1632 年荷兰人将讷茨引渡给日本监禁以后，日本才恢复通商。

荷兰殖民者在大员站稳脚跟以后，开始向全岛扩张。首先，征服大员附近及台南地区。1634 年 5 月，曾经准备讨伐麻豆，因兵力不足而暂停。1635年 11 月，台湾第四任长官普特曼（Hans Putmans）带领士兵 500 人，分 7 队进军，占领该村，抓获男女及儿童 26 人，交给新港人处死。第二天又将槟榔及椰子树砍倒，烧毁住房。在残酷的屠杀和镇压下，麻豆村的头人不得不与荷兰殖民者签订和约，表示服从。[3] 1636 年 1 月，普特曼又带队出征萧垄村，该村居民在荷军未到达之前，已放弃住房和财产逃亡，只留下少数人与荷兰人交涉，最终也被迫签订协议。同年 2 月，下淡水、大木连及三貂岭各村 7 个头人到达大员，被迫签订服从条约。同年 12 月，又与台湾岛南端的琅峤 16 个村缔结和约。至此，缔结和约的村达 57 个，荷兰人的势力已扩及台湾南部部分地区。

接着，荷兰殖民者把征伐的矛头指向中部地区。1641 年 11 月，新任长官保鲁斯·特罗登纽斯（Paulus Traudenius）带领军士 400 人及 300 艘三板船，由大员出发，征讨大波罗（Davole）及法沃兰（Favorlang）。他们由笨港登陆，在海岸构筑工事，然后进攻大波罗，遭到当地居民的抵抗，在损失 30多人后撤退。荷兰侵略者占领村庄，将 150 座房屋、400 个小谷仓全部烧毁，并砍倒所有的果树。第二天，进攻法沃兰村，当地头人请求不要破坏房屋，荷兰人虚伪地答应请求，但进村以后，到处放火，除保留 10—12 户的聚落二三处之外，其余房屋全被烧毁。同时，强迫他们在 20 天内派代表与大波罗、二林等村的代表一起，到大员签订归顺协议。[4]

对东部地区，1642 年 1 月，特罗登纽斯又带领 353 人，乘坐帆船从大员港出发，进攻并占领大巴六九社，将村庄烧毁，并禁止在此重建村落。[5] 到1645 年底，荷兰人已经控制了台湾西部平原，势力扩展到东部。

与此同时，荷兰人还向侵占台湾北部的西班牙人发动进攻，以扩大自己的势力范围。西班牙殖民者早在 1586 年 4 月制订征服中国的十一条款计划时，就已将攻占台湾包括在内。1597 年，在菲律宾的西班牙人提出一份"航海和征服备忘录"，并附上一张台湾地图，指出，"为了本群岛（指菲律宾群岛）的安全，占领这个港口是非常必要的"。[6] 1626 年 5 月，西班牙驻菲总督为了争夺中国对日本的生丝贸易，维持马尼拉与福建的海上航路，派遣军曹长瓦尔德斯（Antonio Carrenode Valdes）率领 14 只船，沿台湾东海岸北上，绕过三貂角，进泊鸡笼港。他们在社寮岛建筑塞堡，取名为圣·萨尔瓦多（San Salvadon），同时将鸡笼改称为特立尼达（Trinidad），把海湾称为圣地亚哥（Santiago）。[7] 1628 年，西班牙人又占领淡水，在那里建筑一座城堡，取名圣·多明哥（Santo Dominic），接着，又在鸡笼和淡水各建一座教堂，并以这两个地方为据点，向附近的北投、八里坌、新店溪扩张，甚至窜扰到宜兰、苏澳等地。

荷兰殖民者为了对付西班牙人，曾多次派人到鸡笼侦察。1641 年 8 月，派上尉林迦率领一支由 317 人组成的船队，自大员开往鸡笼，向西班牙人递交劝降信，西班牙人拒不接受。1642 年 8 月，上尉哈劳西率领兵士 690 名，乘坐 7 条船再次向台北进军，21 日到达鸡笼，当时，西班牙守军只有 100 多人，经过 5 天的激战，终因寡不敌众，开城投降，结束了西班牙人在当地 16 年的统治。至此，荷兰人的势力扩展到台湾北部。

参 考 文 献

〔1〕村上直次译注，中村孝志校注.《巴达维亚城日记》第 1 册，东京平凡社，1974 年版，第 12—14 页。

〔2〕《巴达维亚城日记》第 1 册，第 64 页。

〔3〕《巴达维亚城日记》第 1 册，第 198、235、236 页。

〔4〕《巴达维亚城日记》第 2 册，第 185、186 页。

〔5〕《巴达维亚城日记》第 2 册，第 216—218 页。

〔6〕《菲律宾群岛 1493—1898》，第 9 卷，第 299—310 页。

〔7〕《菲律宾群岛 1493—1898》，第 22 卷，第 29—100 页。

第二节　殖民统治下的社会经济

一、社会结构与职业概况

荷兰侵占台湾以后，从 1644 年起编制"番社户口表"，可以看出，从 40 年代末到 1650 年，在他们统治下的土著人口有 6 万多人，大约占土著总人口的40%—50%。当时土著人分成许多互不统属的村社，各有自己的一定领域，有的村社内部由一个12人组成的"议事会"（称为QUATY）领导，其成员必须是40岁以上的人，任职期为两年。"议事会"的权力不是至高无上的，也没有形成固定的领袖人物。每当举办有关公益活动时，"议事会"先开会商讨办法，然后召集所有的村民开会，向村民说明，以求村民支持他们的决议。村民可以提出各种看法，如果大家赞成"议事会"决议，就照样实行，如果不同意，就遵从大众的意见办事。"议事会"还有执行奖惩的职能，有权对做了错事的人予以一定的处罚。[1]

荷兰殖民统治期间，除了郑芝龙招徕移民以外，荷兰人也从大陆沿海运载移民前来台湾。1636年以后，曾在荷兰人统治下的巴达维亚担任华人甲必丹的苏鸣岗等人也从大陆招徕成批的移民，此外还有分散的零星的移民。估计从1640年到1661年，移民人数从5000人增加到35000人。[2]汉族移民主要从事农业、渔业和商业，他们以职业关系为基础逐渐形成聚落。早在万历年间，大陆渔民已在澎湖搭寮居住，到荷兰人入侵时，在打狗、下淡水、笨港、二林、大员等地，已经形成许多渔夫搭寮居住的小村落。约在1626年，西班牙人所画的《台湾岛的荷兰人港口图》中，在赤崁有6间小屋，旁边注明"赤崁中国渔夫及盗贼的村落"。《热兰遮城日记》1643年3月21日条下，亦有记载："打狗有小屋四间，有许多中国人（大多数是渔民）睡于其中。"赤崁地方是大陆与台湾通航的主要港口和本岛各地货物的集散地，成为以商贸为中心的社区。关于这些职业群体的形成，可以从康熙十二年（1673年）旗后渔村的形成看到一些痕迹：先由渔户徐阿华在旗后建立渔寮，然后召集洪应等6户渔民各盖草寮居住，后来发展成为有共同神庙、同业聚居、人烟稠密的渔村。[3]其所以形成以职业为主的聚落，首先是生产的需要，如用陷阱或张网捕鹿，都必须几个人合作才能完成；开垦荒地，兴修水利，也要依靠集体的劳动。其次，汉族移民初到台湾，人地生疏，生活上可能遇到各种各样的困难，最可能互相帮助的是同来的伙伴；当时处于开发初期，杂草丛生，疫疾遍行，随时可能碰到凶猛的野兽，为了共同抗拒恶劣的自然环境，必须聚落而居，以保安全；移民大多数是单身男子，他们身处异乡，精神上经常产生的痛苦和忧愁，需要得到同情和支持。正因为如此，移民们彼此相处形成了初级的社会群体。

当时土著人和汉族移民都处在被统治被剥削的地位，他们不仅失去生产资料，被迫向荷兰殖民者缴纳各种赋税，而且还要服各种劳役，如修路、筑桥等。即使是一些税收的承包人，尽管他们在产品的分配领域能得到一定的利益，但并没有生产资料的所有权，而且在人身上也受荷兰殖民者的严格控制。

荷据时期的职业构成主要有：商人、渔民、猎人、农民和工匠等。

商人可分为海盗商人、承包商及小商小贩。早在荷兰据台之前，中国东南沿海的海盗商人集团已经常出没在台湾的各个港口，甚至将台湾作为贸易据点，如林凤海商集团曾以魍港为根据地，从事走私贸易活动。荷兰人侵占台湾以后，仍有一部分海盗商人在荷兰人管制不到的地方，从事贸易活动。[4]在荷兰人占领台湾之前，已有汉族商人进入山地，与土著居民进行物物交易，用玛瑙、瓷器、食盐、布等交换鹿皮、鹿角、鹿脯、黄金、硫磺等。荷兰人据台以后，为了控制汉族商人与土著居民的直接贸易，实行赎社制度。凡是要进行贸易的汉族商人，必须提出申请，经过投标中选者才能进行村社贸易，并向荷兰人缴纳承包税金。这种商人称为社商。一般来说，能中标承包者都是比较大的商人。小商小贩活动于各个角落，为汉族移民和荷兰人提供日常用品和食品。

台湾盛产各种鱼类，沿岛海域是著名的鲻鱼场，鲻鱼又称乌鱼。海产的乌鱼因捕捉较为困难，必须有较大型的海船和渔网，这项工作多由汉族渔民进行。经常有许多大陆渔船到达大员等地，有时一艘船捕获乌鱼1000尾以上。据学者统计，自大员往台湾各地的渔船，1636年11—12月为94艘，1637年128艘，1638年189艘；从台湾沿海返回大员的渔船，1636年12月3艘，1637年不少于167艘，1638年不少于186艘。[5]可见当时渔业相当发达，从事捕鱼的人数很多，尽管其中有许多人是大陆渔民，但也有相当多是已经定居于台湾从事捕鱼职业的汉族移民。

土著人本来过着粗放的农耕生活和渔猎生活，他们虽然有很多的土地可用，然而所播种的东西，只能维持生活的最低限度，不肯多种。稻子成熟之后，他们就收起来藏在家里，到需要时才打下来，在要吃的时候才捣所需要的分量，这种工作也是女人的事，她们在晚上持两三束稻子在火上烘干，妇女们在天亮之前约两小时就忙着捣米，预备吃一天，年年都是这样。[6]他们的生产工具十分落后，劳动效率也很低下，不用马、牛或犁，也不用镰刀，而用"小刀似的器具，割取穗部"。汉人移民也以农业为最重要职业。由于大量移民入台，开垦土地，兴修水利，铺设道路，种植稻米、甘蔗等作物，农业得到较快的发展。

土著人曾将狩猎作为主要的谋生手段，每当冬季"鹿群出，则约百十人即之，穷追既及，合围衷之，镖发命中，获若丘陵，社社无不饱鹿者"。[7]汉族移民也有以狩猎为生的，但他们的捕鹿方法比较先进，已放弃穷追射箭之法，改用罟法或陷阱。荷兰人占领台湾以后，在澎湖、大员建筑城堡、商馆、仓库、教堂，需要大量的技术工人，于是大陆的石匠、木匠、泥水匠等陆续移居台湾。这些工匠不仅从事建筑，也从事制造家具等工作。此外，还有一些汉族移民从事摇舢板、挑夫等职业。荷兰人出征队中的中国人，实际上就是随队的船夫或挑夫。

当时也有兼营其他职业的，如农民在农闲时往往把狩猎作为副业；渔民也往往经营商业贸易，贩卖一些土特产品，所以，在《巴达维亚城日记》或《大员商馆日记》中，可以看到渔船内装载有鱼、鹿肉、苏木，甚至砂糖、生丝等货，既从事捕渔业，也从事贸易业。

参 考 文 献

〔1〕C.E.S..《被遗忘之台湾》，转引自台湾研究丛刊第34种，《台湾经济史三集》，第39页。

〔2〕杨彦杰.《荷据时代台湾史》，江西人民出版社，1992年版，第165页。

〔3〕曹永和.《台湾早期历史研究》，台湾联经出版事业公司，1979年版，第250页。

〔4〕《巴达维亚城日记》，第2册，第252页。

〔5〕曹永和.《台湾早期历史研究》，台湾联经出版事业公司，1979年版，第229、230页。

〔6〕C.E.S..《被遗忘之台湾》，载《台湾经济史三集》，第38页。

〔7〕陈第.《东番记》，台湾文献丛刊第56种，第26页。

二、米糖生产与转口贸易

当时农民所种的农作物以甘蔗和水稻为主。到1636年，甘蔗生产已初具规模，据《巴达维亚城日记》载，当年荷兰人从农民手中收购白砂糖12042斤、黑砂糖110461斤，并销往日本。预计第二年生产的白、黑砂糖可达30万至40万斤。1640年，甘蔗获得丰收，生产白砂糖和黑砂糖达40万至50万斤。1641年，甘蔗种植又有所增加，到当年5月份可收购白砂糖和黑砂糖达50万斤以上，由于生产技术的显著进步，第二年收获砂糖达70万至80万斤。到1645年底，赤崁附近的甘蔗田实际产糖150万斤，其中一部分运往波斯，还向日本输出6.9万斤，其余输入荷兰本土。[1]

随着水稻生产的发展，荷兰人在东部建立粮仓，每拉斯特（last）的收购价格为40里尔（real）。1637年，赤崁及其附近的稻田有较大的扩展。[2]以后又有所增加。1650年以后发生几次大的自然灾害，再加上1652年郭怀一起义后荷兰殖民者的镇压和破坏，使米糖生产受到很大的摧残，种植面积呈下降趋势。1655年，汉人移民在这个地区开垦的水田、甘蔗园等土地面积达到3000摩根（morgen），[3]农业生产开始出现新的增长。

以上是台湾米糖的最大产区赤崁附近的生产情况，当时汉族移民还申请执照前往鸡笼、淡水地区进行农业垦殖。各地的土著人在汉族移民的帮助下，也扩大稻作生产，但产量很少。

除了稻米以外，农民还种植大麦、水果、蔬菜等作物，其中有的品种是从大陆移植过去的，有的是从南洋各国传入的。如蓝靛，从外国引进，因种子陈旧或变质而失效，改从大陆采购种子才获得成功。此外，还有荷兰豆、香芥蓝等等。

作为农民主要生产工具的耕牛，大部分是向荷兰人租赁或购买的。1649年，萧垅的农民向荷兰传教士购买耕牛121头。为此，荷兰东印度公司在台湾南北设立牛头司，"放牧生息，千百成群"。农民的生产资金也向荷兰人贷款。

当时已很重视兴修水利，如参若埤，是佃农王参若修筑的；荷兰陂，在新丰里，"乡人筑堤，蓄雨水以灌田，草潭通此"。[4]此外还有"诸罗山番社，有红毛井古迹，云系荷兰时所凿。在东郊有一庄曰红毛埤。又在大肚溪北岸有王田庄，在旧嘉祥里有王田陂。"[5]

农民生产出来的大批蔗糖和稻谷，被迫卖给荷兰东印度公司，收购价格是由荷兰人定的。每当收获季节，许多农民用肩挑或牛车运送到赤崁城外的农产品交易市场，换取货币。1644年，因新港地区稻作及甘蔗生长良好，获得丰收，而运往赤崁的道路过分狭小，十分拥挤，道路被拓宽到60英尺，两旁还修宽3英尺的深渠，并架设两座拱桥。土著人的农产品一般是自给自足的，拿到市场去出卖的，则采取以物易物的交换方式。

荷据时期台湾人口较少，物产也比较缺乏，岛内的市场不大，当时可供输出的产品，只有鹿皮、硫磺以及后期的砂糖。早在荷兰人占领以前，台湾的鹿皮已开始输向日本，每年有日本船二三艘来大员采购。荷兰人占领以后，鹿皮仍然是输出的主要土特产品，1634年，有11万余张鹿皮销往日本，1638年上升到15万张。由于滥捕，输出量有所下降，1656年以后，每年保持在6万到9万张。硫磺产于北部，是台湾输出的第二种主要产品。1642年，在大员的中国商人手中有粗硫磺20万至25万斤。1644年，有一名中国官员到大员提出归还攻打鸡笼时捕获的两艘帆船，准其输出粗硫磺10万斤的要求，同时，郑芝龙也因战争需要，要求输出10万斤硫磺。

台湾作为大陆商品向日本、东南亚、波斯、欧洲的转口站，却取得了可观的利润。荷兰东印度公司极力发展台湾与大陆之间的贸易，由大陆运到台湾的生丝、丝织品主要是供转口的。丝绸是中国著名的产品，明朝末年，除了通过吕宋到美洲的大帆船和通过澳门、果阿、里斯本转贩到欧洲外，台湾是中国生丝又一个转售中心，每年有大批的生丝和丝织品贩运到大员，然后转售日本及欧洲各国。1624年2月，荷兰人与中国官员订立一个临时协议，提出"中国人要携带与我们所带资本相等之商品及绢织品，前来台窝湾（大员）"。1635年1月，有一艘船运载绢丝6177斤和各种绢织品到巴达维亚。以后不断有船从厦门和安海等地载运绢丝，开往大员。生丝贸易获利十分丰厚，在大员购入生丝，每百斤200里尔，销往日本可卖424里尔，为收购价的212%。

中国大量陶瓷产品销往世界各地，据佛尔克《瓷器与荷兰东印度公司》的统计，明末清初，经荷兰东印度公司之手输出的瓷器1600万件以上。当时从中国大陆驶往台湾大员的商船一般都运载大量瓷器，从1636年至1638年，从大陆运载瓷器前来大员的船只约有70只。[6] 这些瓷器一部分运往日本，大部分则是转运到荷兰东印度公司总部——巴达维亚。

砂糖也是重要的转口贸易商品，荷兰东印度公司所贩运的糖制品主要仰仗于中国沿海地区。1628年，郑芝龙与台湾荷兰商馆签订的三年购货合同中，除生丝和丝织品外，在全部货物的重量中，糖及糖货占80%。当时从大陆沿海驶向大员的每一艘船，几乎都装有砂糖。1636年，从大陆向台湾输入白砂糖、冰糖、棒砂糖高达200万斤。[7] 从大陆运来的大量砂糖一部分销往日本，但大部分转售于波斯及欧洲各国。1640年以后，由于大陆砂糖供应减少，台湾本地生产砂糖的增加，输出结构才发生变化。[8]砂糖在大员的收购价是每百斤 13—15 盾，而在波斯每百斤可卖 34 盾。

从上可见，明朝末年中国私人海上贸易的三大出口商品：丝、糖和瓷器有相当大的部分是通过台湾转口输出的，从 1636 年 11 月到 1638 年 12 月，从大陆来台湾的船舶有 914 艘，而由台湾去大陆的船舶有 672 艘。[9]因此，荷据时期台湾的出口贸易是大陆海上贸易的组成部分，大员是中国对外贸易的转运中心之一。当年荷兰人在台湾的转口贸易，主要是将大陆的生丝、丝织品、瓷器运往日本或巴达维亚，从巴达维亚将大量胡椒、香料、琥珀、锡、铅及欧洲货物，经过台湾，运往中国大陆，也收购台湾的藤输往大陆。荷兰人在台湾从事转口贸易，不仅在货物方面依赖大陆，而且提供货物和推销货物也依赖大陆商人，主要是郑芝龙及其手下的大商人。转口贸易在 1640 年达到高峰，当时每年有 100 多艘商船从大陆运货来台湾，从台湾输出的货物价值达几百万荷兰盾。荷兰人从中获取了巨额的利润。后来由于大陆的战乱、中国商人参与争夺货源和市场等，大陆货物输入台湾明显减少，台湾转口贸易渐趋衰落。于是，荷兰人把经营的重心转移到台湾岛内，企图通过对本地的开发和掠夺，来弥补贸易方面的损失。

参 考 文 献

〔1〕《巴达维亚城日记》第 2 册，第 34、129、359 页。

〔2〕《巴达维亚城日记》第 1 册，第 278、299 页。

〔3〕last 是重量单位。morgn 是荷兰的地积单位，即一个农夫在一日内所能耕种的面积，约等于台湾田制的一甲，一甲约等于内地的 11.31 亩。real 是货币单位，约等于 0.73 两银子。

〔4〕陈文达.《台湾县志》卷 2，水利。

〔5〕奥田彧等.《荷领时代之台湾农业》，台湾研究丛刊第 25 种，《台湾经济史初集》，第 45 页。

〔6〕曹永和.《台湾早期历史研究》，台湾联经出版事业公司，1979 年版，第 180—209 页。

〔7〕《巴达维亚城日记》第 1 册，第 115、161、179、235、259、278 页。

〔8〕杨彦杰.《荷据时代台湾史》，江西人民出版社，1992 年版，第 138—139 页。

〔9〕曹永和.《台湾早期历史研究》，台湾联经出版事业公司，1979 年版，第 212—213 页。

第三节 殖民统治与反抗斗争

一、荷兰的殖民统治

荷兰殖民者通过荷兰东印度公司扩张其殖民势力。东印度公司不仅享有在东方从事独占性贸易的特权,而且还被授予开辟殖民地、建立海陆军等权力,在它所控制的地区,公司拥有行政、立法、司法等大权。公司派驻台湾的最高官员称为台湾长官。同时,设立"评议会",作为决策机构。评议长在行政上是长官的副手,评议员由公司派驻台湾的商务员、军队的首领等组成。此外,还设有政务员、税务员、会计长、检察长、法院院长等职务。牧师等神职人员也协助公司进行统治,向公司领取薪金。荷兰人还在台湾驻扎军队,人数约在1000人左右。

荷兰殖民者对台湾人民实行了一系列的殖民统治政策:

1.政治上实行强制统治:他们每占领一个土著人村社,就强迫土著居民订立屈辱的归服条例。如1635年底,荷兰长官普特曼带兵扫荡麻豆社后,当地头人被迫同意下列各项条款:(1)将习惯上作为装饰品而挂存的头骨、所存荷兰人头骨及骸骨,以及小铳等武器交出。(2)将祖先遗留下来的麻豆社及其附近土地,完全转让给荷兰各州议会。(3)今后不再与荷兰人作战,服从公司的统治。(4)在发生战事时,本社作为荷兰友军参加战斗。(5)对于烧石灰、作鹿皮买卖或其他交易的中国人,不得加害,但应将中国海盗、逃跑的荷兰人奴隶引渡给荷兰人。(6)得到通知应立即到新港或热兰遮城集中待命。(7)承认以前杀害荷兰人有罪,每年要到长官公所谢罪。[1] 以后,荷兰人强迫其他村社签订类似的归服条约。荷兰人在土著人村社中设置长老进行管理,发给每个长老银饰藤杖一根,上刻公司的徽章,作为权力的象征。后来由各社长老组成地方议会,归公司派驻的政务员领导。有时长官还到各个村社巡视,对长老分别给予奖励和惩罚。殖民者还限制土著居民的活动,禁止他们外出狩猎,不准他们任意迁徙,禁止他们与汉人任意交往,也禁止汉人在土著人村社居住。殖民者对汉族移民也采取同样的办法进行统治,他们通过汉人移民中的有力人士，对汉人进行管束。这些人士也被称为长老，他们大多从事商业和垦殖，富甲一方，与荷兰人有较多的交往，因而成为汉人社会中的领袖人物。长老要向荷兰人报告汉人方面的重要情况，平时不领薪金，但荷兰人让长老承包税收，以获取一定的经济利益。1644年，成立由4个荷兰人和3个汉人组成的"七人委员会"，负责处理日常民事纠纷。荷兰人命令汉人放弃在土著人村社附近的土地，把汉人集中在几个特定的区域内居住，不得任意迁移，对汉人与土著人的来往更是注意防范。

2. 军事上残酷镇压：殖民者对任何反抗行为均实行残酷的军事镇压，除了上述烧杀麻豆、萧垅、大波罗、法沃兰各社以外，对小琉球的屠杀尤为残酷。1633年2月，普特曼带领士兵出征小琉球岛，当地居民逃入山洞，他们将岛上的房屋、园地及粮食加以破坏和烧毁。1636年5月至7月间，普特曼再次率领100多人的士兵征讨小琉球岛，包围山洞，用饥饿、放火及其他办法逼使藏在洞里的居民出来，当场屠杀300多人，并捕获男女及儿童554人，男人带回大员服劳役，妇女及儿童扣押在新港，其中大部分人被折磨致死，又将135个俘虏和另外捕获的56人用5艘船运到巴达维亚贩卖，这一次被荷兰殖民者屠杀及捕获的岛上居民达千人以上。[2] 八里坌等地的平埔居民，由于反抗荷兰人，而被"歼之几无遗种"。对于稍有反抗的汉族移民也同样实行残酷的军事镇压，1645年，牧师布连在一条不知名的小河上，发现有汉族移民鼓动土著居民反抗荷兰人的统治，他立即带兵追捕，共抓获4名汉人，进行严刑拷问，并将1人车裂处死，另外3人被驱逐出境。[3]

3. 经济上疯狂掠夺：殖民者对土著人采用纳贡的方法进行掠夺，每当征服一个村社，就要该社交纳一定的贡物。1642年2月，法沃兰社各户被迫缴纳稻谷10把、鹿皮5张，还要无偿为留住村社的荷兰人修建房屋1间。1644年，开始征收贡赋，当时在赤崁召开北部、南部及东部各村社长老联席会议，宣布今后各社应缴纳鹿皮或稻谷以表示服从。某些村社因是"贼王"的同党，令其加倍纳贡，作为罚款。[4] 曾经有些村社不愿纳贡，荷兰人立即派兵攻占，用步枪射杀村民，并烧毁许多房屋和粮仓。在殖民者的高压下，不少村社只得归顺，约定年年纳贡。[5] 征收贡物以村社为单位，由长老负责征收，交给公司的有关人员，然后运往大员。

荷兰殖民者将最主要的生产资料——土地（即所谓王田）、猎场、渔场据为己有，耕种土地、狩猎、捕鱼的人民都必须缴纳租税。

土地归公司所有，所有农民成为公司的佃农。"王田"往往要由"有资格的中国人"申请领垦，这些人多是商人，领垦大量土地，然后招佃耕种，也有一些农民领垦小块土地。农民耕种农地必须向垦主缴纳地租；而垦主则缴纳稻作税（通过稻作税承包人）作为田赋。税制采用分成租，一般说来，1644年以前征收1/20，1644年以后，提高到1/10，承包给汉人征收，但各地、各年份的征税率也不尽相同。以1654年为例，因地段不同，税率分为每摩根收3.9里尔、4.1里尔、4.3里尔不等，最高的达7里尔。农民除了交纳什一税以外，佃户还要向垦主缴纳地租，承担了双重租税。种植甘蔗则采用雇工制，工人按月向雇主领取工资，非收获季节收入极少。

殖民者还向台湾人民榨取各项税收，除稻作税外，还有狩猎税、渔业税、人头税等等。凡是上山捕鹿者都必须向荷兰人领取许可证，用铳捕鹿的许可证每月缴纳1里尔，用陷阱捕鹿的许可证每月缴纳15里尔。渔民则必须先向荷兰人领取执照，然后到各个渔场捕鱼，最后再回到大员缴纳什一税。凡是汉族居民，都要领取居住许可证，按证缴纳人头税。临时来台湾经商、捕鱼的汉人也要缴纳人头税。从1640年8月1日开始，每人每月征收1/4里尔，到1650年又增加到1/2里尔。荷兰人每年收取大量税收，大部分作为公司的纯利上缴到巴达维亚。

4. 强制传播西方宗教文化：殖民者积极传播基督教，开办各种宗教学校。第一个到达的传教士是甘第丢斯（G.Candidius），接着其他传教士陆续到达，他们以新港为基地，"每日传教，并经村会议决定放弃异教的迷信"。此外还有传教士多人跟随荷兰侵略军到南部、东部及北部传教。有的传教士甚至自己带兵攻占村社，如袭击大波罗时，牧师尤纽士亲自带领骑兵15人参战。由于以武力为后盾，布教有较大的发展。1641年2月，尤纽士与商馆长卡伦在麻豆、萧垄、目加溜湾、新港等各村社为男女村民和小孩380多人施洗礼。1643年尤纽士离开台湾时，布教地区已南达琅峤，北至鸡笼淡水附近，经他洗礼的信徒多达5900多人。[6]此外，他们还开办各种宗教学校，主要教材为荷兰文的读法和拼法、教理问答书等。凡是无故不到学校、教堂者，就要被处以罚款乃至鞭笞。

参 考 文 献

〔1〕《巴达维亚城日记》第1册，第236—238页。

〔2〕《巴达维亚城日记》第 1 册，第 161、279—280 页。

〔3〕《巴达维亚城日记》第 2 册，第 353 页。

〔4〕《巴达维亚城日记》第 2 册，第 223、277 页。

〔5〕《巴达维亚城日记》第 2 册，第 285、340 页。

〔6〕《巴达维亚城日记》第 2 册，第 32、130 页。

二、人民的反抗

荷兰的殖民统治激起了土著人和汉族移民的反抗。1634 年，荷兰人在台湾港口南角筑城时，就遭到土著人的反抗，他们用木枪和箭射杀了 3 名上岸砍伐竹木的荷兰士兵，居住在附近的汉族移民也用种种办法阻止、破坏荷兰人在此建筑城堡。[1] 大员附近的麻豆、萧垅两社曾多次杀死殖民者。1642 年，中部的法沃兰社及附近居民杀死前往该社的助理商务员汉斯·鲁廷斯及其他两个荷兰人。同年，台东大巴六九社的村民也杀死侮辱一老村妇的荷兰助理商务员卫塞林，并坚决抵抗讨伐军。[2] 1644 年，台东的西比因（Sipien）住民又杀死一名荷兰下士。[3] 1644 年 2 月，淡水附近的苏米尔（Sotmior）社的居民袭击侵略军，打死 21 个荷兰人。此外，还有 100—200 名汉人移民与 1000 多名土著居民联合攻击大提沃（Dativo），并煽动华西坎（Vassicam）社居民反叛荷兰人。在淡水南方的坎纳尔（Cenaer）社也时常反抗荷兰人，公开拒绝到城里纳贡，还劝告其他社的居民起来反抗，拒交贡品，并将逃亡的荷兰人奴隶隐藏起来。

汉人移民的活动早已引起荷兰人的注意，1624 年，第一任台湾长官宋克报告说，从大陆来的汉人，"对我们来台湾并不高兴，他们担心我们去阻碍他们的鹿皮、鹿肉和鱼类的贸易"。1634 年 2 月，曾经发生贩卖奴隶船的海上暴动，莫哈（Mocha）号从澎湖开往巴达维亚，被押在船上的中国劳工袭击了甲板上的荷兰水手，将 4 人投入海中，夺取他们的剑和枪，包围船长室，劳工要船长下令停止反抗，让他们安全登陆，否则将船击沉。船长被迫同意这些条件，劳工将船长和船员捆缚在甲板上，到达澳门附近时，中国劳工搭乘渔船上岸。[4] 后来，荷兰人发现汉人潜入土著人地区，这些人"和土人很亲密，并与土人贸易"，而且还"煽动土人反抗公司"。

大规模的反抗斗争发生在 1652 年。起义的领导者郭怀一长期居住在台湾，从事农垦，是一个农民领袖，被称为"甲螺"。他目睹殖民者欺压凌辱当地居民，早已准备反抗。1652年秋，他打算用中秋节大宴宾客的习俗作掩护，邀请荷兰长官和荷兰商人参加宴会，趁酒酣之时将他们杀死。然后，乔装护送长官回城，打开城门，占领赤崁城。这时有一个名叫郭苞（Pau）的汉人叛变，向荷兰人告密。荷兰人立即把郭苞关闭起来，并派一个队长带领士兵去起事地点侦察。他们发现中国人已经集合开会。郭怀一获悉行动计划泄密，只好提前起义，他说："诸君为红毛所虐，不久皆相率而死，然死等耳，计不如一战，战而胜，台湾我有也，否则亦一死，唯诸君图之。"郭怀一的号召立即得到大家的响应。9月8日凌晨，他率军围攻赤崁城，打死一些荷兰侵略者。荷兰长官费尔堡立即命令丹克尔（J.Danker）带领120人乘船救援。早已埋伏在岸边的起义队伍进行狙击，打退荷军的数次进攻。但由于郭怀一指挥经验不足，想让荷军上岸后再进行决战，从而造成被动局面。荷军上岸后，用枪炮猛烈射击，起义队伍只能用竹竿、棍棒、锄头进行抵抗，终因力量悬殊，防线被冲破，起义军向后撤退到欧汪、大湖一带。荷兰人征集几百名土著居民参加镇压起义。12日，费尔堡下令进攻欧汪，荷军渡过一条河流，发起强攻。在激战中，郭怀一不幸牺牲。由于失去指挥，起义队伍很快被击溃。荷兰人大肆屠杀，并搜寻被打散的起义军，郭怀一的副指挥龙官（Loukeqwa）在山上躲了8天，回家后被捕。荷兰侵略军将他押到大员，先用火烤，然后绑在马后，活活拖死，最后把他的头割下来挂在竹竿上示众。另两个起义军首领被处以五马分尸的酷刑。据统计，被杀男人4000多人，妇女5000多人，小孩还未统计在内。[5]《台湾县志》写道："甲螺郭怀一谋逐荷兰，事觉被戮，汉人在台者遭屠殆尽。"起义被镇压下去了，但它表明荷兰的统治已经出现危机，从此，殖民统治走向衰落。

参 考 文 献

〔1〕《巴达维亚城日记》第1册，第44页。

〔2〕《巴达维亚城日记》第2册，第220—222页。

〔3〕《巴达维亚城日记》第2册，第294页。

〔4〕《巴达维亚城日记》第1册，第49页。

〔5〕达伯（Dapper）.《中华帝国辑轩录》，施博尔、黄典权译，载《台湾风物》第26卷第3期。

三、荷兰殖民者与郑氏集团的矛盾

17世纪初期，随着国际海上贸易的迅速发展，各国的海盗商人也云集到我国的东南海域，除了中国海盗商人外，还有西方和日本海盗商人，彼此展开激烈的竞争。荷兰人与郑芝龙的矛盾与斗争就是在这种国际环境下进行的。

早在荷兰人侵占台湾以前，以郑芝龙为首的海盗商人集团已经入据台湾。荷兰入侵时，正是郑芝龙海上势力不断扩展的年代，他拥有强大的船队，纵横东南海上，对荷兰人的海上贸易造成威胁。于是，荷兰人勾结明朝官兵，企图打击、消灭郑芝龙集团，以独霸台湾海峡及东亚的海上贸易。1627年6月，福建总兵俞咨皋与荷兰第二任台湾长官迪·韦特（De With）联合围剿郑芝龙。福建巡抚"曾书面允许荷兰人，将获得皇帝的准许与中国贸易"。荷兰舰队在到达铜山海面时遭到郑芝龙炮火的猛烈攻击，韦特只好逃往爪哇。郑芝龙立即对荷兰人进行报复，只要荷兰船在海上一露面，就加以截击。第三任台湾长官彼得·纳茨报告说，郑芝龙"捕获了我方一艘大帆船，连同船员85人，以后，另一艘从此地开往司令处的船也被捕获。……此外，有两艘船只，一艘由约安·哈根往泉州沈苏处运丝，也被截获，沈苏本人被俘处死，全部财产被劫，该海贼又劫走我方快艇西卡佩尔号及艇上人员物资"。由于受到郑芝龙的沉重打击，留守在台湾的350名荷兰人"只好坐困此间，无能为力"。[1]

明朝政府联合荷兰人消灭郑芝龙集团的目的没有达到，郑芝龙的势力与日俱增，发展到1000多只海船。此时，由于农民军的兴起和后金军队进逼山海关，北京形势岌岌可危，明朝政府无力应付，不得不对郑芝龙实行招抚政策。郑芝龙则企图借助明朝政府的力量，消灭刘六、刘七、李魁奇等竞争对手，以达到垄断海上贸易的目的。因此，双方达成默契，郑芝龙归降了明朝政府，明朝当局授予郑芝龙海上游击职衔。

荷兰人于是改变策略，一方面，直接与郑芝龙进行谈判，要求进行友好贸易，签订协议，在3年内每年卖给荷兰人1400担蚕丝，另有糖、纺织品及其他商品，而荷兰人每年卖给他2000担胡椒。[2]另一方面，利用其他海商集团与郑芝龙的矛盾，从中牟利。比如荷兰人原想联合李魁奇，后又转向支持郑芝龙，协助他围攻李魁奇。郑芝龙在消灭李魁奇集团以后，接连击溃刘六、刘七集团、褚采老集团及钟斌集团，基本上控制福建沿海的制海权。此时荷兰人要求郑芝龙允许他们到大陆沿海自由通商，但几次派船到漳泉贸易，均遭到郑芝龙的婉言拒绝。对此，荷兰人十分不满。台湾长官普特曼向巴城总督报告说："一官（郑芝龙）及其他中国官员发布禁令，不仅不允许我们在漳州贸易，而且禁止一般百姓向我们出卖商品，进行交易，如有违犯者处以重刑。因此，我们在该港无法买到食品、石料和木材，由于严密的监视，当地商人连夜间也不能到我们船上。"普特曼认为，要想在中国沿海自由贸易，非用武力不可，并主张攻击自漳州到马尼拉的商船，然后，将炮舰开到中国大陆沿海，实行军事进攻。

巴城总督同意武装进犯的计划。1633 年 6 月，普特曼带领舰队袭击福建沿海，中国水师毫无准备，经过几小时激战，被焚船只十多只。[3]郑芝龙从广东赶回，重新组建舰队，拥有 100 多艘战船，准备与荷兰人展开一场大规模的战斗。同年 10 月，在金门料罗湾，郑芝龙同荷兰及刘香的联合舰队进行决战。3 艘中国战船靠近荷兰战船布鲁克哈文号，进行猛烈的攻击，布鲁克哈文号着火爆炸而沉没；斯洛特迪克号在岸边被 4 艘中国大船包围，终于被俘，其余荷兰船只逃出外海。荷兰人报告说，这次战斗丧失了 4 条大兵船，还有 3 艘兵舰不知去向。明朝官方则称，焚夷舰 5 只，夺夷舰 1 只，生擒夷众 118 名。这是一次空前的胜利。

经过这场海战，荷兰人感到要打败郑芝龙已不可能，荷兰人与刘香集团的关系又日趋恶化，只好退守台湾，同意郑芝龙派商船到大员进行贸易。此后郑芝龙的船经常到达大员，运去了大批的生丝、瓷器等货物。1640 年，荷兰人还与郑芝龙签订对日联合贸易协议，由郑芝龙向荷兰东印度公司提供合适的生丝和其他商品供应日本市场，荷兰人每年贷给他 100 万弗罗林，月息2.5%，为期 3 个月。作为交换条件，荷兰船只每年还必须替郑芝龙运 4 万至5 万里尔的货物到日本。[4]

虽然签订了协约，但郑荷双方仍然存在激烈的竞争。荷兰人因日本市场货物价格下跌，将运到大员的许多货物退回，引起中国商人不满。而郑芝龙的船队则直接驶向日本，甚至阻止其他商船去大员贸易，也使荷兰人不满。1643 年，荷兰驻长崎的商馆长指出，近来郑芝龙不仅破坏已签订的协约，还阻碍其他商船来台，他收购商品直接输向马尼拉和日本。为此，巴达维亚总部决定派出战舰袭击不到大员贸易的中国商船，从而使荷兰人与郑芝龙之间长期存在着的矛盾再度激化。

1646 年，郑芝龙投降清朝后，郑成功成为郑氏集团的领袖。当时他在对日本、东南亚的贸易中，有相当的实力。这对荷兰人来说，是一个不小的威胁。他们力图削弱郑氏的影响，一方面谋求与清朝通商，一方面对郑氏船只进行攻击，并阻挠郑氏商船前往马六甲、巴林邦等地贸易。1655 年，郑成功警告他们：如果荷方不取消禁令，他将命令禁止一切船只前往巴达维亚、大员等处。第二年果然采取行动，禁绝对大员的贸易。荷兰人得不到大陆商品，大员转口贸易急剧下降。荷兰人不得不派通事何斌携带礼物前往厦门，向郑成功要求通商。当时有这样的记载："禁绝两年，船只不通，货物涌贵，夷多病疫。至是令廷斌求通，年输银 5000 两，箭柸 10 万支，硫磺千担，遂许通商。"[5] 于是海禁重开，荷兰人获得很大的利益。郑荷双方在海上贸易方面，既有共同的利益，又有竞争和矛盾。荷兰人认为郑氏的存在是他们盘踞台湾的巨大威胁，经常受到国姓爷将要进攻台湾的恐吓。对郑氏来说，荷兰人占据台湾对他们的海上贸易造成很大的阻碍。郑荷之间潜存着发生冲突的可能性。

参 考 文 献

〔1〕甘为霖.《荷兰人侵占下的台湾》，载《郑成功收复台湾史料选编》，福建人民出版社，1982 年版，第 98—99 页。

〔2〕C.R. 博克塞.《郑芝龙（尼古拉.一官）兴衰记》，载《中国史研究动态》1984年第 3 期。

〔3〕国立中央研究院历史语言研究所.《明清史料》乙编，第 7 本，商务印书馆，1936 年版，第 663 页。

〔4〕《巴达维亚城日记》第 2 册，第 89 页。

〔5〕杨英.《先王实录》，福建人民出版社，1981 年版，第 153 页。

第三章 明郑时期

第一节 郑成功收复台湾

一、17世纪中叶的中国大陆与台湾

17世纪中叶，不论对中国大陆还是台湾来说，都是一个动荡的年代。明崇祯十七年即清顺治元年（1644年），李自成的农民起义军打进北京，崇祯皇帝缢死煤山，象征着明朝统治的结束。随后，清军在吴三桂的引导下入关，在北京建立了清朝政权。但争夺中国统治权的斗争并未结束，以南明政权为代表的明朝残余势力和以大顺、大西起义军为代表的农民武装，仍在神州大地上与清政权角逐。在诸多的抗清势力当中，活跃于东南沿海的郑成功是一支重要的力量。

郑成功，原名森，福建南安石井人。明天启四年（1624年）出生于日本长崎平户。他是明末著名的海盗兼海商郑芝龙的长子。明崇祯三年（1630年），郑森回到故国家乡，接受传统的儒家教育。1645年8月，郑芝龙和郑鸿逵在福州拥立唐王朱聿键，建立了隆武政权。郑森谒见隆武，备受恩宠，赐国姓朱，改名成功。因此，后来人们常称郑成功为"国姓爷"。1646年9

40

月，清军入闽，郑芝龙投降了清朝。郑成功与父亲分道扬镳，走上坚决抗清的道路。

1647 年 1 月，郑成功在烈屿（今小金门岛）誓师起兵，1650 年夺取了厦门。从此，厦门以及金门成了他的主要基地。这以后，郑成功的军事力量日益增强，政治影响明显扩大，逐渐成为东南沿海最主要的抗清势力。鼎盛时期，郑氏军队共有陆军 72 镇，水师 20 镇，士兵近 20 万人，并且拥有各种大小船只 5000 余艘。1659 年，郑成功大举北伐，舟师直捣长江，攻崇明，占瓜洲，夺镇江，围南京，沿江数十府县闻风归附，清廷为之震动。但由于清军及时增援，反击成功，郑军在南京城下大败，不得已退回厦门。这时，全国的抗清斗争已进入低潮，清朝统一全国的局面已经基本形成。在这种情况下，清军可以集中更多的力量进攻金、厦二岛，郑成功面临着新的考验和选择。

大陆社会的动荡也影响到了台湾，清兵入闽之后，福建沿海战乱频仍，社会经济遭到了很大的破坏。许多人背井离乡，移居台湾者不在少数，一些人则短期到台湾逃荒。有资料估计，1648 年，在台湾的汉人大约有 2 万人，其中，约有 8000 人在饥荒过后又返回了大陆。[1] 随着汉族人口的增加，台湾人民反抗荷兰殖民统治的力量也得到了加强。1652 年，郭怀一领导反荷起义，标志着荷兰殖民者在台湾的统治已经出现了危机。

这时，郑成功与台湾荷兰人的矛盾也不断加深。从 1646 年起，就不断传来郑成功打算进攻台湾的消息。1650 年，荷兰东印度公司的董事们作出决议，热兰遮城堡即使在太平时期守军也不得少于 1200 名。1654—1655 年间，有关郑成功将要进攻台湾的谣言越来越多。荷兰人害怕被围，便在热兰遮城内备足了 10 个月的木柴，并用石条和木柱重修了城堡的墙角和外围的垒墙。同时，又向巴达维亚请求增派军队以加强驻防兵力。1658—1659 年间，又有大批大陆民众逃往台湾。"传来消息说：国姓爷在南京被鞑靼人打得大败，撤退到厦门岛，准备进攻福摩萨。这在全体中国居民中引起了轰动，……当时已经没有人对国姓爷决定入侵福摩萨表示怀疑了。"[2] 在这类消息的不断刺激下，荷兰人始终把郑成功当作他们最危险的敌人。荷兰东印度公司驻台湾第十任长官费尔堡甚至说："当我在台湾，一想起可能将不幸落在我们身上的那个人（指郑成功）时，我的头发就直立起来。"[3]

另外，在海上贸易方面，荷兰人和郑成功更是发生了直接的冲突。他们不但在东西洋贸易中和郑成功竞争，而且时常在海上劫掠中国商船，使郑成功的商业利益受到了很大的损失。特别是郭怀一起义之后，荷兰人对郑氏到台船只每多留难，甚至公然劫捕。因此，郑成功也曾刻示传令各港澳并东西夷国州府，不准到台湾通商。据荷人记载，"1654—1655 年间，很少商船从中国开来"。"国姓爷曾经封闭对我方的贸易，禁止中国帆船或大船航行于中国和福摩萨之间，这个行动大大妨碍了公司在北方的商业活动。""（福摩萨）从 1652 年到 1657 年曾经一度陷于萧条。"[4] 1657 年，台湾长官揆一（Frederick Coyett）派通事何斌向郑成功请求解除封锁，愿年输银 5000 两、箭杆 10 万支、硫磺千担。郑成功同意了荷兰人的请求。但这种一时的妥协并不能消除荷兰人对郑成功的敌视和恐惧。

1661 年初，荷兰人为争取主动，曾计划进攻金门，企图迫使郑成功放弃所有的领地，以此博得清廷的好感和争得与中国贸易的特权。然而，这个计划尚未付诸行动，郑成功的复台大军却已从金门料罗湾扬帆进发了。

参 考 文 献

〔1〕杨彦杰.《荷据时代台湾史》，江西人民出版社，1992 年版，第 162 页。
〔2〕C.E.S..《被忽视的福摩萨》，见厦门大学郑成功历史调查研究组编《郑成功收复台湾史料选编》，福建人民出版社，1982 年版，第 128 页。
〔3〕菲列普斯.《荷兰占领台湾简记》，转引自丁名楠《郑成功收复台湾驱逐荷兰殖民者的斗争》，载《郑成功研究论文选》，福建人民出版社，1982 年版，第 37 页。
〔4〕C.E.S..《被忽视的福摩萨》，载《郑成功收复台湾史料选编》，第 125—126 页。

二、郑成功进军台湾和荷兰殖民者的投降

促使郑成功下决心收复台湾的因素是多方面的。首先，是抗清斗争的需要。金、厦二岛，在全国抗清斗争高涨时期，作为根据地还能适应斗争的需要。但在抗清斗争走向低潮之后，弹丸二岛则显得回旋余地太小。不但粮饷来源是一个很大的问题，连安顿家眷都有困难。因此，开辟一个理想的抗清基地，是郑成功的主要出发点。他曾明确地指出："我欲平克台湾，以为根本之地，安顿将领家眷，然后东征西讨，无内顾之忧，并可生聚教训也。"[1] 其次，是维护海商集团的利益和反荷斗争的需要。郑氏集团从郑芝龙时起就是一个武装的海商集团，他们最大的利益来自"牌饷"的征收和东西洋贸易

的收入。海外贸易和东西洋饷的收入，一直是郑成功维持庞大军队的主要经济来源。在大陆沿海难以固守的情况下，另辟新的海上贸易基地，以便"广通外国"，也是郑成功的一种主要考虑。另外，在东西洋贸易中，与荷兰人的矛盾并没有解决。荷兰人不但威胁着郑成功的商业利益，而且残暴地欺压台湾人民。在郑成功的眼中，这些人民是应当受到他的保护的。其三，恢复先人故土。郑成功认为，台湾是他父亲的产业，是暂时借给荷兰人的。在他需要的时候，他完全可以而且应当索取回来。这种思想，在他以后和荷兰人的交涉中多次表露。

基于上述原因，郑成功在南京战败后，即着手进行收复台湾的准备。1660年初，他曾准备派遣黄廷、郑泰等督率官兵前往平定台湾，但由于当时清兵来犯在即，故而暂缓行动。这期间，原郑芝龙部将何斌从台湾逃往厦门，向郑成功献上了一幅台湾地图，其中有关鹿耳门一带的水道标记尤详。郑成功在粉碎了清军对金、厦二岛的进攻之后，随即派出周全斌、马信等率领各镇兵马先后北上和南下取粮，并传令大修船只，做好出征前的准备工作。

清顺治十八年，即南明永历十五年（1661年）4月21日，郑成功率领25000名大军乘坐400余艘舰只从金门料罗湾出发，直趋澎湖。22日，船队齐抵澎湖，分驻各屿等候风信。29日晚，风雨未息，郑成功率军直指台湾。

4月30日黎明，郑军船队到达鹿耳门外的海面。由于有何斌引航，船队顺利地通过了迂回窄浅的鹿耳门水道，进入了大员湾，停泊在热兰遮和普罗文查城之间。一部分船只在禾寮港靠岸，并开始登陆。有数千台湾民众出来迎接他们，并用货车和其他工具帮助他们登陆。完成登陆的郑军逐渐逼近了普罗文查城，并形成了对它的包围。热兰遮城的荷兰人曾派遣阿尔多普（Aldorp）上尉率领200名士兵企图阻止郑军在赤崁附近登陆，但遭到郑军优势兵力攻击，只好退回。

5月1日，郑成功向热兰遮城的台湾长官揆一和普罗文查城的代司令描难实叮（Jacobus Valentijn）送去了一封公开信，信中说，台湾和澎湖应由中国政府管辖，这两个"岛屿上的居民都是中国人，他们自古以来占有并耕种这一土地"。过去本藩父亲一官（郑芝龙）只是将这个地方借给你们。"你们必须明白继续占领别人的土地是不对的（这一土地原属于我们的祖先，现在理当属于本藩）"，如果你们能用友好的谈判方式让出城堡，生命和财产安全将受到保障，否则，所有的人都将难以幸免。[2] 然而，荷兰人却企图以武力进行对抗。当天上午，他们经过事先准备，从海上和陆地向郑军发动了进攻，结果遭到了惨重的失败。在海上，荷方的 2 艘战舰赫克托号（Hector）和斯·格拉弗兰号（S. Gravelande）先后被郑军击沉和烧损。在陆上，上尉贝德尔（Thomas Pedel，中国文献称其为"拔鬼仔"）率领的 250 名士兵在北线尾登陆后，即遭到了 4000 名郑军的猛烈攻击。贝德尔及 118 名士兵被打死，其余的人逃回热兰遮城。

荷人经过初战失败之后，同意进行谈判。其拟定的谈判方案是：一、愿意付一笔赔款给郑成功，但郑成功必须退出台湾。二、荷兰人可以让出台湾本岛，但必须继续居住在大员。5 月 3 日，荷方派遣的两名使者前往会见郑成功。郑成功对他们说："该岛（指台湾）一向是属于中国的。在中国人不需要时，可以允许荷兰人暂时借居，现在中国人需要这块土地，来自远方的荷兰客人，自应把它归还原主，这是理所当然的事情。"郑成功还说，尽管他的人民屡次受到荷兰人的虐待，但此来的目的并非同公司作战，只是为了收回自己的产业。为了证明他无意夺取公司的财产以自肥，他愿意允许荷兰人用自己的船只装载动产和货物，拆毁城堡，把枪炮及其他物资全部运回巴达维亚，但这一切必须即刻进行，如果荷兰人方面无视他的宽大为怀，拒绝交还他的财产，企图继续霸占下去，他只好用自己拥有的一切力量来求其实现，而其全部费用将由公司负担。[3]荷方使者向郑成功阐述了他们的观点和条件，但郑成功重申，他坚定不移的目的是要荷兰人离开台湾全岛。由于双方都不愿妥协，这次谈判没有成功。

此时，普罗文查城中的荷兰人在郑军的重重围困下，水源断绝，粮食和弹药也难以维持，代司令描难实叮只好同意交城投降。5 月 4 日，签订了投降协议。6 日，描难实叮和城中 230 名士兵退出城堡，成了郑军的俘虏。至此，郑成功的军队完全占领了赤崁地区。

在取得赤崁地区的控制权之后，郑成功立即把主力部队开往大员。5 月 5 日，郑军进入大员市区，并迅速形成了对热兰遮城的包围。当时，热兰遮城中有 1733 人，其中士兵和炮手共有 905 名，其余的主要是妇女、儿童和奴隶。荷军凭借着坚固的城堡和充足的粮食、弹药储备，拒绝了郑成功的多次劝降。郑军于 25 日向城堡发动了一次猛烈进攻。由于城堡的坚固和敌人炮火凶猛，这次进攻没有得手。于是，郑成功改变策略，留下一部分军队继续围困热兰遮城，而将大部分军队分派各地，驻扎屯垦。

郑成功进攻台湾的消息传到巴达维亚之后，巴城总督派出了雅科布·考乌（Jacob Caeuw）为首的增援舰队。这支舰队由 12 艘船只，725 名士兵组成。舰队于 8 月中旬抵达台湾。9 月 16 日，援军配合热兰遮守军向郑军水师发动了一次攻击，结果，反而被郑军缴获了战舰 2 艘、快艇 3 只，并且，死了船长 1 名、尉官 2 名以及士兵 128 人。经过这次重创，荷兰人再也不敢主动出击。12 月，考乌利用台湾评议会派遣他前往福建沿海联合清军作战的机会，率领 2 艘船只逃回了巴达维亚。这件事更加引起了热兰遮城中被围者的恐慌。

郑成功决定采取最后的行动。1662 年 1 月 25 日，郑军从东（大员市镇）、南（凤梨园）、北（北线尾）三个方向猛烈炮轰热兰遮及其外围工事乌特利支堡（Utrecht），有 30 门大炮参加了战斗，共发射了大约 2500 发炮弹。乌特利支堡的荷兰人难以抵抗，只好退入热兰遮城，而热兰遮城堡的四角附城亦多处倒塌。经过这一天的战斗，荷兰人顽抗到底的意志终于被粉碎了。

1 月 27 日，台湾评议会决定立即写信给郑成功，表示愿意进行谈判，希望在优惠的条件下交出热兰遮城堡。经过 4 天的反复交涉，双方达成了一个协议。这个协议的草本是荷兰人提出来的，郑成功在这个基础上拒绝和修改了一些条款。最后的协议，荷兰人用荷文写成 18 条，郑成功用中文写成 16 条。两种文本内容基本一致，只是荷文本的第 8 条和第 12 条没有写进中文本，或许是郑成功认为无关紧要的缘故。协议最主要的内容是："热兰遮城及其城外的工事、大炮及其他武器、粮食、商品、货币及所有其他物品，凡属于公司的都要交给国姓爷。"属于私人的动产可以带走，同时还可以带走荷兰人在返回巴达维亚途中所必需的物品。[4] 2 月 1 日，郑荷双方的代表在大员市镇的税务所完成了协议的换文。荷兰殖民者终于投降了。2 月 9 日，荷兰人退出热兰遮城，揆一在海滩上将城堡的钥匙交给了郑成功的代表。至此，荷兰人在台湾 38 年的殖民统治宣告结束。

郑成功收复台湾，是当时国内矛盾和国际矛盾交织的结果。这一斗争的伟大胜利使台湾回到了中国人的手中，并且奠定了台湾社会以后发展的基础。郑成功也因此成为中华民族的杰出英雄。

参 考 文 献

〔1〕杨英.《先王实录》,福建人民出版社,1981年版,第244页。

〔2〕吴玫译.《有关郑成功军队进攻台湾登陆过程的若干史料》,载《台湾研究集刊》
1988年第2期;参照《巴达维亚城日记》1661年12月21日中的有关记载,见
《郑成功收复台湾史料选编》,第261页。

〔3〕C.E.S..《被忽视的福摩萨》,载《郑成功收复台湾史料选编》,第153页。

〔4〕《郑成功和荷兰人在台湾的最后一战及换文缔和》,载《汉声》杂志社特刊,
1992年9月出版,第73—80页。

三、大陆政治文教制度的移植

郑成功收复台湾不只是为了一时的军事上的需要,而且是要"开国立家",建立"万世不拔基业"。因此,进入台湾不久,郑氏政权即着手将大陆的政治制度和文教制度移植到台湾。

早在1661年5月,当第二批复台大军刚刚抵达台湾,对热兰遮的围困也才开始的时候,郑成功就下令将已收复的赤崁地方改为东都明京,并根据中国的郡县制,在台湾设立了一府二县。府名承天府,以赤崁城(即普罗文查城)为府治,杨朝栋为府尹。县名天兴县和万年县,以新港溪为分界,以北为天兴县,以南为万年县。委庄文烈为天兴县知县,祝敬为万年县知县。并行令杨朝栋查报田园册籍,征纳税银,开展地方行政工作。

1662年6月,郑成功不幸病亡。郑经袭位后,于1664年改东都为东宁,升天兴、万年二县为州,并设立了南路安抚司、北路安抚司和澎湖安抚司。同时还规划了基层的社区组织,将东宁城区分为东安、西定、宁南、镇北四坊,又将岛内汉人较为集中的地区分为24里。坊设签首,里设总理,各管民事。郑氏政权在台湾设立的各级行政机构,移植了大陆的政治制度。

郑成功收复台湾之后,一批不愿归顺清朝的文人学士随之入台,大大提高了台湾社会崇尚文化的风气。这些文人中较著名的有:王忠孝、辜朝荐、沈佺期、郭贞一、李茂春、许吉燝,及较早到台的沈光文等。他们将中华文化的种子播撒在这片土地上,并以传统的诗文形式,写下了台湾第一批文学作品。

文化的传播,最重要的形式还是教育。复台之初,郑氏政权历经郑成功病亡、内乱以及金、厦二岛的丧失和福建沿海的败退,暂时无暇顾及教育。

但到康熙四年（1665年），当台湾的各项建设工作已有成效，社会内部较为安定的情况下，富有远见的谘议参军陈永华便积极向郑经建议发展文教事业。他认为，台湾沃野数千里，远滨海外，民风淳朴，若能举贤才以助理，经过一段时间的教养生聚，便能赶上中原地方。应当择地建立圣庙、设学校，以收人才。郑经采纳了这个建议，于是，建孔庙，设学校，逐渐建立了一套自上而下较完整的教育体系。当时的学校有学院、府学、州学和社学。学院相当于高等教育，府学、州学为中等教育，社学为初等教育，各社皆设小学。郑氏政权还多方鼓励土著居民儿童入学，"其子弟能就乡塾读书者，蠲其徭役，以渐化之"。[1]

科举制度也同时推行。天兴和万年二州"三年两试，照科、岁例开试儒童。州试有名送府，府试有名送院，院试取中，准充入太学，仍按月月课。三年取中试者，补六官内都事，擢用升转"。[2]尽管科举制度这时在大陆已成为一种束缚人才的培养和选用的制度，但在文教事业初兴的台湾，科举制度的推行，对中华传统文化的传播却有一定的促进作用。

参 考 文 献

〔1〕郁永河.《裨海纪游》，台湾文献丛刊本，第17页。
〔2〕江日升.《台湾外记》，福建人民出版社，1983年版，第192页。

第二节　大陆移民与台湾开发

一、移民与社会结构

郑氏治台期间，台湾的汉族人口迅速增加，其主要原因是，大批军事移民和民间移民的到来。

1661年，郑成功进军台湾时，队伍分首、二程而行。首程队伍由亲军右武卫等13镇组成，于4月30日抵达台湾。各镇士兵从550名至1800名不等，多数兵镇在600名至1000名之间，共有士兵11700名。每名士兵各带随从1人，加上其他人员，整个队伍大约为25000人。二程队伍由左冲等6镇

47

人马组成，5月底到达台湾，共有士兵4400名。随这批队伍而来的还有许多妇女。据当时已投降郑成功的描难实叮写给揆一的信中说："从中国沿海有许多妇女来到此地，其中也有本藩君（指郑成功）的家属。"[1]二程队伍的士兵，加上其他人员以及妇女，人数在5000人以上。首、二程队伍相加，共计3万余人。后来施琅在概括这次军事移民时说："至顺治十八年，郑成功亲带去水陆伪官兵弁眷口共计三万有奇，为伍操戈者不满二万。"[2]

康熙三年（1664年），郑氏在大陆沿海诸岛尽失，郑经率部分将士及眷口退到台湾。当时有一批明朝宗室及故老、乡绅相从过台，宁靖王朱术桂、鲁王世子朱桓以及王忠孝、辜朝荐、沈佺期等都是在这时移居台湾的。据施琅估计，这次随郑经移居台湾的人口约有六七千人，其中为伍操戈者约4000人。

1674年，郑经响应"三藩之乱"，率领不满2000兵员西渡大陆，参加军事角逐。随着局势的发展，曾先后将俘获的清军官兵、降清士绅以及乡勇的眷属移送台湾安插或流放。《台湾外记》和《海上见闻录》等书载有这样的例子：1675年，将永春马跳峰寨吕华的家族发往淡水充军。将洪承畴侄子洪士昌、士恩以及明翰林杨明琅两家眷口流放于鸡笼、淡水（或说流放于琅峤）。又将黄芳度的亲族发配淡水充军。1677年，郑经命令降将王进功、沈瑞、张学尧等各将家眷搬往台湾。1678年，郑军攻破海澄后，将俘获的清军将士2000余人移送台湾，分配屯田。又调泉州各邑乡勇充伍，并移乡勇之眷口过台安插。1679年，把海澄降将全部移往台湾。1680年，郑经再次从福建沿海败退，带回残兵千余人。数年间，郑经从大陆迁移到台湾的人口也有几千人。

除了大规模的军事移民之外，这期间还有不少民间移民。1661年冬，清政府开始厉行"迁界"政策，将北直、山东、江南、浙江、福建、广东滨海30里人民尽行迁入内地，以防止沿海人民对郑氏的接济。迁界的结果，造成了各省沿海人民流离失所。郑成功闻讯，驰令各处，"收沿海之残民，移我东土，开辟草莱，相助耕种"。[3]《华夷变态》记载："因迁界，很多百姓丧家废业。沿海居民依海为生，迁界以后，无家可归，无业可营，故有很多饿死或变为游民。于是，就有很多百姓不惮禁令，越界潜出，投归锦舍（指郑经）充当兵卒。故锦舍方面愈见得势。"[4]这时的民间移民在数量上难有精确的估计，查继佐《东山国语·台湾后语》称："闽浙居民附舟师来归，烟火相接。"可见数量不在少数。据台湾学者研究，当时到台湾中部林圯埔（今南投县竹山镇）一带垦荒的就有福建平和、南靖、龙溪、漳浦等县的移民。其中，林新彩及张姓、廖姓等进入竹围仔拓垦，陈匹、曾振成、张赫、石文宴等进入下崁拓垦，林万、李培及刘姓、张姓等进入埔心仔拓垦，刘叻、张连、曾强及李姓等进入江西林拓垦，赖健、杜闽、杜猛、杜养、张剑、庄行万等进入社寮拓垦，曾记胡、陈寄等进入后埔仔拓垦。[5]另外，族谱资料中也载有一些当时向台湾移民的例子：福建晋江县永宁、东石郭岑村的高祐、郭一星、郭一程夫妇等，都是在这时移居台湾的。[6]

大量移民的涌入，使台湾的汉族人口迅速增加。到郑氏末期，台湾的汉族人口已超过 10 万人。郑克塽降清时，福建总督姚启圣曾说过，"台湾广土众民，户口十数万。"[7]《台湾省通志·人口篇》根据各种史料估计，当时台湾的汉族人口大约为 12 万，是比较合理的。

郑氏时期的社会结构有其特色。郑氏治理台湾，最高权力的称号不是延平王，而是"招讨大将军"。郑成功有生之年，对永历帝（朱由榔）册封的延平王称号一直未予使用，而仅用"招讨大将军"的名义发号施令。他死后，郑经和郑克塽也都是使用"招讨大将军世子"的名义管理台湾。郑氏降清时，延平王的册、印可以先行缴纳，唯有"招讨大将军印"却等到户口兵马各项册籍全部造好以后才予以上缴。这说明它始终是郑氏行使权力的象征。另外，在郑氏政权中起着重要作用的陈永华，也一直是使用"谘议参军"的名义参与治理台湾的。因此，郑氏政权的权力结构虽然有军、政两个不同的系统，但其核心和主要的部分是按照军事体制来建立的。在这种体制下，台湾的社会结构主要呈现为这样一种关系：郑氏家族——文武官员、明宗室、海商、乡绅地主——士兵、农民、渔民、手工业者、小贩、雇工、土著民众等。

以郑成功、郑经、郑克塽为代表的郑氏家族是台湾社会的最高统治者，他们以"招讨大将军"或其世子的名义统率全体军民。平时奉行"寓兵于农"的政策，战时征调士兵归伍作战。他们还是台湾最大的地主，直接拥有"官佃田园"近万甲（每甲约合 11.3 亩），同时，还代表国家征收私有土地的田赋以及各种捐税。他们又是海商集团的首领，拥有许多大型海船，每年往返于日本、吕宋、交趾、暹罗、柬埔寨、西洋等国从事远洋贸易，获得丰厚的利润。为了维护既得的经济和政治利益，他们以台湾为基地，组建庞大的军队，与清政权隔海对峙，他们的军事力量对台湾社会具有很强的控制力。20 余年间，台湾社会内部保持相对的稳定，与郑氏政权强有力的军事控制有很大的关系。

文武官员、明宗室、海商和乡绅地主处于台湾社会的上层。这一部分人的情况比较复杂，他们之中还可以分为许多不同的阶层。例如，一些执掌大权的统兵将领与一般的官吏、员弁之间，在政治地位和经济实力等方面都不可同日而语。但是，相对于广大的士兵和民众来说，他们又是统治阶级。这部分人的人数不少，以 1683 年为例，当年，在澎湖战役中战死和降清的千总以上的武职官员就有 600 人。[8] 随后，和郑克塽一道降清的武职官员还有 1600 余人，文职官员 400 余人。[9] 当时，在台湾的明宗室也有宁靖王朱术桂、鲁王世子朱桓、泸溪王朱慈炉、巴东王朱江、乐安王朱浚、舒城王朱煃、奉新王朱熺、奉南王朱邀、益王宗室朱镐等。文武官员和明宗室不但人数众多，而且，他们中的许多人同时又是地主。当时，台湾有一种特殊的土地名称，叫作"文武官田"，指的就是他们以及一些乡绅地主所拥有的土地。"文武官田"曾达到 2 万余甲。文武官员中有些人还身兼海商，如武平侯刘国轩和吏官洪磊，他们在 1683 年澎湖战役之后还派出海船前往日本和暹罗贸易。

武职官员不仅在人数上比文职官员多，而且具有更强的经济实力。洪旭临死前曾遗命其子洪磊捐助郑氏饷银 10 万两。刘国轩在郑氏政权财政困难的情况下，曾主动自辞俸禄，同时捐助自辖兵 3 个月的军饷。其他将领如吴淑、何祐、江胜、林升等也都效仿而行，而当时的文官们却没有余资可以捐助。这说明，由于军事体制的影响，武职官员在社会上具有比文职官员更高的政治和经济地位。

士兵、农民、渔民、手工业者、小贩、雇工、土著民众等处于台湾社会的底层。由于郑氏奉行"寓兵于农"的政策，士兵和农民的身份是可以统一的，"兵即为农，农即为兵"。例如，1682 年，郑氏得知施琅屯兵铜山（今东山）的消息，曾将草地种田之人挑出 6000 名，教打鹿枪，派守澎湖，后因缺粮，又将鹿枪手调赴草地耕种。由于军事斗争的需要，当时士兵的人数在总人口中占有很高的比例。以 1683 年来说，澎湖战役中，战、溺而死的郑氏士兵有 14000 余人，投降的士兵有 4853 名。随后，和郑克塽一道投降的士兵还有 4 万余人。[10] 这一年，郑氏军队曾达到 6 万人，占当时台湾汉族人口总数的一半左右。即使在郑、清双方无战事的年份，如康熙七年（1668 年），根据施琅《尽陈所见疏》中提供的数字估计，士兵的人数也占到当时台湾汉族人口的 25%—30%。农民（包括自耕农和佃农）是当时台湾社会主要的生产者，其中佃农的人数比自耕农要多，因为，当时不但"官田"全部由佃农耕种，而且"文武官田"绝大多数也都是由佃农垦成并进行耕种的。

由于连年征战，台湾下层民众的负担相当沉重，他们不仅随时可能被征召入伍，而且还要承担繁重的捐税和劳役。1680年，郑氏政权得知清军将有征剿的意图，即下令"天兴知州张日曜按屯册甲数，每十人抽其一充伍，训练以备用，得兵三千有余。其街市商民，十家共输一丁，每名折价征银一百两，贫富不均，民大怨望"。1681年，为了"生财裕饷"，采纳了工官杨贤的建议："凡所有村落民舍，计周围丈量，以滴水外，每间每丈宽阔征银五分……百姓患之，毁其居室甚众。"而为了北部鸡笼城的防守，"凡军需粮饷悉着土番沿途接递，男女老稚，均任役使，督运弁目酷施鞭挞，土番不堪"。《台湾外记》和《海纪辑要》等书中载有许多这样的例子。

沉重的负担容易引起底层民众的不满，不利于社会的稳定。但由于士兵占了底层人口的很大比例，而军队相对便于控制，所以，尽管当时也出现了一些土著村社起来反抗、士兵降清逃亡等事件，但总的来说，郑氏时期的台湾社会还是比较稳定的。这种稳定，只有在清军强大的军事压力降临台湾本岛时才遭到了破坏。

参 考 文 献

〔1〕厦门大学郑成功历史调查研究组编.《郑成功收复台湾史料选编》，福建人民出版社，1982年版，第290页。

〔2〕施琅.《靖海纪事》上卷，《尽陈所见疏》，福建人民出版社，1983年版，第53页。

〔3〕江日升.《台湾外记》，福建人民出版社1983年版，第170页。

〔4〕林春胜、林信笃编，浦廉一解说.《华夷变态》上册，东洋文库，1981年版，第321页。

〔5〕庄英章.《林圯埔——一个台湾市镇的社会经济发展史》，载《中研院民族学研究所专刊》乙种第8号，第26—27页。

〔6〕庄为玑、王连茂.《闽台关系族谱资料选编》，福建人民出版社，1984年版，第8页。

〔7〕厦门大学台湾研究所、中国第一历史档案馆编辑部.《康熙统一台湾档案史料选辑》，福建人民出版社，1983年版，第301页。

〔8〕施琅.《靖海纪事》上卷，《飞报大捷疏》，福建人民出版社，1983年版，第82—89页。

〔9〕〔10〕《大清圣祖仁皇帝实录》卷一百十八，中华书局，1985年版。

二、移民与土著居民的关系

大量的军事移民和民间移民来到台湾之后，由于生活空间的扩大，必然和原来的土著居民产生广泛的接触。在当时的移民和土著居民的关系中，郑氏政权奉行的基本上是一种"民族和睦"的政策。对此，郑成功采取的措施主要有以下几个方面：

（一）团结上层人物，广泛争取土著民众对驱荷和抗清事业的支持。复台大军登陆后不久，当新、善、开、感等里的土著居民头目前来迎附时，郑成功即设宴款待，并赐给正副土官袍帽靴带等物，表示慰问。由于土著居民受荷兰人欺凌已久，郑成功的亲善态度使他们深受感动。于是，"南北路土社闻风归附者接踵而至，各照例宴赐之，土社悉平怀服"。郑成功还亲自到新港、目加溜湾、萧垅、麻豆等社视察，土著居民"男妇壶浆，迎者塞道"。郑成功慰以好言，赐之酒食、烟、布，土著民众"甚是喜慰"。[1] 土著民众对郑成功的驱荷事业也积极予以支持，他们帮助郑氏军队肃清躲藏在土著村社中的荷兰人。因此，一名荷兰牧师曾悲叹说："我国人无论投向何方，都不能逃出虎口。"[2]

（二）严禁滋扰土著村社，维护土著民众的根本利益。为了取得稳定的粮食供应以及长期立足台湾，郑成功发布了垦地令，鼓励文武各官以及广大官兵家眷创建田宅，永为世业。但同时也反复强调，"不许混侵土民（指土著居民）及百姓现耕物业"，"不许混圈土民及百姓现耕田地"。1661年8月（农历七月），驻扎北路屯垦的援剿后镇、后冲镇官兵不幸与大肚社土著居民发生冲突。郑成功"着兵都事李胤监制各□（镇），□（不）准搅扰土社"，并将滋事的后冲镇等官兵调离，"移扎南社"。9月至10月间，由于大陆运粮船未到，郑氏军队普遍缺粮，"官兵至食木子充饥"，"日只二餐，多有病殁"。而这时土著民众的秋粮已熟，郑氏官兵却能做到秋毫无犯，最后，由郑成功遣户都事杨英和承天府尹杨朝栋持金10锭前往新港、目加溜湾、萧垅、麻豆等社公平"买籴禾粟，接给兵粮，计可给十日兵粮回报"。[3]

（三）向土著居民传授农业技术，帮助他们发展生产。郑氏入台之时，土著居民的农业生产技术十分落后，有着灌溉便利的"近水湿田，置之无用"，"不知犁耙斧锄之快，只用寸铁刊凿"，一甲之园，必一月以上方能耕完。秋收季节，"土民逐穗采拔，不识钩镰割获之便，一甲之稻，云采数十日方完"。根据这种情况，户都事杨英向郑成功建议："宜于归顺各社，每社各发农□一名，铁犁、耙、锄各一副，熟牛一头，使教□□（牛）犁耙之法，□□（播种）五谷割获之方，聚教群习。"[4]杨英的建议是否为郑成功所采纳，未有明确的记载，但郑氏期间，土著村社的农业生产确实有了进步。原来新港、目加溜湾、萧垅、麻豆四社的民众，还是"计口而种，不贪盈余"，到了郑氏后期，"四社番亦知勤稼穑，务蓄积，比户殷富"[5]。这说明，郑氏政权的教化，使土著村社的农业生产有了很大的改变，富有成效。

郑成功逝世之后，郑经、郑克塽继承了郑成功的民族和睦政策。"深耕种，通鱼盐，安抚土番，贸易外国"，而"安抚土番"是当时郑氏内政的一个重要方面。郑经对土著居民还实行了一些特殊的照顾，例如，土著居民的儿童入乡塾读书，可以蠲其父母徭役，汉族居民则不能享有这样的待遇。当然，由于郑氏政权连年征战，一部分负担不可避免地也会转嫁到土著居民的身上，"郑氏于诸番徭役颇重"[6]。因此，也发生过一些土著村社起来反抗郑氏政权的事件。康熙三年（1664年），北路阿狗让土著居民起来反抗，郑经遣勇卫黄安加以平复。康熙二十一年（1682年），北路鸡笼、新港仔、竹堑等七社土著居民因不堪徭役，奋起抗争，郑克塽遣宣毅前镇叶明等前往镇压。各社土著居民闻大军进剿，各挈家眷逃入深山。吏官洪磊认为，"土番之变，情出无奈……当柔以惠，则怀德远来，善抚而驾驭之"，建议遣员招抚。郑克塽采纳了这个建议，遣各社通事入山招抚，"领其众仍回原社耕种"[7]。此外，郑氏政权对一些未归化的土著部落也进行过一些讨伐行动。

尽管有过一些矛盾和冲突，郑氏时期，汉族移民和土著居民的关系总的来说还是和睦的，尤其是民间的关系更是如此。《诸罗县志》记载，郑氏据台，汉人既多，往来相接，土著居民对汉人"长幼尊卑皆呼兄弟。半线以上，称'付遁'（番语亲戚也）。称内地，统名曰唐山"。可见，当时的民族关系相当融洽。

参 考 文 献

〔1〕杨英.《先王实录》，福建人民出版社，1981年版，第250—252页。

〔2〕厦门大学郑成功历史调查研究组.《郑成功收复台湾史料选编》，福建人民出版社，1982年版，第278页。

〔3〕杨英.《先王实录》，福建人民出版社，1981年版，第254—259页。

〔4〕同上书，第259—260页。

〔5〕〔6〕郁永河.《裨海纪游》,台湾文献丛刊本,第 17、36 页。

〔7〕江日升.《台湾外记》,福建人民出版社,1983 年版,第 324—325 页。

三、土地开发与生产发展

为了解决军粮的供应问题和立足台湾的长期打算,郑氏政权对台湾的土地开发十分重视。在郑成功的复台船队中,"已携有很多的犁、种子和开垦所要的其他物品,并有从事耕种的劳工"。[1]在取得赤崁地区的控制权之后,尽管围困热兰遮的战斗还在进行,郑成功就将一部分军队分派汛地屯垦。不久,又正式发布了垦地令谕。其中,最主要的内容有两条:一是"各处地方或田或地,文武各官随意选择,创置庄屋,尽其力量,永为世业"。二是"各镇及大小将领官兵派拨汛地,准就彼处择地起盖房屋,开辟田地,尽其力量,永为世业"。[2]这两条的实质就是鼓励私垦(包括民垦)和军垦。而且,不仅是鼓励,甚至还严加督促。卢若腾《东都行》和《海东屯卒歌》中对此都有描写:"或自东都来,备说东都情。官司严督趣,令人垦且耕。"[3]"今年成田明年种,明年自不费官粮。如今官粮不充腹,严令克期食新谷。"[4]说明当时郑氏政权对土地开垦确实抓得很紧。

开垦的成效也是显著的。私垦部分,据蒋毓英《台湾府志》记载,"文武官田园"曾达到 20271.8 甲,就是近 23 万亩。其中,新港溪以北地区(清初称诸罗县),文武官田园共计 8356.3 甲,而由荷据时期垦成的"官佃田园",只有 787.4 甲。二层行溪以南地区(清初称凤山县),文武官田园共有 7315.7 甲,而荷据时的"官佃田园"只有 1892.5 甲。上述两溪之间的地区(清初称台湾县),荷据时期已得到相当程度的开发,但"文武官田园"仍有 4599.7 甲之多[5]。军垦部分,也就是所谓的"营盘田",郑氏军队赖以自耕自给,各种史志记载没有留下具体的数字。但根据分析,这部分土地的数量也是很大的。首先,要保证数万军队的粮食供应,"营盘田"的面积,至少也应当在 1 万甲以上。其次,按屯垦人数计算,郑氏军队最少时也有约 2 万人,以 3/10 投入屯垦(或说以半数投入屯垦),则屯垦人数至少也有 6000 人。按清初台湾每名屯种士兵给田 30 亩[6]计算,这 6000 屯种之人,所耕种的面积也不会少于 15000 甲。

另外,据其他学者考证,当时郑氏军队屯田的地点已知的有 40 余处。台湾现今的许多地名都与当时的屯田有关。例如:台南县的本协、新营、后镇、旧营、五军营、果毅后、查亩营、林凤营、中营、下营、二镇、中协、左镇、小新营、后营、大营，高雄县的营前、营后、前锋、后协、中冲、北领旗、三镇、角宿、援剿右、援剿中、仁武、中权，高雄市的后劲、左营、右冲、前镇，屏东县的大响营、德协、统领埔，嘉义县的后镇、双援，桃园县的营盘坑，台北县的国姓埔等。从这许多的地名中，人们也不难了解到当年屯田的规模。

郑氏时期开垦的区域，主要集中在以承天府（今台南市）为中心，北至北港溪，南至下淡水溪的台湾中南部地区。北港溪以北和下淡水溪以南地区也有少量的开发。具体分布，如图 3-1 所示。

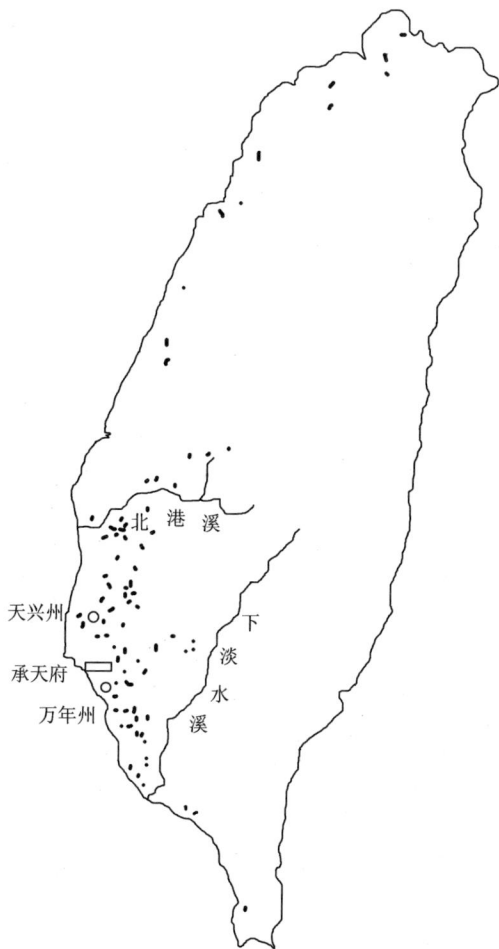

图 3-1　郑氏时期台湾土地开发示意图
（图中黑点表示军垦或民垦所形成的聚落）

从图 3-1 中可以看出，当时台湾中南部地区已有较为成片的开发，西部沿海的其他地方也有点状的拓垦。

为了使开垦的土地获得良好的灌溉，当时，还修筑了许多水利设施。这些水利设施大致可分为三类：一种是郑氏军队修筑的，因此，其名常带有军队的番号，如：三镇埤、三镇陂、北领旗陂、中冲崎陂、苏左协陂、角宿陂、仁武陂等。一种是明宗室和郑氏文武官员修筑的，如：月眉池（宁靖王朱术桂所修）、辅政埤（辅政公郑聪所修）、三老爷陂、五老爷陂等。一种是民间修筑的，如：甘棠潭（佃民所筑）、王友埤（佃民王友所修）、十嫂埤（王十嫂募佃所筑）等。这些水利设施大多规模较小，稍具规模者，有：草潭，"蓄水甚多，灌注甚广"。三老爷陂、角宿陂均"灌田颇多"。

由于土地的大量开发和水利的兴修，从康熙四年（1665 年）起，农业连年丰收，不但岛上军民的粮食可以自给，而且，还能"以其有余，供给漳泉，以取其利"。[7] 在这基础之上，制糖、制盐、烧瓦、建筑、造船、冶铁等手工业也有了一定程度的发展。例如，当时有蔗车 100 张，[8] 以每张蔗车每年榨汁 700 桶，每桶蔗汁制糖 100 斤计算，其年制糖能力大约在 7 万担以上。荷据时期，盐的生产采用卤水煎煮法，不但费工时，而且盐味苦涩，不便食用。郑氏时期，教民晒盐，"就濑口地方，修筑丘埕，泼海水为卤，暴晒作盐，上可裕课，下资民食"。[9] 新方法制盐，"色白而咸，用功甚少"。不但盐的品质得到了提高，而且还提高了劳动生产率。砖瓦的生产也是这样，当时在柴头港建立的砖瓦窑，教匠取土烧瓦，结束了全靠大陆转运砖瓦的历史。

当时，岛内生产的农产品和手工业产品品种相当丰富。据蒋毓英《台湾府志》记载，粮食作物有稻、麦、黍稷、菽五大类，30 余个品种，蔬菜有 40 余个品种，水果有 20 多个品种，还有丰富的水产品和家禽、家畜。手工业产品有：盐、黑砂糖、白砂糖、冰糖、汽酒、老酒、番仔酒、菁靛、藤皮、白灰、木炭、棉布、苧布、麻布、毛被、鹿皮等。施琅在《恭陈台湾弃留疏》中有这样一段描述："野沃土膏，物产利溥，耕桑并耦，鱼盐滋生，满山皆属茂树，遍处俱植修竹。硫磺、水藤、糖蔗、鹿皮以及一切日用之需，无所不有。""人居稠密，户口繁息，农工商贾，各遂其生"。当时，共有街市店厝 6270.5 间，[10] 可见其商业的繁荣，这也从另外一个角度说明了郑氏时期开发的成果。

参 考 文 献

〔1〕曹永和.《郑氏时代之台湾垦殖》,载《台湾早期历史研究》,台湾联经出版事业公司,1979 年版,第 267 页。

〔2〕杨英.《先王实录》,福建人民出版社,1981 年版,第 254—255 页。

〔3〕诸家.《台湾诗抄》,台湾文献丛刊本,第 23 页。

〔4〕卢若腾.《岛噫诗》,台湾文献丛刊本,第 24 页。

〔5〕蒋毓英.《台湾府志》卷七,《田土》,厦门大学出版社,1985 年版,第 73—75 页。

〔6〕中国第一历史档案馆整理.《康熙起居注》第二册,中华书局,1984 年版,第 1307 页。

〔7〕连横.《台湾通史》,商务印书馆,1983 年版,第 380 页。

〔8〕台湾文献丛刊第 84 种,《福建通志台湾府》(上),台湾大通书局版,第 167 页。

〔9〕江日升.《台湾外记》,福建人民出版社,1983 年版,第 191 页。

〔10〕台湾文献丛刊第 84 种.《福建通志台湾府》(上),台湾大通书局版,第 168 页。

四、封建土地所有制的形成

随着郑成功垦地令的执行和荷兰东印度公司"王田"的接收,一种不同于荷据时期土地占有形式的封建土地所有制在台湾开始形成。在这种土地所有制形态下,土地分为"官田"、"文武官田"、"营盘田"三种类型。

"官田"是郑氏政权直接占有的土地,它是由荷兰东印度公司接收的"王田"转变而成的。荷兰人投降之时,双方签订的协议中规定:"所有在福摩萨之中国债务人及中国租地人之名单以及他们所欠债务应从公司账簿中抄出,呈交国姓殿下。"〔1〕移交租地人名单,就是为了保证在荷兰人撤走之后,原有荷兰东印度公司的"王田"不致流失到私人手里。在此之前,郑成功在垦地令中三令五申"不许混圈土民及百姓现耕田地",除了维护土著居民和汉族百姓的现有利益之外,也有为了"王田"不被侵占,以便最后完整接收。事实上,郑氏政权对"王田"的接收也是相当完整的。1659 年,荷兰东印度公司拥有的耕地总面积是 12252 甲,1660 年是 11484 甲,〔2〕而郑氏时期"官田"的总面积是 9782.8 甲。〔3〕经过巨大的社会变革之后,"王田"的保存率还达到了 85%。

"官田"的经营,据清初第一任诸罗知县季麒光说:"伪郑自给牛种,佃丁输税于官，即红夷之王田，伪册所谓官佃田园也。""官佃田园，牛具埤圳，官给官筑，令佃耕种。"〔4〕另据《诸罗杂识》记载："盖自红夷至台，就中土遗民令之耕田输税，以受种十亩之地名曰一甲，分别上、中、下则征粟。其陂塘堤圳修筑之费，耕牛、农具、籽种，皆红夷资给，故名曰王田，亦犹中土之人受田耕种而纳税于田主之义，非民自世其业而按亩输税也。及郑氏攻取其地，向之王田，皆为官田，耕田之人，皆为官佃，输税之法，一如其旧，即伪册所谓官佃田园也"。〔5〕"官田"的经营方式与荷据时期"王田"相同，而"王田"的经营方式，《诸罗杂识》已指明"亦犹如中土之人受田耕种而纳税于田主之义"，也就是说，它与大陆上某种土地经营方式也是相同的。在中国大陆，历代政府或皇室直接占有的耕地就称官田，有些官田，也由政府提供土地、种子、耕牛与农具等生产资料和生产工具。因此，实际上郑氏"官田"就是继承了当时中国大陆封建国有土地所有制的形式。

由于"官田"实行租赋合一的田赋制度，因此，它的赋率相对较高，约占收成的1/3。季麒光《条陈台湾事宜文》中说，"官佃田园，尽属水田，每岁可收粟五十余石，伪郑征至十八石、十六石，又使之办糖、麻、豆、草、油、竹之供。"〔6〕另据他的《覆议二十四年饷税文》记载，"官田"各等则的征赋标准如表3-1所示：

表 3-1

地则	每甲赋率	地则	每甲赋率
上田	18 石	上园	10.2 石
中田	15.6 石	中园	8.1 石
下田	10.2 石	下园	5.4 石

"官田"的田赋包括了偿还郑氏政权对生产的各项投资在内，因此，它对佃农的剥削，与当时大陆各地实行的大约50%的地租率相比，还是较轻的。

"文武官田"是郑氏时期私田的别称，由郑氏宗族、文武官员和民间的"有力者"招佃垦耕，也是台湾封建地主土地所有制的最初表现形式。郑成功的垦地令中规定：文武各官及总镇大小将领家眷，"随人多少，圈地永为世业"。"文武各官圈地之处，所有山林陂池，具图来献，本藩薄定赋税，便属其人掌管。""文武各官开垦田地，必先赴本藩报明□数，而后开垦，至于百姓，必开□数报明承天府，方准开垦。如有先垦而后报及报少而垦多者，察出定将田地没官，仍行从重究处。"[7]另据《诸罗杂识》记载："文武官田""三年一丈量，蠲其所弃而增其新垦以为定法。"[8]可见，郑氏政权对"文武官田"的管理还是比较严密的。

"文武官田"的经营方式，据季麒光称，"文武诸人各招佃丁，给以牛种，收租纳税，伪册所谓文武官田也。""文武官田园，自备牛种，与佃分收，止完正供。"说明"文武官田"地主对生产的投资不像"官田"那样划一，正像前面已经叙述的一样，有些水利设施是佃人自己修筑的。因此，"文武官田"的地租也比租赋合一的官租要复杂，往往是由地主和佃人对生产投资的不同比率而确定的，"与佃分收"就是这个道理。一般说来，"文武官田"的租率和"官田"相差无几，在生产条件基本一致的情况下，两种佃丁的负担也约略相等。

"文武官田"的征赋标准，过去的史志记载没有一种完全正确，综合各种记载分析，正确的征赋标准应当是，各等则都是"官田"的1/5。[9]具体赋率如表3-2所示：

表3-2

地则	每甲赋率	地则	每甲赋率
上田	3.6 石	上园	2.04 石
中田	3.12 石	中园	1.62 石
下田	2.04 石	下园	1.08 石

除了田赋的征收之外，"文武官田"还必须应付各种差役，如宁靖王朱术桂的数十甲土地，郑氏"从而征其田赋，悉索募应"。[10]

"营盘田"就是军屯田，"镇营之兵，就所驻之地自耕自给，名曰营盘"。"营盘田"的情况，由于有关记载较为简略，难得其详。据《台湾外记》记载，郑氏军屯田的做法是："按镇分地，按地开荒。""其火兵则无贴田，如正丁出伍，贴田补入可也。""照三年开垦，然后定其上、中、下则，以立赋税。但此三年内，收成借十分之三，以供正用。"垦成以后的税则，已不能详考。"火兵"指随军亲属。郑氏的"营盘田"只有正丁可以授田，随军亲属不予授田，但在正丁出伍的情况下，亲属可以补入继承。从现有的史料分析，郑氏的"营盘田"和当时大陆的军屯田一样，已经出现了国有制与私有制并存、并由国有向私有转化的现象。郑成功的垦地令中规定，郑氏官兵在汛地屯垦的土地，可"永为世业，以佃以渔及经商"。说明"营盘田"不但有继承权，而且有租佃权，已具有私有的性质。但是，与文武官员及百姓开垦必先报明甲数，山林陂池也要"薄定赋税"不同，"营盘田"的开垦无须报明甲数，其山林陂池也不征收赋税，说明"营盘田"和私有的"文武官田"还是有所区别的。

参 考 文 献

〔1〕C.E.S..《被忽视的福摩萨》，载《郑成功收复台湾史料选编》，福建人民出版社，1982 年版，第 183 页。

〔2〕杨彦杰.《荷据时代台湾史》，江西人民出版社，1992 年版，第 173—174 页。

〔3〕蒋毓英.《台湾府志》卷七，《田土》，厦门大学出版社，1985 年版，第 73 页。

〔4〕〔6〕台湾文献丛刊第 84 种，《福建通志台湾府》（上），台湾大通书局版，第 164—165 页。

〔5〕〔8〕王瑛曾.《重修凤山县志》卷四，《田赋志》租赋附录，台湾文献丛刊本，第 103—104 页。

〔7〕杨英.《先王实录》，福建人民出版社，1981 年版，第 254—255 页。

〔9〕邓孔昭.《郑氏文武官田租税考》，载《台湾研究集刊》1986 年第 1 期。

〔10〕陈元图.《明宁靖王传》，载《台湾府志》卷十，《艺文》，台湾文献丛刊本，第 255 页。

五、清廷的经济封锁与台湾的内外贸易

清廷对郑氏集团一向采取经济封锁政策。早在顺治十二年（1655 年），清廷就采纳了浙闽总督屯泰的建议："沿海省份应立严禁，无许片帆入海。"[1]次年，敕谕浙江、福建、广东、江南、山东、天津等地文武官员："严禁商民船只私自出海，有将一切粮食、货物等项与逆贼贸易者，或地方官查出，或被人告发，即将贸易之人，不论官民俱行奏闻正法，货物入官。"[2] 1661 年，郑成功挥师入台之后，清廷又采纳了兵部尚书苏纳海等人的意见，采取更加残酷的措施，"将山东、江、浙、闽、广滨海人民尽迁入内地，设界防守，片板不许下水，粒货不许越疆"。[3] 把沿海 30 里地带划为界外，不许百姓居住，对金、厦、台、澎实行严厉的经济封锁。康熙十三年（1674 年），"三藩之乱"

发生后，福建沿海迁入界内的百姓纷纷回到故土。1678年，清军基本控制了福建局势，于是再行迁界之令，将福建"界外百姓迁移内地，仍申严海禁，绝其交通"。[4]

清廷的经济封锁给郑氏政权带来了很大的困难。然而，郑氏政权对付清廷的经济封锁也有一套有效的办法，那就是千方百计地发展与大陆和海外的贸易，其方法之一，就是在大陆沿海设置一些走私、透越的据点，从而将货物转运台湾。顺治十八年（1661年），郑氏洪姓部将"于福建沙城（埕）等处滨海地方，立有贸易生理。内地商民作奸射利，与为互市，凡杉桅、桐油、铁器、硝黄、湖丝、铀绫、粮米一切应用之物，俱咨行贩卖"。[5]康熙五年（1666年），郑经利用江胜占据厦门、邱辉占据达濠（在广东潮阳），"斩茅为市，禁止掳掠，平价交易。凡沿海内地穷民，乘夜窃负货物入界，虽儿童无欺。自是，内外相安，边疆无衅，其达濠货物，聚而流通台湾。因此而物价平，洋贩愈兴"。"辉集广、惠亡命以相助，且善为交通接济，货物兴贩，而台日盛。"[5]

为了维持与大陆的贸易活动，郑氏政权还采取了收买清军守边官兵的做法，使边禁如同虚设。顺治十八年十二月（1662年2月），清廷在"严禁通海敕谕"中曾指出："该管官兵亦不尽心职守，明知奸弊，佯为不知，故纵商民交通贸易。"[7]更有甚者，有些清军官兵还帮助郑氏进行走私活动，如《台湾外记》记载，"虽汛地谨防，而透越不时可通。有佩鞍穿甲追赶者，明使护送。即巡哨屡行，有耀武扬威才出者，明使回避。故台湾货物船料，不乏于用。"[8]在长期的反封锁斗争中，台湾出现了一批善于在海峡两岸往来贸易的商人。另外，在海禁、迁界的情况下，从事两岸贸易获利颇丰，一些大陆商人也不惜铤而走险，将各种货物贩运台湾。康熙十三年（1674年），福建总督范承谟就曾指出，"即钉、麻、油、铁、丝绸、布帛，皆奸商巨贾、势豪土棍有力者之所办"。[9]因此，尽管清廷实行了严厉的经济封锁政策，但当时海峡两岸的贸易活动却始终没有停止过。郁永河在《郑氏逸事》中甚至说："我朝严禁通洋，片板不得入海，而商贾垄断，厚赂守口官兵，潜通郑氏以达厦门，然后通贩各国。凡中国各货，海外人皆仰资郑氏，于是通洋之利，惟郑氏独操之，财用益饶。""海禁愈严，彼利益普。"

清廷的经济封锁，促使郑氏政权更加努力地发展台湾的海外贸易，以保证庞大的军用和民生物质的需求。当时，主持海外贸易的洪旭"遣商船前往各港，多价购船料，载到台湾，兴造洋艘、鸟船，装白糖、鹿皮等物，上通日本，制造铜熕、倭刀、盔甲，并铸永历钱，下贩暹罗、交趾、东京各处以富国。从此台湾日盛，田畴市肆不让内地"。[10]郑氏远洋船队的规模，据曾在郑氏政权中专管通洋船只的史伟琦称，郑氏强盛时，以仁、义、礼、智、信为号的海路五商，每一字号下各设有通洋海船12只。尽管郑氏在军事上屡有挫折，但这些海船却没有什么损失。郑氏政权利用这些船只以及台湾在东西洋贸易中的有利地位，"每年牟利不可胜数"[11]。1683年初，福建总督姚启圣奏称，郑氏"尚有洋船九只，每年出往外国贩洋，所得利息以为伪官兵粮饷之用"。[12]除了官有船只之外，一些文武官员，如刘国轩、洪旭等都有私人船只从事远洋贸易。当时，台湾的商船每年往返兴贩于日本、琉球、暹罗、吕宋、苏禄、万丹、交趾、东京、文莱、柬埔寨、马六甲、咬䶮吧、广南、柔佛等地。向日本输出的商品主要有：鹿皮、砂糖、药材、丝织品等，从日本输入的，则有铜、铅、兵器、盔甲、黄金、白银、钱币等。而从东南亚等地输入的商品则是：香料、苏木、铜、铅、锡、象牙、燕窝以及各种布料等。

除了商船四处兴贩之外，郑氏政权还与邻近各国通商，并准许外国公司到台湾设立商馆。康熙九年（1670年），郑氏政权和英国东印度公司之间就签订了通商协议。英国东印度公司还在台湾设立了商馆。

参 考 文 献

〔1〕《大清世祖章皇帝实录》卷九十二，中华书局，1985年版。

〔2〕同上，卷一二。

〔3〕夏琳.《海纪辑要》卷一，台湾文献丛刊第22种，第29页。

〔4〕《大清圣祖仁皇帝实录》卷七十二，中华书局，1985年版。

〔5〕〔7〕台湾文献丛刊第168种，《郑氏史料续编》卷十，台湾大通书局版，第1269页。

〔6〕江日升.《台湾外记》，福建人民出版社，1983年版，第194、210页。

〔8〕江日升.《台湾外记》，福建人民出版社，1983年版，第209—210页。

〔9〕台湾文献丛刊第256种，《清奏疏选汇》，台湾大通书局版，第32页。

〔10〕江日升.《台湾外记》，福建人民出版社，1983年版，第192页。

〔11〕〔12〕厦门大学台湾研究所、中国第一历史档案馆编辑部.《康熙统一台湾档案史料选辑》，福建人民出版社，1983年版，第82、258页。

第三节　郑氏政权的对外关系和郑清关系

一、郑氏政权与荷、日、英等国的关系

由于台湾的地理位置和在东西洋贸易中的重要地位，郑氏政权与邻近各国以及西方殖民者之间有着广泛的接触。在郑氏政权的对外关系中，与荷兰、日本、英国、吕宋等国有着较为特殊的交往。

荷兰殖民者被郑成功逐出台湾之后，念念不忘卷土重来。1662 年至 1664 年间，他们三次组织远征舰队，从巴达维亚来到中国沿海，伺机报复。1662 年 8 月，首次远征舰队打着"支援大清国"的旗号，来到闽江口，声称"前来协助大清国征剿郑逆"。[1] 提出的条件是，要求清方准许自由贸易，并且帮助他们攻打台湾。清靖南王耿继茂和福建总督李率泰对荷兰人的合作要求不敢擅自主张，具疏请旨定夺。荷兰人由于一时没有得到清廷的答复，曾单独攻击郑军在福建沿海的船只，但没有取得多大战果。1663 年 9 月，再度来华的荷兰舰队和清军结成了联盟，并且共同向郑军驻守的厦门发动进攻。据《海上见闻录》记载："夷船高而且大，一船有大小烦铳千余号，横截中流，为清船藩蔽。……世藩见夷船多炮，众寡不敌，乘潮渐渐退出浯屿。……周全斌以为船多被夷炮烦损坏，不如退守铜山，遂弃两岛而去。"由此说明，荷兰人的参战是郑军弃守金、厦二岛的主要原因之一。

金、厦战后，荷人曾与郑氏有过一些交涉。最初，荷方提出了要求郑氏交还台湾及其所有城堡武器，恢复东印度公司一切产权、偿还欠债、释放俘虏等多项条件。经过信使数次往返，郑方同意将仍羁留在台湾的 100 多名荷人家属释放，而荷人也撤销了原来的其他要求，只请郑氏准其通商，并允许他们在淡水和鸡笼两地设立商馆。郑氏只能同意荷人在南澳进行交易，并要求荷人解除与清军的联盟。最后，双方没有谈成。这期间，清荷双方在下一步作战意图上产生了分歧。荷人不愿帮助清军进攻铜山，清方也不愿在取得沿海岛屿之前攻打台澎。1664 年 2 月，荷军独自向澎湖、台湾进发，曾一度占领了澎湖的一些岛屿。后因听到清、郑交涉有所进展，寄希望于清方在郑

氏投降后将台湾移交，故又返回巴达维亚。

1664 年 7 月，第三次远征舰队驶往中国。在这次行动之前，荷兰东印度公司已认识到，"由于种种原因，现在还不可能取回台湾。……因决定暂时放弃取回台湾的想法"，只准备重新占领鸡笼，"作为行驶于北方即中国沿岸的船只的临时集合地"。[2] 8 月 18 日至 20 日，荷军在澎湖打败了守岛的郑军。27 日，占领了无人驻守的鸡笼。

再度占领鸡笼之后，荷兰东印度公司曾作出决议，在鸡笼的荷兰人，"不得与国姓爷集团的代表进行谈判，他们的代表应派到巴达维亚，但可以默许走私船前来鸡笼贸易"。[3] 而郑氏对重新占领鸡笼的荷兰人也采取了一种较为克制的态度。据 1667 年 8 月和 10 月从鸡笼寄出的两封信中说："敌人国姓爷集团虽拥有比前更强大的兵力，而且威吓说要攻打鸡笼，但没有实行。"[4] 这期间，由于清廷结束了荷人在中国沿海的贸易特权，鸡笼失去了对大陆贸易的中转站的作用，在经济上已无利益可言。因此，1668 年 10 月，荷兰人主动撤离了鸡笼。这以后，郑荷之间仍然互相视为敌人。1670 年，郑经"曾函请邻近之国家与其所管辖之地区通商，惟荷兰人及满清人除外"。[5] 这种敌对关系，一直维持到郑氏降清为止。

郑氏与日本之间有着较深的渊源，不但郑成功的母亲是日本人，而且，从郑芝龙开始，郑氏与日本之间就有着密切的商业往来。为郑成功掌管东西洋贸易的户官郑泰，私自存放在日本长崎唐通事办事处的银子就曾达到 30 多万两，可见其贸易交往的规模。郑成功收复台湾之后，郑氏与日本之间的交往仍然相当密切。当时，每年平均有 14 到 15 艘大船从台湾开到日本。1670年，到日本的台湾商船达到 18 艘，其中大部分为郑氏所有。台湾生产的糖和鹿皮也以日本为主要市场，仅 1682 年，从台湾输往长崎的白糖和冰糖就有992286 斤。[6]

可是，郑氏与日本的关系，也曾因琉球贡船事件有过短暂的不愉快。1670 年，琉球向清廷进贡的船只在福建沿海地方被郑氏水师截获，并羁押往台湾。当时，琉球同时也是日本的藩属国，于是，投诉于日本。日方在 1671年扣押了一艘驶往长崎的郑氏商船，并勒令其交纳 3 万两白银，以此作为对琉球贡船的赔偿。郑经对此极为愤怒，曾在 1672 年不许郑氏船只驶往长崎。但是，这种状况很快得到了改善。1673 年，一艘日本船只被风飘到台湾，郑氏不但帮助修理船只，而且还赠给难民粮食、衣物，将他们送回长崎。日方感激，江户幕府特地酬以白银 2000 两，让郑氏官商带到台湾。1674 年，协理户官杨英写信给长崎奉行，将日方的谢银送还，表示"日本与本国通好，彼此如同一家。……日国之民即如吾民，飘风到此，自应送回，岂有受谢之理。"[7] 双方的友好关系又得到了恢复。

英国是郑氏向各国招商之后第一个响应的西方国家，也是唯一与郑氏签订通商协议并在台湾建立商馆的西方国家。1670 年 6 月，英国东印度公司首次派遣两艘船只访问台湾，受到了郑氏的热情欢迎。经过一段时间的协商，双方于 9 月 10 日签订了一个 37 条的非正式协议。1672 年 7 月，英国东印度公司再次派遣 3 艘船只抵达安平，筹设商馆，并于 8 月 23 日与郑氏签订了正式的通商协议，共 13 条。1675 年 7 月 9 日，双方又增订了补充协议 10 条。这些协议的主要内容是：郑氏保护英商在台的生活、航行及贸易自由，英商可以购买台湾所产砂糖和皮货的 1/3 或更多，输台商品征 3% 的关税，英国公司必须派人为郑氏制造和管理火器，英商必须输入一定数量的郑氏所需要的火药、武器、铁、布匹等货物。当时，郑英双方彼此互相需要，英方想通过台湾作为中介地，发展与大陆及日本的贸易，郑氏则希望通过英商获得西方先进火器的供应。因此，在一段时间里，双方关系发展比较顺利。1676 年，英方还在郑氏占领的厦门建立了商馆。

然而，由于郑氏的贸易大多由官商经营，垄断性较强，很难达到英商所希望的自由贸易的标准，加上郑氏部属拖欠货款等原因，双方的关系也曾出现危机。1680 年 3 月，英国东印度公司曾写信给郑经，其中说："据吾商馆之报告，在贵地吾国人未能享有销货自由，货物时有以王的名义被征收，或被贵部属侵占。……故特请贵王转饬贵部属将所欠之债务，一律偿还。……否则则请国王准予吾国人按照国际法及惯例，在海上拿捕贵部属船只以为抵偿。"[8] 这以后，双方关系虽没有进一步恶化，但英人在台商馆的业务已处于停顿状态。1683 年，郑氏降清时，英国东印度公司还有 7 人留在台湾追讨欠款，处理存货。

郑氏与西班牙人侵占下的吕宋之间虽有商贸往来，但双方的关系并不友好。1662 年 4 月，郑成功收复台湾后不久，鉴于西班牙人屡有欺凌华人和郑氏商船之事，曾派遣多明我会教士意大利人李科罗（Victorio Ricoro）为特使，携带一封措辞强硬的书信，前往马尼拉，要求西班牙人"每年俯首来朝纳贡"。[9] 西班牙人接信后，也准备采取强硬措施，要将华人中的非天主教徒一律驱逐出境,这样就引起了骚动。动乱中,西班牙人残杀了大批的华人。消息传到台湾,郑成功立即决定派兵征讨吕宋,可是,几天后不幸急病去世。接着,郑氏内部发生了叔侄争权的内乱,因此,征讨行动没有付诸实行。1663 年 3 月,李科罗再次来到马尼拉。这次他是"为和平而来"。经过协商,西班牙人同意归还吕宋华人的产权,双方恢复通商。1666 年,吕宋总督派遣一传教士为使者,要求在台湾进行传教活动,遭郑氏拒绝。郑经对其表示,"凡洋船到尔地交易,不许生端勒扰。年当纳船进贡,或舵或桅一。苟背约,立遣师问罪。"[10]以后,双方维持着商贸往来。1672 年和 1683 年,先后有郑氏部将要求征讨吕宋,均未付诸实行。

参 考 文 献

〔1〕厦门大学台湾研究所、中国第一历史档案馆编辑部.《郑成功档案史料选辑》,福建人民出版社,1985 年版,第 453—454 页。

〔2〕〔3〕〔4〕厦门大学郑成功历史调查研究组.《郑成功收复台湾史料选编》,福建人民出版社,1982 年版,第 293、301、302 页。

〔5〕台湾银行经济研究室.《十七世纪台湾英国贸易史料》,第 24 页。

〔6〕〔8〕赖永祥.《郑英通商略史》,载《台湾风物》第 4 卷第 4 期。

〔7〕林春胜、林信笃.《华夷变态》上册,东洋文库本,第 73 页。

〔9〕赖永祥.《明郑征菲企图》,载《台湾风物》第 4 卷第 1 期。

〔10〕江日升.《台湾外记》,福建人民出版社,1983 年版,第 193 页。

二、郑氏政权与清廷之间的和与战

郑氏政权把主要力量移守台湾之后,有数年时间,在大陆沿海仍与清方保持着军事上的抗争。在其余的时间里,郑、清双方则处于隔海对峙的状态。在这种情况下,双方的关系,不断地以战争与和谈的形式交替。

康熙元年五月(1662 年 6 月),郑成功在台湾病逝,其弟郑世袭在黄昭、萧拱宸等人的拥护下,图谋自立。在厦门的郑经闻讯后,也随即发丧嗣位。郑氏内部出现了叔侄争权的内乱。清方以为这是一个和平瓦解郑氏政权的大好时机,于是,靖南王耿继茂和福建总督李率泰派出使者到厦门谈判,企图说服郑氏降清。郑经为了从内外交困的局面中解脱出来,也授意郑泰、洪旭、黄廷等人与清方进行交涉。甚至交出了南明皇帝颁给的敕书 3 道、公侯伯印

6颗、缴获的州县各官印信15颗，以及假造的郑氏官兵、人口、器械总册等，以迷惑清方。在谈判过程中，双方在是否"剃发"、"登岸"问题上反复交涉，实际上是郑方利用和谈有意拖延时间。"十二月，杨来嘉从京回厦，报'必欲薙发登岸'。洪旭……遣员过台启经：'招抚不成'。"[1]而在这之前，郑经与周全斌等早已舟师入台，迅速平定了内乱。这次和谈，前后历时半年，郑经因此赢得了稳固内部局势的时间。

由于招抚不成，康熙二年十月（1663年11月），清军在荷兰东印度公司舰队的协助下，向郑军驻守的厦门发起攻击。在海战中，郑军尽管也取得了击毙清提督马得功这样一些局部性的胜利，但终因寡不敌众，被迫退出了经营多年的战略基地——厦门。清军于20日（二十一日）在厦门登陆，并且，乘胜攻占了金门和浯屿。失去金、厦之后，郑经退守铜山。但这时军心动摇，众将纷纷叛离。郑经眼看铜山难保，先行携带眷口及文臣、宗室、遗老过台。康熙三年三月（1664年4月），清军向铜山进攻，于10日（十五日）占领了这个岛屿。至此，郑氏在大陆沿海的主要岛屿丧失殆尽。

清军攻占大陆沿海各岛后，准备乘胜进攻台湾。康熙三年（1664年）十一月，福建水师提督施琅率领郑氏降将周全斌、杨富等各官兵船只向台湾进发，遇风而还。1665年5月，施琅率领众将又出征台湾，5月31日，舟师驶抵澎湖，突遇狂风暴雨，各船除沉没者外，其余均漂散。两次渡海东征无功而返，于是清廷裁福建水师提督，将施琅调往北京，对郑氏政权转而采取和平招抚的方针。

康熙六年（1667年）七八月间，清方首先派遣道员刘尔贡、知州马星入台谈判，并且带来了福建招抚总兵官孔元章及郑经母舅董班舍的书函。清方表示，只要郑氏归顺剃发，可以册封为"八闽王"，并将沿海各岛屿让郑氏管辖。郑经则表示，"王侯之贵，固吾所自有，万世之基已立于不拔"，"不佞亦何慕于爵号，何贪于疆土，而为此削发之举哉。"10月，孔元章自往台湾，双方的谈判似乎有些进展。他在台湾住了一个多月，回程时带有郑氏馈送的大量礼品，并称"本镇亲诣台湾，仰仗朝廷威福，业取逆等允从确据"。[2]但据《海纪辑要》记载，这次谈判没有取得成果。"清遣总兵孔元章至东宁招抚，弗从。清议以沿海地方与世子通商，欲其称臣奉贡并遣子入京为质等三事。世子曰：'和议之策不可久，先王之志不可坠。'即命舟人渡元章旋。"

康熙八年（1669年），清廷派刑部尚书明珠、吏部侍郎蔡毓荣入闽，与靖南王耿继茂、福建总督祖泽溥等主持与郑氏的谈判。清方首先派兴化知府慕天颜、都督金事季佺入台宣示清廷招抚之意。郑经表示，"苟能照朝鲜事例，不削发，称臣纳贡，尊事大之意，则可矣"，[3]并派礼官叶亨、刑官柯平随慕天颜等到泉州商谈。经反复交涉，清方在一些问题上作出了让步，允许郑氏"藩封，世守台湾"，但在"剃发"问题上，坚持不作妥协。清廷在给明珠、蔡毓荣的敕谕中说："若郑经留恋台湾，不忍抛弃，亦可任从其便。至于比朝鲜不剃发、愿进贡投诚之说，不便允从。朝鲜系从来所有之外国，郑经乃中国之人。若因住居台湾，不行剃发，则归顺恂诚，以何为据？""尔等会同靖南王耿继茂及总督、巡抚、提督等传谕郑经来使，再差官同往彼地宣示：果遵制剃发归顺，高爵厚禄，朕不惜封赏。即台湾之地，亦从彼意，允其居住。""如不剃发投诚，明珠等即行回京。"[4]这次谈判，终因郑经坚持不肯剃发而告结束，但清郑之间却保持了几年相安无事。

康熙十三年（1674年），中国大陆发生"三藩之乱"。郑经企图趁机反攻大陆沿海，他率师西向，参与军事角逐。数年中，清郑双方在战场上呈拉锯状态。1675年初至1676年10月间，郑军处进攻态势，不但占据了福建的许多府县，而且还攻占广东潮州、惠州的不少地方。但在康熙十五年十月至十六年二月（1676年11月至1677年3月）间，郑军却连遭败绩，先后丢失了邵武、汀州、兴化、泉州、漳州、海澄等地，不得已退守厦门。不久，潮州、惠州也相继失去。1678年3月至8月，经过休整后，郑军在刘国轩的指挥下，频频出击，屡传捷报，曾经先后攻占闽南许多县份，可是9月以后，郑军所占州县相继失去，不得已于康熙十九年二月（1680年3月）撤出厦门，退守台湾。

在双方军事对抗期间，和谈活动仍时有进行。康熙十六年四月（1677年5月），清康亲王杰书派遣金事道朱麟、庄庆祚到厦门谈判。由于郑经坚持以"高丽、朝鲜例"，又表示不愿"裂冠毁冕"，而要"向中原而共逐鹿"而罢。[5]不久，杰书和福建总督姚启圣又先后派遣官员、士绅到厦门议和，要求郑经让出海澄和沿海岛屿，双方以澎湖为界，便可"照依朝鲜事例，代为题请"。郑方不肯退让，后来表示可将海澄作为"往来公所"，双方也未能达成协议。

1682年，福建总督姚启圣派遣副将黄朝用赴台谈判。当时，郑氏的立场是："请照琉球、高丽外国之例称臣奉贡，奉朝廷（指清廷）正朔，受朝廷封爵，接诏者削发过海，在台湾者求免削发登岸。"[6]而清方的立场是"台湾贼皆闽人，不得与琉球、高丽比"。[7]由于双方坚持各自立场，互不妥协，这次谈判同样没有成果。

但是，总的来说，自从郑经再次退守台湾，海峡两岸的形势，已明显有利于清方。当时，在台湾内部已出现了各种危机。

首先，是统治集团内部的危机。郑经自厦门败归之后，意志消沉，"怠于政事"，"溺于酒色"。"陈（永华）、冯（锡范）互相争权，刘（国轩）拥重兵主外，叔侄相猜，文武解体，政出多门，各怀观望。"[8]不久，陈永华被迫辞职并很快死去。接着，康熙二十年正月二十八日（1681年3月17日），郑经病逝。两天之后，冯锡范与郑经诸弟以年轻有为的监国郑克𡒉（陈永华之婿）非郑经亲子为名，将其绞杀，而把年仅12岁的郑克塽拥立嗣位。郑克塽是冯锡范的女婿，自此，郑氏内政，事无大小皆取决于冯锡范，外事则取决于刘国轩。他们一个恃戚怙势，一个拥兵跋扈，因此，导致郑氏内部上下离心。

其次，是郑氏军队的危机。面对统治集团的危机和清军强大的压力，郑氏官兵对前途普遍失去了信心，与清军暗通款曲、协谋内应以及直接前往降清的事件屡有发生。1681年底，曾有郑军十一镇接受了清军的策反。据姚启圣奏报："续顺公沈瑞、伪宾客司傅为霖共纠联十一镇，于康熙二十年十月内俱已纠合停当，已经领臣所颁绫札重赏，协谋内应，以待我师。因师未进，为同谋伪镇朱友出首。"[9]尽管这次策反最终败露，但郑军中的离心倾向已不可遏止。当时，在军中地位仅次于刘国轩、冯锡范的左武卫何祐也秘密和清军取得了联系，"谋结党类，以待内应"。[10]因此，施琅在澎湖战役之前就说过，"我舟师若抵澎湖，势难遏各伪镇伪卒之变乱。则踞守澎湖逆贼纵有万余，内多思叛。驱万贼万心之众，以抗我精练勇往之师，何足比数。"[11]这种分析，完全符合当时郑军的实际。

其三，由于天灾人祸，台湾社会出现了许多不安定的因素。从1681年起，台湾连续3年遭受旱灾，但在1683年6月下旬却连降暴雨，造成洪水泛滥。这种反常的气候，给当时的农业带来了沉重的打击。1682年，台湾出现了严重的饥荒，"米价腾贵，民不堪命"。1683年"二月，米价大贵，人民饥死甚多"。[12]同年7月，当时在台湾的英国商人曾记载说："台湾因米粮缺乏，军民之间怨声不绝。在大约十日之间，几乎无米可买，以后亦极昂贵。贫民非混食番薯不能果腹。若无米粮从暹罗、马尼拉等处运来，则不免饿死矣。"

[13] 除了水、旱灾害之外，火灾等事故也不断发生。仅《海上见闻录》记载，康熙二十年（1681年），"四月，……承天府火灾"。"八月二十八日，中军营火"；"九月初三日，涂轻庭（应为土墼埕）火"；康熙二十一年（1682年），"七月，……安平镇火"；"十二月，承天府火灾，沿烧一千六百余家"。灾害频仍，给民众生活带来了很大的危害，也影响了社会的安定。

此外，郑氏退守台湾之后，无法像过去那样在大陆沿海筹措粮饷，一切负担都必须转嫁在台湾民众身上，民众普遍感到不堪负荷，对郑氏政权的不满情绪也逐渐增长。清军的谍报人员对当时台湾的社会状况曾有这样的评论："彼处米贵，每担价银五六两，七社土番倡反，形势甚麼，人人思危。"[14]

与此同时，清军在控制了整个大陆沿海之后，在要不要继续攻取台湾的问题上曾产生过意见分歧。水师提督万正色等人反对进攻台湾，朝廷中有人支持万正色的意见。康熙皇帝曾发出"台湾、澎湖暂停进兵"的谕令，并派出兵部侍郎温岱等到福建会议，将全省陆路兵丁裁去19095人，水兵裁去5000人。[15] 在这种情况下，福建总督姚启圣坚持主张，"台湾断须次第攻取，永使海波不扬"，[16] 避免了康熙初年那种毁船裁兵、放弃进取台湾历史的重演。郑经病逝之后，清廷认为平定台湾的时机已经到来，1681年7月，康熙皇帝指示前方将领："宜乘机规定澎湖、台湾。……将绿旗舟师分领前进，务期剿抚并用，底定海疆。"[17] 这以后，清军又进一步解决了内部组织中的两个关键问题。第一，1681年9月，经姚启圣和李光地先后极力推荐，清廷同意让施琅复任福建水师提督。这样，清军就有了一个熟谙海战的统帅。第二，1682年11月，清廷又同意了施琅"专征"的要求，让福建督抚只负责"催趲粮饷"，而由施琅"相机自行进剿"。[18] 施琅获得专征权，解决了施琅和姚启圣对出兵时机和利用风向的争端，使进军台湾的条件更趋成熟。

参 考 文 献

[1] 江日升.《台湾外记》，福建人民出版社，1983年版，第180页。

[2] 厦门大学台湾研究所、中国第一历史档案馆编辑部.《康熙统一台湾档案史料选辑》，福建人民出版社，1983年版，第70、75页。

[3] 江日升.《台湾外记》，福建人民出版社，1983年版，第205页。

[4] 中国科学院编.《明清史料丁编》第三本，上海商务印书馆，1951年版，第272页。

〔5〕江日升.《台湾外记》,福建人民出版社,1983年版,第261页。

〔6〕《康熙统一台湾档案史料选辑》,福建人民出版社,1983年版,第252页。

〔7〕《大清圣祖仁皇帝实录》卷一九,中华书局,1985年版。

〔8〕《康熙统一台湾档案史料选辑》,福建人民出版社,1983年版,第232页。

〔9〕《康熙统一台湾档案史料选辑》,福建人民出版社,1983年版,第259页。

〔10〕施琅.《靖海纪事》上卷,《决计进剿疏》,《移动不如安静疏》,福建人民出版社,1983年版,第126页。

〔11〕同上,《决计进剿疏》,第65页。

〔12〕阮旻锡.《海上见闻录》卷二,福建人民出版社,1982年版,第76页。

〔13〕台湾银行经济研究室.《十七世纪台湾英国贸易史料》,第42页。

〔14〕施琅.《靖海纪事》上卷,《海逆日蹙疏》,福建人民出版社,1983年版,第78页。

〔15〕〔17〕《大清圣祖仁皇帝实录》卷九十一、卷九十六,中华书局,1985年版。

〔16〕姚启圣.《忧畏轩奏疏》,载《康熙统一台湾档案史料选辑》,第220页。

〔18〕《大清圣祖仁皇帝实录》卷一五,中华书局,1985年版。

第四章　清代前期

第一节　康熙统一台湾与经济发展

一、统一台湾与移民高潮

自从 1681 年 7 月康熙作出进取澎湖、台湾的决策，福建文武官员便开始着手准备。但由于是由总督、提督共同出征，还是由一人专征，以及应当利用什么风向出兵等问题，久议不决，而迟迟未能出兵。大规模海上用兵，风向至关重要，风向不利，不仅可能无功而返，还可能导致全军覆没。福建总督姚启圣和水师提督施琅对此提出不同的主张。施琅经过反复研究，直到取得专征权以后，才决定在第二年夏季利用南风进兵澎湖。康熙二十二年六月十四日（1683 年 7 月 8 日），施琅率领水陆官兵 2 万余人、战船 200 余号，从铜山（今东山）放洋，向澎湖、台湾进发。在此之前，由刘国轩率领的郑军 2 万余人、战船 200 余号，已在澎湖严阵以待，准备与清军决战。9 日，清军到达澎湖八罩岛（今望安岛），并在此停泊。10 日，清军向澎湖岛郑军发起攻击，前锋蓝理等率船奋勇冲入敌阵，共击沉、焚毁郑氏船只 14 艘，焚杀郑氏官兵 2000 余人。11 日，施琅仍将船队收入八罩水垵澳湾泊，并总结初战经验，严申军令，查定功罪，分别赏罚。12日，清军进占虎井、桶盘两屿。13日，施琅亲往内堑、外堑、峙内等处观察地形。后两日，又故用老弱之兵进行佯攻，以为骄兵之计。在此期间，郑军从未主动出击。刘国轩认为，只要坚守澎湖，一旦飓风到来，清军将不战自溃。

经过几天的休整，16日，清军兵分3路，向澎湖再次发起攻击。东路战船50艘，从峙内直入鸡笼屿、四角山，为奇兵夹攻。西路战船50艘，从内堑直入牛心湾，作疑兵牵制。中路由施琅亲率大鸟船56艘，分为8股，每股7船，各作3迭，直攻娘妈宫各处炮城及迎战郑军主力船队。其余80余艘战船作为后援。攻击从上午七八点钟开始，清军奋勇冲杀，经过八九个小时的激战，到下午三四点钟，郑军已完全崩溃。这一战，清军共击沉、烧毁郑氏大小船只159艘、缴获35艘，焚杀（包括溺死）郑氏官兵12000余人。另有包括6员镇将（总兵）、24员副将在内的5018名郑氏官兵倒戈投降。只剩下刘国轩带领小船31艘从吼门逃回台湾。

澎湖战役之后，台湾已风声鹤唳，草木皆兵。尽管当时郑军还有数万兵卒，但军心瓦解，全无斗志。加上施琅对在澎湖降清的官兵优礼相待，全部赏给袍帽、银米，负伤者令人医治，要和家人团聚者派小船送回台湾。降卒归台后辗转传述，使得"台湾民众莫不解体归心，唯恐王师之不早来"。[1]另外，施琅还派人做刘国轩的工作。刘国轩见大势已去，也力主投降。闰六月初八日（7月31日），郑克塽派人到澎湖施琅军前请降，要求仍居台湾，"承祀祖先，照管物业"。[2]施琅拒绝了郑氏的条件，要求郑氏将人民土地悉入版图，官兵遵制削发，移入内地，听从朝廷安置。在当时的情况下，郑氏只能全部接受清方的条件。七月二十七日（9月17日），郑克塽等向清方递送了正式的降本，并缴纳了延平王等册印。八月十三日（10月3日），施琅亲往台湾，接受了郑氏的归降。

康熙二十二年（1683年），清政府进兵澎湖，克取台湾，实现全国统一，这是清代前期中国历史上的一个重大事件，人们通常称之为康熙统一台湾。

清廷得台后，施琅曾经奏请对台湾的弃留作出决定，引起了朝廷的一场争议。当时有人认为台湾"孤悬海外，易薮贼，欲弃之，专守澎湖"；还有人说"海外泥丸，不足为中国加广；裸体文身之番，不足与共守；日费天府金钱于无益，不若徙其人而空其地"。但闽浙总督姚启圣则反对上述主张，他认为台湾如果弃而不守，"势必仍做贼巢"。[3]后来康熙命令派往福建的侍郎苏拜同当地总督姚启圣、巡抚金铉及施琅等人会商台湾的弃留，结果认为"留恐无益，弃虞有害"，意见不一。十二月，施琅上疏指出，苏拜、金铉没有到过台湾，不敢对弃留作出判断，而他本人则认为台湾是沿海四省的前卫，如果放弃将会重新被荷兰人所占，对沿海安全造成很大威胁。他还反驳了弃台湾、守澎湖的说法，认为应当二者兼守才能安宁。所以他说："弃之必酿成大祸，留之诚永固边圉。"[4]这时，都察院左都御史赵士麟等也上疏主张台湾不能放弃。康熙询问了大学士们的意见，李霨、王熙等同意施琅的看法，主张要守，而李光地则主张放弃。康熙说："台湾弃取，所关甚大。……弃而不守，尤为不可。"[5]经过大臣们的商议，认为台湾应当设兵守卫为宜。到了康熙二十三年（1684年）四月，康熙决定在台湾设立府县，弃留之争才算结束。

发生这个争议是可以理解的。在清方入台后，郑军大量返回大陆，"宿莽藏秽，千原俱芜"，人口只剩下六七万，广大地区尚未开发，当时台湾的地位并不十分重要，未必是"四省之要害"，因此清政府不得不考虑花费大量人力物力于台湾是否值得的问题。直到康熙六十年，台湾税收仍然很少，"所产不敷所用，止赖闽省钱粮养赡耳"。[6]可见当时台湾对清政府来说，还是一个负担。可是清政府毕竟决定在台湾设置郡县，因为弃之则无法安置当地居民，留之则暂时可保无事。康熙在决定台湾弃留时，确实考虑了利害得失。

本来清政府实行全面禁海，不允许人民下海经商和出国，并在沿海地区实行迁界，统一台湾的第二年便开放海禁。在一段时间里，台湾地方官员注意招徕大陆流民前去开发，出现了"流民归者如市""内地入籍者众"的现象。与此同时，海上贸易空前活跃，沿海人民已有不少人迁往外国。其所以出现这种情况，一方面是福建、广东人稠地狭，田园不足以耕种，在人口与土地的压力下，早在明末清初闽粤沿海就有不少人下海贸易或出洋谋生，海禁取消以后，外出的限制有所放宽，出洋谋生者增多。另一方面，当时东南亚、台湾等地还有不少地方尚未开发，可以吸纳内地流民。正是在这种推力和拉力的相互作用下，出现了向外寻求活路的移民动向。不过，在当时施琅就已经主张要防患于未然，他奏称："台湾澎湖新辟，远隔汪洋，设有藏机叵测，生心突犯，虽有镇营官兵汛守，间或阻截往来，声息难通，为患抑又不可言矣。"[7]到了康熙四十一年（1702年），台湾知县陈璸认为游民对地方治安不利，提出禁止无照者渡台的建议。康熙五十七年（1718年），清政府作出了禁止偷渡台湾的规定，成为一个长期的政策。当时的闽浙总督高其倬曾经提出建议准许耕农搬眷，蓝鼎元也曾通过大学士朱轼建议搬眷，都未被采纳；巡台御史六十七、福建巡抚吴士功也都曾经建议搬眷。清政府在雍正十年至乾隆五年（1732—1740年）、乾隆十年至十三年（1745—1748年）、二十五年至二十六年（1760—1761年）三次放宽对渡台人民携眷的规定，但总的看来，清廷始终严禁偷渡，而对搬眷则采取相当严格的限制。

清政府的禁渡政策，不是专门对付闽粤人民向台湾移民的。早在1717年就已经发布了对南洋的禁令，严禁私自出国，违禁者要严拿治罪。乾隆年间还规定只准广州一口对外通商，并且禁止多种货物出口。清政府之所以要采取禁止渡台和出洋的政策，在政治上，是为了防止人民脱离政府的控制，成为沿海和边疆的忧患。清政府不仅认为前往台湾的移民多数是游民和奸民，而且认为出国的华侨多数是"不安本分之人"，是盗贼、奸细、弃民和边蠹。在经济上，是为了把农民固定在土地上，保护政府的租赋。所以从深层看来，这是建立在自给自足基础上的专制政权，为了维护其统治的长治久安而采取的闭关自守的政策的一个组成部分，而不是对台湾的特殊政策。

在禁渡政策的影响下，闽粤人民不能自由前来台湾，他们只得采取各种方式进行偷渡。有的伪造官府"路照"；有的买通船主，冒充水手、舵工；有的买通守口兵役，私放上船；有的由渔船运出港口，再上大船，到了台湾附近又用小船接运，偷偷登陆。据《台海使槎录》记载："偷渡来台，厦门是其总路。又有自小港上舡者，如曾厝垵、白石头、大担、南山边、镇海、歧尾。"这些小港都在厦门附近。当然，其他地方也有偷渡据点。当时偷渡者多，商船偷载可得重利，甚至兵营的哨船也参与偷渡，每船私载无照的偷渡者100多人至200多人。当时还出现了所谓"客头"，现存嘉庆九年（1804年）一份约书有如下记载：由客头罗亚亮带彭瑞澜一家男妇老幼九人前往台湾，交给花边银31元，伙食及小船盘费在外。[8] 包揽偷渡已经成为一种专门职业。偷渡行为如果被官兵发现，船只就被当作"奸艄"，船主被处以各种刑罚，偷渡者被严刑拷打，驱逐出境。有些土匪流氓还以漏船冒充客船，骗走船资，冒险出海，如果遇到大风，就要葬身鱼腹；如果能够到达台湾，也要在偏僻沙滩下船，有的陷入泥潭不能自拔，有的遇到涨潮无法登岸；"被害者既已没于巨浸，幸免者亦缘有干禁令莫敢控诉。"人们都要历尽千辛万苦，才能到达台湾，而许多偷渡者则死于渡台途中。福建巡抚吴士功的报告就提到如下的事实：乾隆二十三年（1758 年）十二月至二十四年（1759 年）十月，"共盘获偷渡民人二十五案，老幼男妇九百九十九名口。内溺毙者男妇三十四名口，其余均经讯明，分别递回原籍。其已经发觉者如此，其私自过台在海洋被害者，恐不知凡几"。[9]

偷渡来台的人数是无法统计的。康熙五十年（1711 年），台湾地方官员报告说："自数十年以来，土著之生齿日繁，闽粤之梯航日众，综稽簿籍，每岁以十数万计"，[10] 这就是说当时每年本地出生和移民来台的人数共有十多万人，显然是被夸大了，而且新增的人口中大部分应当是移民。雍正十年（1732 年），大学士鄂尔泰等奏称："台地开垦承佃、雇工贸易均系闽粤民人，不啻数十万之众。"[11] 未提出具体数字。根据现存的档案记载，清代前期的台湾人口数字如表 4-1 所示（包括汉番男妇大小在内）。

表 4-1

单位：人

时间	人数
乾隆二十八年（1763）	666040
二十九年（1764）	666210
三十年（1765）	666380
三十二年（1767）	687290
三十三年（1768）	691338
四十二年（1777）	839803
四十三年（1778）	845770
四十六年（1781）	900940
四十七年（1782）	912920[12]
嘉庆十六年（1811）	1901833[13]

应当指出，当时的人口统计是很难准确的，只能作为参考。大体上说，乾隆年间每年只增加几千到 1 万多人，而 1782—1811 年间则每年增加 3 万多人，前后差别过大。当然移民有高潮，有低潮，乾隆、嘉庆之间应当是一次移民高潮。从长时段来看，清代取得台湾时，由于郑氏官兵大量离台，台湾

人口减少大约一半。[14]据估计，康熙二十四年（1685 年），在台湾的汉人人口约为 7 万人，[15]从 1685 年到 1811 年，台湾人口大约增加 180 万，这是大量移民的结果。人口增加为台湾社会提供了大批劳动者，也为台湾的开发提供了最重要的生产力。

参 考 文 献

〔1〕阮旻锡 .《海上见闻录》，卷二。

〔2〕施琅 .《靖海纪事》下卷，《赍书求抚疏》。

〔3〕姚启圣 .《忧畏轩奏疏》卷五，《舆图既广请立规模》。

〔4〕施琅 .《靖海纪事》，下卷，恭陈台湾弃留疏。

〔5〕《汉文起居注》，康熙二十三年正月二十一日，见《康熙统一台湾档案史料选辑》，
福建人民出版社，1983 年版，第 330 页。

〔6〕王先谦 .《东华录》，康熙朝，卷 107。

〔7〕施琅 .《靖海纪事》下卷，《海疆底定疏》。

〔8〕黄荣洛 .《渡台悲歌》，台北台原出版社，1990 年版，第 61 页。

〔9〕〔11〕《续修台湾府志》卷 20，艺文 1，吴士功 .《题准台民搬眷过台疏》。

〔10〕《重修台湾府志》卷 10，艺文志，周元文 .《申请严禁偷贩米谷详文》。

〔12〕散见《乾隆朝宫中档》，第 19、23、26、28、33、40、45、49、53 辑。

〔13〕陈衍 .《福建通志》，户口志。

〔14〕施琅 .《靖海纪事》下卷，《壤地初辟疏》。

〔15〕邓孔昭 .《清政府禁止沿海人民偷渡台湾和禁止赴台者携眷的政策及其对台湾
人口的影响》，载陈坤耀编《台湾之经济社会及历史》，香港大学，1991 年版。

二、土地的拓垦

清代台湾经济的发展，是以土地开发为前提的。荷、郑时期，台湾虽有所开发，但主要局限于以府城（今台南）为中心的一带及凤山县（今高雄）的部分地区。鸡笼、竹堑、琅峤等一些地方，因军事需要的带动，曾有点状的开发，而中部、北部和最南部尚处于未开发状态。清廷得台后，不少移民到达台湾，最初的十多年里，主要以已开发的台南平原中心地带为依托向南北两路进垦。由于郑氏集团官兵大量回大陆，一些已垦辟的田园又呈荒芜，因此最初多是垦复这些荒废了的田园。同时，对嘉南平地大片未开发的荒野也进行了开垦。后来浊水溪以南的平地基本上已被垦辟，原来的荒野鹿场变

为田园，斗六门（今云林）以下鹿獐已经很难见到了。平地开发以后，诸罗县的闽南移民更招徕福建汀州府的客家人进垦楠梓仙溪、老浓溪上游的山地。[1]

下淡水流域的开发，主要是粤东嘉应州客家人进行的。康熙年间，嘉应州属平远、镇平、兴宁等县，许多客家人渡台，在府治东门一带佣工种植蔬菜，既而发现了下淡水溪东岸未开垦的荒野，乃相率移垦，田园渐辟。他们大量招徕原籍族人乡党，不断扩大开垦范围。康熙末年，下淡水溪沿岸的平地已基本开发，下淡水溪客家各庄已有 13 大庄 64 小庄。在平地开发的基础上，粤东的客家人和闽南人有的转向山陵地带，有的拓垦最南部的平地，除了最南端琅峤（今垦丁）一带禁垦以外，南部基本开辟。

接着，移民的拓垦目标逐渐转向中部的平地。此时浊水溪以北至淡水河流域，只有一些平埔人部落。康熙三十六年（1697 年），郁永河北上采硫，从彰化、竹堑一直到台北平地，沿途看到的是高莽深菁、麋鹿逐队，一片未开发的荒野景象。在他二十多日的行程中，仅两次遇到个别的汉人。[2]在清政府看来，这些汉人是"窜身幽谷"的流亡者，其实他们是荒野的拓垦者，他们已在平埔人部落所在地种植稻谷。彰化平地一带也有零星的汉人移垦，他们向平埔人购买废弃的村舍（"秽墟"）作为开垦的基础。有些平埔人部落除了狩猎和采集之外，也实行刀耕火种式的游耕农业。他们在春天砍伐竹木、芟除茅草，播下种子，即坐等收获。二三年后，地力下降，又移耕别处。汉人移民在他们这种"秽墟"的基础上进行开发无疑容易得多。

后来中部和北部平地的移民越来越多，荒野也得到成片的开发。过去"近山皆为土番猎场，今则汉人垦种，极目良田"，[3]"向为番民鹿场、麻地，今则为业户请垦，或为流寓占耕"。[4]台北盆地的大规模开发，以康熙四十八年（1709 年）著名垦号陈赖章请垦大佳腊为标志。此后，大小垦号以及零星开垦者络绎而至，聚垦平地中心地带。雍正年间，拓垦地区已从盆地中心向周围的板桥平地、新庄平地扩展。乾隆早期，开始进入林口台地等条件较差的地区。

新竹地区的开垦，是康熙三十年至四十年间由同安人王世杰领头进行的。他率族人乡党 100 余人请垦竹堑埔，至康熙后期在今新竹市区一带已垦成南北二庄。雍正、乾隆年间，除了向南北两个方向的进展以外，还沿着凤山溪和头前溪溯流而上，拓垦河谷平地。

浊大流域的台中盆地和彰化平原等地区，因邻接已开发的嘉南平原，拓垦的进展十分迅速。移民或从斗六一带（云林平原）越浊水溪北上，或由海路从鹿港登陆，大规模拓垦沿海平地、浊水溪中游河谷平原、台中盆地等地区。著名垦户施世榜、杨志申、吴洛、张达京等投下巨资兴修水利，招佃垦殖，更促进了浊大流域的迅速开发。乾隆中后期，拓垦已进至八卦台地、大肚台地等一带。

至于桃园台地，康熙末年，已有粤东潮州府属的饶平客家人入垦南崁、竹围等地。乾隆中期，闽粤人民移垦中坜、杨梅等地并扩散至台地的各处，但因水资源不足，开发的进程要比上述几个平原、盆地缓慢得多。[5]

自康熙中期到乾隆后期，近百年的开垦，台湾岛西部的平地已基本得到开发。乾隆后期起，移民拓垦的目标转向丘陵山地和深入交通不便的平地——宜兰平原、埔里社盆地等。

丘陵山地的开发是以"隘"的设立为标志的。居住于山地的土著人以射猎为生，许多部落有猎首的习俗，经常"出草"杀人。汉人移民拓垦山地，要由官方或民间雇请隘丁，设隘把守，以防土著居民的袭击。"淡地内山，处处迫近生番，昔以土牛红线为界，今则生齿日繁、土地日辟，耕民或逾土牛十里至数十里不等，红线已无踪迹。非设隘以守，则生番不免滋扰。"[6]

最早的一批隘，大约是乾隆五十至六十年间（1785—1795年）设立的，地点在旧淡水厅境内。乾隆以降，旧淡水厅（南自今苗栗县，北至今宜兰县）、旧彰化县（今台中彰化、南投各县）、旧凤山县（今高雄县、屏东县）沿山普遍设隘，而北部之隘甚于南部。随着丘陵山地的拓垦进展，隘也一直向内山推进，所谓"官隘有定，民隘无常，愈垦愈深，不数稔辄复更易"，[7]表明丘陵山地不断地被拓垦。

宜兰平原和埔里社盆地的开发主要是在嘉庆、道光年间。宜兰平原土壤肥沃，水源充沛，是最适宜农业的地区之一。但它和北台之间雪山山地崖谷丛杂，林莽深密，难以通行，使得移民裹足不前。乾隆三十三年（1768年），漳州人吴福生曾自西部进入，旋被当地土著居民驱逐。后来漳州人吴沙在淡水街富户的支援下，集合移民200余人，人给米一斗、斧一挺，披荆斩棘，进入番地。嘉庆三年（1798年）九月，在乌石港筑成头城，作为拓垦的基地，以后漳、泉、粤移民不断来附，步步进逼，终至将宜兰平原全境开拓。嘉庆二十年（1815年），水沙连番地隘丁黄林旺与嘉义民人陈大用、彰化民人郭百年拥众千人入垦埔里社盆地，焚杀抢掠土著居民，当局乃于1817年立碑禁垦。但移民仍然不断偷越私垦，到了咸丰年间，埔里社盆地已基本开拓，这表明台湾西部的开发已基本完成。

拓垦台湾，对移民本身来说，也是一部充满血汗和泪水、交织着失败与成功的开发史。当年最大和最常见的危险和威胁是疾病、土著人的"出草"以及洪水、台风等自然灾害。瘴气所引起的疟疾等是最常见的病。直到晚清，许多来台湾的外国人还有这样的记载：台湾有一种最凶恶的疾病，就是疟疾。在人民之间造成莫大灾害，往往成为许多其他疾病及死亡的原因。每家时常有人病倒，甚至在数小时之后就死亡。霍乱及疟疾的细菌，像疫病似的横行于岛上。[8]在未开发前，瘴气的肆虐更是可想而知。康熙后期，"半线以北，山愈深，土愈燥，水恶土瘠，烟瘴疠，易生疾病，居民鲜至"，"台南、北淡水均属瘴乡"。[9]在史籍中，有许多关于戍守台湾的士兵和地方官死于瘴疠疾病的记载，至于拓垦先驱者，死于疾病者一定不在少数。嘉庆年间，拓垦噶玛兰的1200多名壮丁，半数死于疾病。道光八年（1828年），吴全、蔡伯玉率淡水、宜兰流民2800人拓垦东部歧莱，因瘴疠等原因，垦民大半散去。

"番害"指的是土著人杀害移民的行为，它同样对拓垦者构成莫大的威胁，类似的记载屡见不鲜。今日在新竹丘陵山地区域，尚存在许多大墓公、义冢或万善祠，收埋、祭祀无主的"孤魂"，其中有一部分就是当年拓垦过程中死于"番害"的单身隘丁和垦佃。

洪水等自然灾害也给拓垦者带来极大的不幸。有些地区土质松脆，每遇暴雨，山洪卷带上游泥沙，将河谷两岸冲刷淤埋，移民千辛万苦垦成的田园，往往毁于洪灾。有些水利设施也受到破坏，"陂圳之疏筑，大者数千，小亦不下数百，突遇洪流，荡归乌有，即陂去，田亦荒矣"。中部和北部溪流众多，这种情况经常发生。在当时的土地开垦文书中，常常可以见到"遭洪水漂流"，"被水冲崩再行浮复"之类的记载。在这种自然条件下拓垦，拓垦者非得有坚定的毅力不可。[10]至于丘陵山地的拓垦，由于洪水往往一夕之间，多年苦心营造的田园厝宅，顿成乌有。幸得保住性命，亦已无处栖身，拓垦者唯有再度流离颠沛。道光年间以降，新竹地区的丘陵山地，即经常遭受此类天灾的袭击。[11]

在这种充满瘴疫、"番害"、洪水等天灾的环境里进行拓垦是十分艰辛的。因此，早期的许多拓垦者多为年轻力壮的单身男子，由于缺少女性，许多拓垦者终身未娶，未能享受家庭生活的温馨，在精神上和生活上都是非常痛苦的。他们为台湾的开发付出了极大的牺牲。

参 考 文 献

〔1〕陈梦林.《诸罗县志》，杂记志、风俗志。

〔2〕郁永河.《稗海纪游》卷中。

〔3〕黄叔璥.《台海使槎录》卷三，《赤嵌笔谈》，物产。

〔4〕同上，卷八，《番俗杂记》，社饷。

〔5〕李鹿苹.《台湾桃园县农业土地利用的地理基础》，载《台湾小区域地理研究集》，台湾编译馆，1984 年版。

〔6〕〔7〕陈培桂.《淡水厅志》卷三，《建置志》，隘寮。

〔8〕陈冠学.《老台湾》，台北东大图书有限公司，1981 年版，第 124—125 页。

〔9〕陈梦林.《诸罗县志》，《杂记志》，外纪。

〔10〕尹章义.《台湾开发史研究》，台北联经出版事业公司，1989 年版，第 129—131 页。

〔11〕施添福.《清代台湾竹堑地区的土牛沟和区域发展》，载《台湾风物》第 40 卷第 4 期。

三、农业经济的成长

在康熙统一台湾以前，台湾开发基本上只限于台南一处，经济成长也十分有限。全面的开发和传统经济的成长发展，是清廷收复台湾以后的事情。在二百多年内，台湾从一个大部分地区尚未开发的岛屿，成长为一个传统经济相当繁荣的区域。传统经济主要由农业和手工业两个部门构成，当时的手工业值得一提的仅有制糖业，而制糖是附属在农业之中的，因此，清代台湾传统经济的发展基本上就是农业的发展。

康熙年间，台湾农业的发展，主要应归功于劳动力投入和土地的开发。这一时期，嘉南平原的北部和下淡水河流域尚有许多荒地可供拓垦，而中部和北部平地的拓垦则刚开始，移民拥有广阔的拓垦空间。因此，农业生产的增长主要是靠耕地面积的扩大。从康熙二十四年至四十九年（1685—1710 年），报垦升科的田园面积共 11660 余甲。从康熙五十年至雍正十三年（1711—1735 年），增垦升科田园达 22752 甲。后二十余年增垦数约为前二十余年的两倍。这样，北部和中部草地得到开辟，在此基础上，清政府于雍正元年（1723年）设置了彰化县和淡水厅。当时，报垦升科数和实际开垦数存在不小的差距，特别是田数，欺隐更甚。康熙四十八年（1709年），台湾知府周元文据亲历淡水东西里社一带了解的情形说："其所报升科者十未有一，又俱以下园科则具报。"雍正四年（1726年），巡台御史尹秦在《台湾田粮利弊疏》中说：业户将成熟田园以多报少，欺隐达9/10或2/3。这可能只是局部的现象，如果把全台匿报田园数估计为实垦数的1/2，那么康、雍年间增垦田园就达到68800余甲，即等于旧额田园的一倍有余。也就是说，雍正时期台湾的耕地面积当为郑氏时期的两倍多。

浊水溪以南耕地面积扩大的地区依次为诸罗县、凤山县和台湾县。这是因为诸罗县的北部不但有郑氏时期已垦田园的抛荒，而且还有大片荒原尚未开垦，而台湾县因是荷、郑时期的主要开发区域，已无多少荒地可供开垦了。至于浊水溪以北的彰化县和淡水厅，则完全是新开发区，耕地都是新开垦的。浊水溪以南的嘉南平原，是台湾最大的平原，但缺少充足的水源，限制了大规模的开发。中部和北部地区拓垦未久，在土地较多的情况下，农业生产就以粗放经营为主。当时的人记载："（台地）土壤肥沃，不粪种，粪则穗重而仆。种植后听其自生，不事耘锄，惟享坐获，每亩数倍内地。"[1] "台湾地广民稀，所出之米，一年丰收，足供四五年之用。民人用力耕田，固为自身食用，亦图卖米换钱。"[2] 台湾作为一个新兴的农业区域，不但供养了大量的移民，也为大陆和海外提供了稻米、蔗糖以及其他一些农产品。

从雍正、乾隆年间起，由于移民增多，农业生产开始从粗放经营逐渐转向精耕细作。乾隆中期的情况是"昔称农不加粪，女不纺织，此自开辟之初言之。近今生齿日繁，坟壤近硗，小民薙草粪垆，悉依古法行之，勤耘耨，浚沟洫，力耕不让中土。"[3]

新开垦的中部、北部地区除了桃园台地以外，全年雨量丰沛、地表径流量充足，浊水溪、大肚溪、淡水溪、大甲溪及其他中、小河川能给平地提供丰富的水量，中、北部平地土壤适合水稻生长。来自闽南、粤东的移民在祖居地早已谙晓劳动密集的水稻种植业，只要解决水利问题，中、北部平地很快就会成为丰饶的稻米产区。自康熙后期起，移民们就在中、北部平地开始兴修水利，到雍正、乾隆年间，中、北部的水利系统逐渐形成，水田取代旱地成为主要的耕作形式。

台中盆地，从雍正元年起，客家人张达京即出资白银9300两兴建猫雾揀圳，以灌溉盆地西北阿河巴草埔（今台中神冈、大雅和横山等地区）。张达京再和陈周文、秦登鑑等人组成六馆业户，筹资 6600 两，兴筑朴仔篱大埤。大埤与小圳形成了一个树枝状的灌溉系统（后来统称葫芦墩圳），将盆地分割成大小不等的灌溉区域，使盆地发生了水田化的变化。[4]彰化平原有八堡圳，由施世榜（垦号施长龄）于康熙末年投资兴建，历时 20 年始建成，灌田 19000 甲；新竹沿海平原有隆恩圳，由王世杰领头修建，灌田 1200 甲左右；台北盆地有瑠公圳，由郭锡瑠于乾隆初投资开凿，灌田 1000 甲左右；大安圳，乾隆中由林成祖领头兴建；后村圳，乾隆十一年由张克声、张必荣领头，在其他人修筑的圳道基础上扩大而成。除了这些大规模的水圳系统，灌田三二百甲的中小圳比比皆是。在噶玛兰平原，比较大的水圳有金结安圳，灌田 1700 甲左右，金大成圳和万长春圳，灌田 900 甲左右。其他灌田三二百甲至几十甲的中小埤圳，共有八十余条。[5]桃园台地地势高亢，仅有些少短促河川，水量不丰，虽修有霄里大圳、三七圳、龙潭陂等三条水圳，但远不足灌溉所需。农民大多挖陂塘蓄水以灌田，整个台地挖陂塘 8000 多口，占地 8000 多甲。

水利事业的发展，给水田稻作奠定了一个坚实的基础。来到台湾的移民，很多是掌握了当时先进农耕技术的大陆农民，他们的技术是世代相传和经验积累的结合，而不断作出一些改进以适应新环境，很难大幅度提高生产率。一般而言，当时在育秧、防治病虫害、施肥、农具等方面都没有显示出值得一提的改进。惟有在新稻种的培育方面，可以看到有一些进展。综合各种方志所载，从康熙末年至乾隆初年，增加新的稻种 12 种，主要都是早熟品种。大约从乾隆中期起，水田双熟制就逐渐取代了以前侧重晚稻的局面。

关于清代台湾水稻亩产，史籍中的记载很少。乾隆五十年，福建巡抚和台湾总兵的奏折中说："彰化、淡水田皆通溪，一年两熟。约计每田一甲可产谷四五十石至七八十石不等。丰收之年上田有收至百余石者。"[6]折合起来，平年大约每亩产谷 4—7 石，产量是不低的。

由于水田化的扩展，台湾粮食不但能自给，而且还大量输出。一般认为，乾隆中、后期台米输出达到高峰，以后略有下降。乾隆本人说过，台湾"虽素称产米之区，迩来生齿倍繁，土未加辟，偶因雨泽愆期，米价即便昂贵，盖缘搬运回府及各营兵饷之外，内地采买既多，并商船所带，每年不下四五十万，又南北各港小船巧借失风名色，私装米谷透越内地，运载遂无底止"。[7]

可见每年台湾输往大陆的米谷有 50 万石以上。到了道光年间，由于人口不断增加，本岛粮食消费日益增多，输出有所下降。但总的来看，米始终是清代台湾最重要的物产。

嘉南平原限于自然条件，存在许多旱田，不能种水稻，而只能种甘蔗以及番薯、花生。所以，以浊水溪为界，北部以稻作为主，南部则稻蔗间作。从康熙中期起，南部的农民就大量种甘蔗，分巡台湾道高拱乾曾"禁饬插蔗"，他说："（农民）偶见上年糖价稍长，惟利是趋。旧岁插蔗已三倍于往昔，今岁插蔗，竟十倍于旧年。蕞尔之区，力农只有此数，分一人之力于园，即少一人之力于田，多插一甲之蔗，即减少一甲之粟。"[8]这说明清代初期人少地多，蔗作和稻作存在着争夺劳动力的问题。水利兴修以后，嘉南平原稻蔗兼作，农民在水田上精耕细作，而在蔗园里则是粗放经营，但甘蔗终究使"沙土相兼"的旱地得到了充分的利用。甘蔗收获期为秋后至次年初春，这一期间同时也就是制糖期。蔗糖都是在叫做糖廍的作坊里熬制的。每年 10 月，乡间开始"拒车竖廍"，所谓蔗车，是两个竖立的石碾，以牛带动，夹取蔗汁。所榨取的蔗汁通过几口铁锅连续熬制而成红糖。清代中期台湾产糖多少未有记载。晚清台湾开港后，台糖每年输出量常年为五六十万担，加上岛内消费，估计每年产糖量约为六七十万担。这个数字大致也可视为清代中期的产量，当时台糖主要输往华北地区和日本，在吕宋也占有一定的市场。

樟脑是晚清台湾最重要的输出物资之一，而樟脑业的兴起，则在雍正、乾隆年间。雍正以后，清廷在台湾制造台澎水师战船，设军工厂采集樟木作为战船的材料（军工料），熬制樟脑遂成为军工厂的副业。其时产地以淡北为主，嘉庆、道光年间扩大到宜兰的山地。上世纪末，樟脑成为西方化学工业的原料，而全世界产樟脑仅台湾、日本两地，晚清台湾开港以后，樟脑遂成为重要的物产。但开港前，仅有英国商船到基隆港私下以鸦片交换樟脑，产量不大。

参 考 文 献

〔1〕黄叔璥.《台海使槎录》卷三，《赤嵌笔谈》，物产。

〔2〕高其倬.《请开米禁疏》，转引自周宪文《台湾经济史》，台湾开明书店，1980 年版，第 248 页。

〔3〕王瑛曾.《重修凤山县志》卷三，《风土志》，风俗。

〔4〕陈秋坤.《清代台湾土著地权》,《中研院近代史研究所专刊》(74),1994年版,第58页。

〔5〕廖德风.《清代之噶玛兰》第四章.农垦社会的发展,台北里仁书局,1992年版。

〔6〕台湾"中研院"史语所,《明清史料》戊编第四本,中华书局,1987年影印本,第336页。

〔7〕乾隆十七年十二月二十六日上谕,转引自《重纂福建通志》卷首,第4页。

〔8〕高拱乾.《台湾府志》卷10,《艺文志》。

四、经济区域的形成和商业的发展

台湾作为中国封建社会末期一个新兴的农业区域,它与自给自足的自然经济有所不同,台湾生产和输出农产品,输入自己所需要的手工业品,因而商品经济比较发达。

农产品尤其经济作物的加工,构成传统经济中手工业最重要的组成部分。在台湾,这种加工只体现在稻谷和甘蔗之中。台湾没有形成规模的碾米业,稻谷都是由农家用一种叫做土砻的器具碾出来的。而制作蔗糖是唯一形成规模的手工业。除此而外,基本上没有手工制造业。为生产和生活服务的铸造、陶瓷、日用杂货等皆极不发达,生产和生活用品大多从大陆输入,所需纺织品完全输自大陆。因此,形成了台湾向大陆提供米、糖等农产品,大陆向台湾提供手工业制品这样一种互补的经济关系。

为了和大陆之间进行经济交流,一些口岸逐渐发达起来。最早形成的是南部府城内港鹿耳门(以后改称安平镇港),它在荷据、郑氏时期就已经是台湾和岛外的运输中心以及南部的政治和商业中心。清政府原来以鹿耳门为"正口",对渡厦门,作为台湾和大陆联系的唯一口岸。但一些小口岸却在偷渡与走私贸易中形成发展起来。南部地区的笨港(后改称北港)和旗后(高雄)是两个主要的这类口岸。随着拓垦的进展和商业的发达,中部和北部的口岸也发展起来。雍正、乾隆年间,清廷规定彰化县每年提供2万余石台地兵米及内地眷米,这种兵眷米先用牛车运至鹿港,再由海路运至府城仓库,然后由鹿耳门正口运至厦门。清廷于乾隆四十九年(1784年)正式开放鹿港与泉州晋江县的蚶江口对渡。同样,在乾隆五十七年(1792年),开放北部淡水厅的八里坌口与蚶江及福州五虎门对渡。这就促进了两岸间的贸易和两个口岸的繁荣。在开放以前,鹿港已是"水陆码头、谷米聚处";"烟火数千家，帆樯麇集，牙侩居奇，竟成通津矣"。[1]至于八里坌，则是淡水溪的出海口，它与稍处上游的艋舺密切关联。艋舺在雍正末年已是台北盆地物资集散中心。来往于两岸之间的大帆船可直抵艋舺。开放八里坌，实际就是开放艋舺。鹿港、八里坌正式开放后，大陆的"大小商渔，往来利涉，其视鹿仔港，直户庭耳。利之所在，群趋若鹜"。而鹿港则是"街衢纵横皆有，大街长三里许，泉厦郊商居多，舟车辐辏，百货充盈。台自郡城而外，各处货市，当以鹿港为最"。[2]艋舺也是"居民铺户约四五千家，外即八里坌口，商船聚集，阛阓最盛，淡水仓在焉。同知岁中半居此，盖民富而事繁也"。[3]清代中后期，鹿港、艋舺和台湾府城成为台湾最重要最繁荣的商业中心，俗谚有"一府二鹿三艋舺"之称。南部、中部、北部的农产品从各个集镇和中心集中到这里，输往大陆，大陆来的手工业品也由这里输往台湾各地。

除了一府二鹿三艋舺，西岸还有许多河口港湾可与大陆直接通航，其重要者，如南部的东港、笨港（后改称北港）、盐水港，北部的中港、大甲等。它们一面可与大陆对渡，一面可用河船、竹筏通航上游，而成为各地区较次级的集散中心。后来随着拓垦进至丘陵山地，上游植被的破坏使得河道淤塞，许多河口港失去了通航的功能。[4]

一般而言，物资集散地的形成是以拓垦聚落的中心为基础的，移民们在这里可以卖掉他们的农产品，买到他们需要的生产和生活用品，在一些小的中心集散地的基础上，形成一些大的中心。而清廷为了统治上的需要，在移民日益增多的地方，不断地设立行政机构，逐渐上升成为政治中心。为了统治的方便，当时的行政中心和人文中心是一致的。[5]以中部地区为例，为加强统治管理，于雍正六年设立鹿仔港巡检，此后，半线堡、猫雾捒堡等地陆续建有仓库，显示这两地已成为农产品集散地。移民们在这里缴纳赋粟，再由这两地集中运输到鹿港。半线于雍正十二年（1734年）植竹为城，成为彰化县治。据统计，清代先后共设立了佳里兴、兴隆庄、诸罗山、埠头、恒春、林圯埔、斗六门、半线、鹿仔港、埔里社、大墩、猫里、竹堑、五围、艋舺、基隆、大峁崁、文沃、妈宫、埠南等20个各种级别的行政中心。[6]这些行政中心基本上就是南部、中部、北部、宜兰地区、东部和澎湖列岛5个地区的主要商业中心。

参 考 文 献

〔1〕朱景英.《海东札记》卷一,《记岩壑》。

〔2〕周玺.《彰化县志》卷二,《规制志》,街市。

〔3〕姚莹.《东槎纪略》卷三,《台北道里记》。

〔4〕富田芳郎.《台湾乡镇之研究》,载《台湾银行季刊》第 7 卷第 3 期,第 85—109 页。

〔5〕〔6〕富田芳郎.《台湾乡镇之研究》,载《台湾银行季刊》第 7 卷第 3 期;施添福.《清代台湾市街的分化与成长——行政、军事和规模的相关分析》,载《台湾风物》第 39 卷第 2 期,第 40 卷第 1 期等。

五、分配关系与财政收入

由于农业是构成传统经济的最大组成部分,土地关系包含了社会中最主要的分配关系,并决定和影响其他分配关系。中国封建社会后期,封建土地所有制出现衰落和瓦解的迹象,这种迹象以地权分化的特殊形式为其特征。所谓地权分化,指的是原有的地主土地所有权中,逐渐分离出使用权——永佃权,所有权则经常被分割成田底权、田面权两部分,也就是说在租佃制度上形成永佃关系,在土地制度上形成"一田二主"的形态。[1]

东南沿海是最早出现和盛行永佃权、一田二主制的地区。明代后期,福建漳州地区在全国最早出现一田二主制。到了清代,永佃权和一田二主制在福建已是很重要的租佃制度和土地制度。闽南移民来到台湾拓垦荒地时,原乡的土地制度、租佃制度不可避免地要在他们的行为中发挥作用。因此,清代台湾土地制度和租佃制度的形成,就是移民原乡固有制度和台湾拓垦形式相结合的结果。

拓垦形式或土地开发模式并非采取固定模式。从法律上来说,要向政府申请取得许可后(即给领垦照)方能进行土地开垦。能取得政府许可的,大多是有钱有势的人。但他们取得荒地开垦权后,所进行的开垦,因时间和地区不同而表现出各种形式。

在嘉南平原,由于水源不足,只能兴修小型水利,缺水的地方就开垦成旱地,种番薯、甘蔗、花生,因此开垦工本不大。业主既从官方获土地开垦权,又向雇工提供牛、农具、种子等,雇工所出的仅是劳力,因此双方所形成的是一般的主佃关系，业主对土地拥有完全的权利。在下淡水溪流域，客家人以家族中某一位来台祖先的名义置买土地，作为"尝业"，这份尝业不仅提供祭祖的基金，也为刚来台湾的同乡族人提供帮助和立足的基础。这种建立"祖尝"的做法使得客家人具有向心力。

在中部和北部平地，拓垦以水田化为其特征，一些大型水利系统，如八堡圳、葫芦墩圳、隆恩圳的兴修，使得大片的"草地"变成了稻田。在水田化的过程中，业户和佃户共同做出了贡献。一般的开垦方式是，业户出面向官府申请土地开垦权，即"给领垦照"，以及向平埔番社买垦。往往业户能获得非常大的一片平野的开垦权，这种方式俗称占垦。而后，业户筹集巨资，兴建大型水利。修筑大型陂圳，需要巨额投资，像施世榜与其父亲，由于早年在台湾南部经营糖业致富，基本上是独自投资兴建八堡圳。而更多的是由许多人合股投资经营，如葫芦墩圳、大安圳等。[2]许多水利设施因工程浩大，投资者后继无力，被迫中途拆股，转让他人；有的则需要两至三代人持续不断地投资努力才能完成，台北盆地大坪林平地一带的瑠公圳，就是一个典型的事例。[3]

垦户在占垦大片平野和兴修大埤大圳后，即招佃进行开垦。一般来说，每个佃户向垦户租佃一犁份（一犁份约为6甲，其中5甲开垦耕种，1甲作为建屋的宅基地及菜园等）左右的土地。佃户大多自备耕牛、农具、种子进行开垦，他们往往还要负责修筑从埤圳主干渠到田间的配套小渠。因此佃户投入的不仅是劳动，还有一定的资本。大致说来，开垦一犁份约需100—137元（墨西哥银元）的资金，其中包括付给垦户的埔底银（类似押租）、牛只籽种、配套水渠、交运租粟费用及生活费等。[4]这些佃户大多来自大陆东南沿海地区，人多地少的沿海地区有许多拥有生产资金和生活资金的独立佃农，[5]他们缺少的只是土地，康熙后期和雍正、乾隆年间，有许多这种拥有一定资金的闽南农民移垦台湾。[6]垦户投下巨资，兴修大型水利，没有大型水利也就没有中部和北部平地的水田化；而佃户则投资于土地开垦。佃户的投资就个体而言，是一个很小的量，就整体而言，却是一个很大的量，是垦户所无法承担的。二者的结合使中部和北部平地得到了迅速的开发。在开垦初期，水田尚未完全形成时，垦户和佃户实行分成租制，垦户收取1.5成的租粟（俗称亢五租），或每甲4石的租粟。水田开成后，则收取每甲8石的定额租。此外，垦户还收取每甲4石水租。佃户由于交纳了埔底银（或称犁头银），并自投工本垦熟了水田，因而拥有了田底权。[7]

广大佃户要缴纳租粟和水租，而垦户的支出，则是番租、田赋和水利维修费。番租是很低的，而田赋因可隐匿田产也降低很多，垦户收入就十分丰厚，因此许多富户、商人、权势者愿冒风险投资开凿大型埤圳。水田垦熟后，每甲收获少的有四五十石，多的六七十石，扣除 8 石租粟和 4 石水租后，佃户还能有三四十石的收入。乾隆中期以后渡台的大陆移民，因平地的垦荒已渐趋完成，他们或转向丘陵山地，或向佃户转租水田，佃户向他们收取每甲二三十石的小租。土地权就分化成垦户（或称业户、业主）拥有的田面权，佃户拥有的田底权，而地租则分割成大租和小租。乾隆后期和嘉庆年间，大小租制逐渐流行于中、北部平地。地权分化以后，田面权和田底权可以分别典卖抵押。由于小租与田赋无关，可以免除许多官府的需索，因此许多人喜欢购买小租权。一般所说的大小租和业户指的是汉人移民，番产业是不交田赋的，因此也就没有业主权。乾隆二十二年（1757 年）以后，出现了番业户，请领垦照，招佃开垦，垦成后收取大租，而佃户同样可以再将田底转租出去收取小租，这样就形成了番大租和番小租。但番业户为数很少。

在宜兰平原，嘉庆初，吴沙等人率众进垦时，很重要的目的就是取得大租权。吴沙并不富有，亦无权势，初期的资金是由淡水富户柯友成、何缋、赵隆盛等人支持的。这些富户的目的在于占垦，开凿埤圳，收取大租和水租。他们在开垦中实行"结首制"的方法："合数十佃为一结，通力合作，以晓事而资多者为之首，名曰小结首，合数十小结，中举一富强有力公正服众者为之首，名曰大结首。有事，官以问之大结首，大结首以问之小结首，然后有条不紊，视其人多寡授以地。垦成，众佃公分，人得地若干甲，而结首倍之或数倍之。"[8]一般来说，佃人都分到了一块垦地。嘉庆十五年（1810 年），台湾知府杨廷理经理蛤仔难（即宜兰），力裁业户，将原归业户收取的大租，改充赋税，作为开发当地的经费。许多中部、北部的富户到噶玛兰投资开凿水圳，以图收取水租，获得成功。他们一般被称为圳户，如嘉庆十二年（1806 年），张阁与结首林文彪及张元观等人合作，投资番银 4867 元，修筑一条大圳，受益的水田，每甲分别交二石或四石水租。该水圳每年可收租谷 700 余石，是圳户一种稳固的收益。[9]

拓垦进入丘陵山地时，为防"生番"出草杀人，须设隘防守。所谓设隘乃是在近山险要地点搭建隘寮或铳柜，设隘首，派隘丁巡守。设隘者通常为私人，或者个人独自或者数人合股承充。他们须向官府申请，官府给予谕令印戳和垦照。设隘者称为垦户，他们向佃户收取隘粮大租，以支付设隘和雇募隘首（小垦隘的隘首多为垦户本人）、隘丁的费用，所余即为收入。此外，垦户隘首还收取山工，即抽收汉人抽藤、烧炭、制樟脑所得和"番社"的各种货饷。由于垦户和隘首有利可图，因此就出现竞相请垦设隘、争当隘首的情景。至于佃户，他们一般都有永佃权，将水田垦熟以后，亦可再转租给他人。这样，隘垦制中也就形成了大小租制。[2]

屯垦制是和平埔人有关的，乾隆朝以后，平地逐渐被汉人移民拓垦，平埔人（清时称"熟番"）的空间愈来愈小，清廷乃采取"护番保产"的政策，禁止汉人典买、佃耕熟番草地，但此时未被开垦的草地已所剩无几了。乾隆二十六年（1761年），划定界线（即所谓重划土牛沟），然而土牛沟并无法阻止汉人侵垦番地。乾隆五十一年（1786年），林爽文起义，岸里社等平埔族番社因协助清廷有功，清廷将全岛5000余甲未垦荒埔（多在丘陵山地）及没收的起义参加者的"叛产"3500余甲田园，合共8000余甲土地分归全岛93个"熟番"部落作为养赡埔地，让他们驻守屯垦，同时禁止汉人侵占、典买、佃耕屯地。但是由于各个"熟番"部落掌握农耕技术的程度以及农耕的意愿不同，[11]许多"屯番"乃以各种理由，招请汉佃前来垦田，汉佃向屯番交纳"养赡租"，作为"屯番"口粮，后来官府也不得不予以认可。[12]

总的说来，清代台湾的土地关系，都是以汉人移民的大小租制为蓝本派生出来的。这个蓝本的基本形式为：

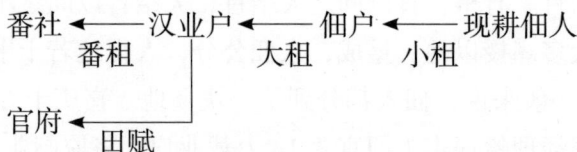

番社 ◄——— 汉业户 ◄——— 佃户 ◄——— 现耕佃人
　番租　　　　大租　　　　小租
官府
　田赋

清代前、中期，台湾的财政收入有田赋、丁税和杂饷三项，其中田赋是最重要的。对于平埔族番社，则征番饷。此外，官府还有一些官庄，雇佃户耕种，收取租粟。田赋等则，以郑氏时期的税率为基础，而略有"酌减"。其税率是上则田每甲征谷子8.8石，中则7.4石，下则5.5石，上则园5石，中则4石，下则2.4石。这个税率比郑氏时期已减轻许多，但和大陆相比却重了许多。雍正九年（1731年），遂改定税率，凡雍正七年以后报垦升科的田园，按福建同安县标准分上、中、下三则征收。雍正七年以前的田园则仍照旧额征收。新的等则为上则田每甲征谷子 2.74 石，中则 2.08 石，下则 1.75 石；上则园照中则田，中则园照下则田，下则园征收 1.71 石。[13] 田赋有所减轻，此后田赋等则不再改动。

丁税是比较次要的一项税收。康熙、雍正两朝，各地先后"摊丁入亩"，取消丁税。未摊丁入地的，丁口的编造也不重视，如彰化设县，仅丁口 125 名，而淡水设厅，彰化拨丁口 11 名过去，岁征丁银 5 两 2 钱多，乾隆十年至二十年（1745—1755 年），台湾各地摊丁入亩。以后新建的行政区域，如噶玛兰厅等，遂无丁税。

杂饷则是对土地以外的商业、渔业、手工业的课税，分水、陆二饷。陆饷有厝饷（房屋店面）、牛磨、蔗车、槟榔宅、果园、瓦窑、当铺；水饷包括对各种渔船、渡船、养鱼池的征收。清代田赋等税赋并不重，但吏治败坏，赋役每有变动，官员胥吏上下其手，借机肥己，引致社会骚动。于是清廷坚持"永不加赋"的原则，不提高税率，不清查田亩。台湾的拓垦过程中，存在着大量的隐匿田产，雍正五年，巡台御史索琳、尹秦建议清查隐田，雍正批示"清查田粮，非现今治台急务"。[14] 乾隆九年，户部以新垦田园多按下则园报垦升科，建议改定赋则，乾隆也不予改动，[15] 这对台湾的拓垦是有利的。

除了田赋等正供钱粮，地方官府还有陋规等不时之需，官衙行政经费不多，大多数设备、排场均取之于民，这就使地方在征收钱粮时有各种附加，而且常常借各色名目摊派钱款。官府的摊派往往针对富户，"地方公事皆业户出应，其用无定"。以著名垦户林成祖为例，在乾隆年间不断地因为"公项乏用"、"积欠摆接等公项"，而典卖大租业。对平埔人的额外需索，主要是力役，地方官出巡、平时派送公文、战时协助清剿等事皆征发平埔人丁壮，极大地影响了番社的正常生活。

参 考 文 献

〔1〕杨国桢 .《明清土地契约文书研究》第二章，人民出版社，1988 年版。

〔2〕清代台湾合股经营方式非常发达，有的合股组织可达数十人之多，并且有一人拥有多股或多人共有一股等各种组合方式。

〔3〕尹章义 .《台北平原拓垦史研究（1697—1772）》，载《台湾开发史研究》，台北

联经出版事业公司，1989年版；台北市瑠公农田水利会.《瑠公创业二百四十年专刊》等。

〔4〕周翔鹤.《清代台湾给垦字研究》，载《台湾研究集刊》1988年第2期。

〔5〕方行.《清代前期小农经济的再生产》，载《历史研究》1984年第4期。

〔6〕林嘉书.《南靖县向台湾移民的谱牒文献调查研究》，载《台湾研究集刊》1988年第4期。

〔7〕田底、田面的称呼，各地互有不同。台湾的田底权相当于许多地方的田面权，反之田面权则相当于田底权。

〔8〕姚莹.《东槎纪略》卷一，《埔里社纪略》。

〔9〕平山熏.《台湾经济史研究》第十册，转引自卢世村纂修《宜兰县志》卷四，《经济志》，水利篇。

〔10〕戴炎辉.《清代台湾之隘制和隘租》，载《清代台湾之乡治》第七编，台北联经出版事业公司，1979年版。

〔11〕陈秋坤.《清代台湾土著地权》，"中研院"近代史研究所专刊（74），1994年版，第75、76页。

〔12〕《台案汇录甲集》，台湾文献丛刊本第31种，第7—9、21—22、40—42页等。

〔13〕〔15〕李祖基.《清代前期台湾的田园赋则》，《台湾研究集刊》1991年第2期。

〔14〕《雍正硃批奏折选辑》，台湾文献丛刊本第300种，第43页。

第二节　移民社会的结构与内外关系

一、阶级结构与职业结构

　　清代台湾社会的阶级结构，在农村主要由地主阶级和农民阶级组成，在城市则主要由商人和伙计、工匠等组成，此外还有一些个体手工业者和为数众多的游民。地主阶级拥有大量土地，当时台湾富者极富、贫者极贫，田地大半归于城乡富户，富户也称为头家。台湾地主在不同时间、不同地点有不同的名称，如大租户、小租户、垦户、垦首、业主、业户等等。

　　垦户向官府申请垦照，获得荒地的开垦权，然后招来佃户，或给予牛只种子，或由佃户自备农具工本，进行开垦。由垦户缴纳正供，佃户则向垦户交租。在一般情况下，佃户对所开垦的田地有长期耕作的权利，可以退卖，即有所谓田底权。清代台湾有一田二主的现象，即大小租制。垦户也称大租户，收取大租。佃户从事实际开垦，所垦田地实际上归佃户承管，佃户将垦熟的田地出租给现耕佃人，收取小租。

目前可以见到的有关小租的契约，最早的是乾隆十八年钟复兴的合同文约，其中写道："当日三面言定，供纳小租一十二石。"估计小租是在乾隆年间才逐渐发展起来的。[1]这样，原来拥有田底权的佃户成了地主，即小租户，也称小租业主，可以典卖其业主权。所以，清代台湾农村形成了业户——佃户——现耕佃人的三层关系。有些汉佃租垦番地，向番社交纳大租，称为番大租，佃户也成为小租户。地租有分成制和定额制两种。

大租一般在初垦时免租，三年后一九五抽租，即只占收成的15%，后来改为水田一甲租谷八石，园一甲四石。雍正十一年，业主杨秦盛给佃户王及欢的佃批字就有这样的规定："凡杂种籽粒俱作一九五分抽，不得少欠；如开水耕为水田，议定首年每甲纳粟四石，次年每甲纳粟八石，三年清丈，每甲纳粟八石满，车运到鹿仔港交纳；如有熟田付耕，首年该纳粟八石满；如开水，每甲议贴水银一两一分。"[2]由于大租户大都是有钱有势的人，只是领取垦照，不从事实际经营，多住在城里坐收地租，田地多达十几甲、几十甲，所以大租较低。小租户是在地地主，掌握土地的实权，所以小租较高，水田一甲租谷二三十石，园大约一半。后来小租户往往提高地租，有的租率达到50%，而且还要押租。

关于大小租问题，《问俗录》有这样的评介："管荒埔者收大租，即内地所谓田骨也。垦荒埔者收小租，即内地所谓田皮也。大租价极贱，小租价极贵。其价贱奈何？田租率八石，园租率四石，完纳正供外，已所余无几。其佃户止认小租为主人，未尝书立佃据，抗纳者多，不能拨换佃户，故贱也。其价贵奈何？田租率二三十石，园半之。书约税契不完正供，佃人立佃据为凭，抗纳升斗，听其拨换，佃人敢抗大租，不敢抗小租，故贵也。收大租者称业户，颇尊贵，然富者不难清完国课。中下业户佃人欠大租，业户欠正供，即佃人不欠大租，业户亦欠正供。台湾厅县钱粮积欠累累以此。"[3]

林成祖垦号是大租户的典型，在雍正、乾隆年间，以林天成、林成祖等垦号在大甲、台北平原等地招佃开圳垦耕，有大量佃户和数千甲田地，所凿大甲圳、大安圳等灌田千余甲，岁入租谷十万余石，成为一时的巨富。张士箱家族也是大租户，在云林、台中、彰化、台北等地拓垦，开凿水圳，在各地分设公馆，经理大租、水租。康熙年间率众拓垦的王世杰，前后垦田数千甲，岁入租谷数万石。胡焯猷、徐立鹏是客籍大租户的代表。雾峰林家则是小租户的典型，乾隆年间，林石在大里杙垦田四五百甲，年入租谷万石；后来林甲寅在雾峰垦地二百甲，年入租谷四千石。[4]板桥林家既是大租户，又收购小租权，一年收入数万石租谷，林本源家族成为台北地区最大的地主。至于垦首的名称，在道光年间才出现由福建、广东业户共同招股的金广福总垦户，两籍各有为首垦户一名，设立规模巨大的金广福大隘，十二年，有垦首苏贤采同男顺昌的给垦约字，所以过去关于清代台湾早已普遍实行垦首制的看法，还值得重新加以研究。[5]

地主除了向农民收取地租以外，往往出资开凿水圳，收取水租。许多水利是由业户出面组织修筑的。有的是由业主出资私修的，有的则由业主和佃户合修。著名的八堡圳是由世家大族施世榜独资修造的，瑠公圳、大安圳等主要由业主出资，部分佃户也参加修筑。郭锡瑠变卖家产，筹得 2 万余元，使瑠公圳得以完工，灌田达 1200 余甲。修圳需要大量资金，不少业主因为筹集困难而放弃，有的只得典卖部分田地以保修圳。由于当时水利对于谷物生产具有重大作用，缺水的田地往往颗粒无收，所以业户可以以水向番社换地，用以补偿开凿水圳的费用。以张达京为首的"六馆业户"便出资开凿水圳，分水灌溉，以换取番地的开垦权。同时凡是受灌的田地也要向业主完纳水租。施家开凿八堡圳，灌溉 103 庄 19000 多甲田地，每甲大租从 6 石增加为 8 石，并加收四斗水租，总共一年收入水租数万石。杨志申开凿二八圳，灌田 1000 多甲，岁入数万石，家有佃农数千人。有些圳主、埤主并非田地的业主，这时佃户就要另交水租。所以水租是业主的一大收入，水利是业户经济的重要组成部分，业户也在水利事业方面起了相当重要的作用。[6]

农民是农村社会的主体，有佃户、现耕佃人和自耕农之分。佃户直接向垦户承租土地，多数要自备工本进行垦耕，付大租，有些佃户土地数量很少，没有成为小租户，他们仍然是农民。如林成祖垦号在兴直庄的佃户有 50 人，平均有田 2 甲多，后来林成祖将这些田地典卖给张广福号，这些佃户便以张家为业户了。佃户有永佃权，人身是自由的。现耕佃人租种小租户的田地，付小租，此外还要付给开垦所费工本，即犁头钱。自耕农是个体开垦者，不要交租，也不收租。他们有的是私垦荒地，有的是开垦名义上属于"番垦"、实际上是由汉人开垦的土地，这些开垦者便成了自耕农。一般农民除了要交纳地租以外，还要付给犁头银，负担田头小圳的修筑费用，以及耕牛农具种子和生活费用，在正常的年份生活还过得去，但也有不少人生活相当困难，有的甚至为了讨回几十文欠债而酿成命案。

管事是由地主雇来管理田庄，向农民收取大租，向官府缴纳钱粮的人。他们一般住在田庄或租馆，熟悉村庄情况，参与庄事。他们经常依仗地主的势力欺侮农民，也常将田租、田产占为己有。

地主与农民间的矛盾是经常存在的，由于地主逼租、起佃、断水以及霸占田业而引起纠纷，甚至出现命案，在档案中是屡见不鲜的。地主往往勾结官吏，欺压百姓；政府也利用地主约束农民，维持治安。此外地主还结交贼匪，横行乡里。所以当时地主多是地方豪强，即所谓有力之家，时常干预地方事务。这种地主与农民间的矛盾积累到一定程度，便会导致尖锐的抗争，从而发生"拦米谷，抢头家"之类的严重事件。

城镇的阶级结构主要由商人与小贩、工匠等组成。

商人、店主、船主、廊主等也称头家，他们是商店、商船以及各种手工业作坊的出资人或股东。清代台湾有行郊组织，各种行业分属不同的行郊。"郊"实际上是以大商人为中心的商业集团，同一地区贸易商人的组织，或同业商人的组织。一般有数十个或上百个商号所组成，有以行业组成的，如布郊、糖郊、油郊等，也有以经营地区组成的，如北郊、南郊、港郊等。后者是专营进出口贸易的大郊。郊商都是大批发商，郊行的董事、炉主多由大商人担任，他们可以垄断市场、操纵物价、调解和仲裁纠纷，并且参与地方公益事业，在商界和社会上有相当的地位。例如，府城三郊成立于雍正年间，北郊苏万利、南郊金永顺、糖郊李胜兴都有相当的经济实力，凡是捐助修建寺庙以及各种公益慈善事业经常以他们为首。张德宝商号经营海上贸易，在道光年间，财富冠于艋舺郊商。有"财甲新艋，势压淡防"之称的李胜发船头行在地方上也颇有影响。经营糖业的商人刘日纯，创办白糖郊，贩运出口而发财，拥资一百多万。这些商人、郊商和不在职的官员、有功名的进士、举人以及生员、贡生、监生等成为社会上的士绅阶层，有的还成为领袖人物。

商人、铺户的势力不亚于业户，他们有的是由经营土地起家而改营商业的，有的是经营商业致富而购置地产的。当然也有的是与土地无关、专营商业贸易的一般商人和富商巨贾。有的商人还投资蔗糖、茶叶等生产，使商业资本与产业资本结合。有的商人既是船东又是海上贸易商人。他们与"官商"

以及地主商人已有不同。

商人、店主、船东、廊主等雇用劳动力进行生产或经营商务，在商店者称伙计，制造器物者称工匠，出海者称讨鱼、水手等，他们和头家的关系是雇佣关系。当时在台湾主要的手工业——制糖业中，有比较细致的分工，一个糖廊有糖师 2 人、火工 2 人（煮蔗汁者）、车工 2 人（将蔗入石车榨汁）、牛婆 2 人、剥蔗 7 人、采蔗尾 1 人、看牛则 1 人 1 牛（1 个糖廊有牛 12 只）。商船的人员配置大致如下：出海 1 名（司货财出入）、舵工 1 名、亚般 1 名、大缭 1 名、司舳板船 1 名、总铺 1 名、水手 20 余名（或 10 余名）。一般工人由头家按月付给薪水，年终发给赏金，也有些雇工如制糖、晒盐、运粮、运料等，则按日、按月或按件计值。

以上的社会阶级结构和当时中国大陆传统社会基本上没有什么不同。总的说来，大小租户、富商、有功名者是社会的上层，他们可以参与社会上的各种公共事务，组织"义民"，保护地方上的利益，成为地方官员和官府的依靠对象和统治基础。与此同时，地主、富商也利用他们与官府的关系，保护自己的经济地位，维护某些特权，成为统治阶级的一员。农民、佃户、工匠、商贩、城镇平民以及其他"下九流"等是社会的下层，他们是被统治的阶级。所以，台湾移民社会基本上是大陆传统社会的移植。当然，台湾社会在阶级结构上也有自己的特点，主要表现在阶级结构和职业结构比较简单、游民在社会上占有相当大的比例。

从职业结构来看，清代前期台湾也有士、农、工、商各界，但由于社会发展水平的限制，各界内部的成分比较简单。例如，以教书为生的人不多，有功名的人也很少；农业中除了种植水稻和甘蔗以外，经营其他经济作物的也很少；除制糖以外，缺乏规模较大的手工工场，也没有形成行会手工业。商业是比较发达的，主要行业有商船、糖、茶、布、绸缎、杉木、藤、打铁、典当、药材等，最大的是经营与大陆贸易的郊行，而直接经营对外国贸易的为数甚少。除此之外，当时还有巫、医、僧、道、山、命、卜、相、娼、优等职业。

游民则是当时台湾社会的一个重要阶层。游民也称"罗汉脚"，是无业或无固定职业的单身汉，没有田产、没有妻子、没有固定住所，游食四方。俗话说："罗汉脚有路无厝。"道光年间担任北路理番同知兼鹿港海防同知的陈盛韶在《问俗录》中对罗汉脚有专门的描述："台湾一种无田宅、无妻子、不士、不农、不工、不贾、不负戴道路,俗指为罗汉脚。嫖赌、摸窃、械斗、树旗,靡所不为。曷言乎罗汉脚也?谓其单身,游食四方,随处结党,且衫裤不全,赤脚终生也。大市村不下数百人,小市村不下数十人。台湾难治在此。"他们多是来自闽粤两省手无技艺的失业者和半失业者,也有的是由于天灾人祸而失业的本地游民,这种人在清代前期台湾社会中占有相当大的比重,据我们估计最多的时候大约占人口的 20%—30%。[7]游民不事生产,依靠乞讨或强乞为生,还经常偷窃、抢劫,煽动械斗,从中抢掠破坏,对社会生活和社会治安都起了负面作用。这是台湾移民社会结构的特点之一。

参 考 文 献

〔1〕《清代台湾大租调查书》,第 195 页;邓孔昭.《清代台湾大小租的产生及其社会条件》,载《清代台湾史研究》,厦门大学出版社,1986 年版,第 291 页。
〔2〕台湾省文献委员会.《台湾省开辟资料续编》,1988 年版,第 213 页。
〔3〕《蠡测汇钞·问俗录》(标点本),书目文献出版社,1983 年版,第 123 页。
〔4〕黄富三.《雾峰林家的兴起》,台北自立晚报社文化出版部,1987 年版,第 59、100—106 页。
〔5〕周翔鹤.《垦首考辨》,载《台湾研究集刊》1989 年第 2 期。
〔6〕周翔鹤.《清代早期台湾中部北部平地的乡村经济和业户经济》,载《台湾研究集刊》1989 年第 3 期。
〔7〕陈孔立.《清代台湾移民社会研究》,厦门大学出版社,1990 年版,第 110—111 页。

二、祖籍地缘关系和社会组织

台湾居民大都来自闽粤两省,起初,他们以祖籍地缘关系进行组合,同一祖籍的移民往往聚居在一起,形成各自的社会群体。当时台湾各地一村一姓的血缘聚落为数很少,而一村多姓的地缘聚落却较多,这和大陆上聚族而居的情况是不相同的。

移民基本上以府为单位进行划分,分成漳籍、泉籍、粤籍三大系。漳籍包括漳州府属各县和部分潮州籍移民;粤籍则以客家人为主,包括闽西汀州府属各县。泉籍包括泉州府属各县,但同安县籍的移民则与漳籍移民比较接近。所以,可以说,所谓"分类",基本上是以不同语言进行划分的。多数情况下是同县同乡集居一地。

台湾各地的拓垦，基本上是以同一祖籍的移民集中在一个地区从事开发的。例如，从大的范围来说，闽南人早期开发了府城一带，客家人则集中到下淡水一带从事拓垦。泉人施世榜招募同籍移民开发彰化地区大片土地；漳州府海澄县人郑维谦率领漳籍移民到淡水开垦芝兰一带；广东大埔县人刘承豪等招佃开垦九苎林；陆丰人罗朝宗、黄魁兴、官阿笑等合垦竹堑十一股一带；吴沙开发宜兰，招募的流民9/10是漳人。早期不同祖籍移民共同开发的情况时有出现，但后来逐步调整、迁徙，到了乾隆年间，祖籍分布已经出现这样的局面：漳泉移民占十分之六七，粤籍占十分之三四。北淡水、南凤山多粤人，诸罗、彰化多闽人；近海多闽南，近山多客籍。具体地说，客家人主要分布在现在北部的桃园、新竹、苗栗和南部的高雄、屏东等县，此外，台中、花莲、台东等县也有一些客家住民，其余地区则多是闽南移民。噶玛兰地区是在嘉庆年间才开发的，有漳、泉、粤三籍移民共同参与，但是在开发中还是按祖籍地缘关系分别进行的，漳籍开发金包里股、员山仔、大三阄、深沟，泉籍开发四阄一、四阄二、四阄三、渡船头，粤人则开发一结至七结。

现在台湾还留下一些地名，如同安、南安、安溪、德化、南靖、平和、永定、大埔、饶平、镇平、海丰、惠来、梅州等，都是以原籍县名来命名的，也有以府名命名的，如潮州镇、泉州厝、漳州里等，还有的则是采用大陆上更小的地名，如田心、田中央、大溪等。这些地名可以说是当年移民以大陆祖籍地缘关系组合的历史见证。当然这只是一般的情况，有时不同祖籍的移民也可以共同开垦，早期有不少客家移民充当开垦的劳力，他们的头家往往是闽南人；也有一些地方是由不同祖籍移民共同开发的，例如，同安人就同陆丰人、海丰人在竹堑一带拓垦，但总的来说，祖籍地缘组合是清代前期普遍的现象。所谓"漳庄""泉庄""粤庄"就是以祖籍关系组合的写照。

移民中保留着某些血缘关系，但对血缘则不可能有太严格的要求，当时的家庭不一定是纯血缘的结合。在嘉庆年间，台湾各地平均每户多达七至八人，这样大的数字只能说明多数家庭是由非血缘关系组合的，移民可能出于开垦和自卫的需要而以较多的人组成一户。当时还有养"螟蛉子"的习惯，即没有儿子的人可以买异姓的人为子，这种现象不仅在一般平民中，而且在富家大族中也相当普遍。此外，同籍异姓之间结拜兄弟和结盟之风也相当盛行。这可以从另一个侧面说明地缘关系组合的特色。

　　其所以出现这种现象，主要是由当时的客观环境决定的。初期前往台湾的多是一些单身汉，他们通过同乡同族的关系结伴来台，然后又通过同乡的介绍和指引，大批的移民来台共同开垦。当时不可能整个家族、宗族迁移来台，所以宗亲很少，不能形成单一姓氏的血缘村落。起初同乡关系是一个相当亲密的关系。共同的方言和习俗，从原乡带来的共同的保护神，以及开发过程中面对土著居民和不同族群的威胁，迫切需要同籍移民的守望相助，这些因素为他们提供了结合的基础。这样，同一祖籍的人便很自然地聚居在一起，为组成以祖籍地缘关系为基础的村落准备了条件。

　　祖籍地缘组合在初期有两大好处：一则可以协力开发，不论在业户与佃户之间，或是在佃户与佃户之间，有了同乡关系总比较容易相处，如有矛盾也容易调解。所以，这种组合方式对于从事开发起了积极作用。二则便于共同防卫，抵御外来的侵扰，包括与不同祖籍移民和番族的纠纷。在通常情况下，三籍移民是不混居在一处的，遇到问题，同籍人便会互相帮助，一致对外。所以，地缘群体也起了自卫作用。清政府在农村实行的保甲制和后来设立的总理、董事等，就是以民间已有的地缘群体为基础建立的乡治组织，并赋予约束人民维持治安之类的功能。

　　祖籍地缘组合对社会也有负面的作用，主要表现在各籍移民以祖籍"分类"，各自形成壁垒，互不团结，互相对抗，甚至以强凌弱，仗势欺人，最严重的是引发"分类械斗"，造成社会秩序混乱和人民生命财产的重大损失，阻碍生产的发展和社会的进步。这是台湾移民社会的一个特点，也是台湾社会的一个消极因素。后来，随着社会的发展，祖籍地缘组合便为新的组合形式所替代了。

　　社会组织是为了一定职能而组成的群体，当时有各种的社会组织，如以保甲、街庄为代表的乡治组织，以团练为代表的地方自卫组织，也有书院、社学等文教组织，还有以村庙、寺庙为形式的地域组织。但最基层的社会组织还是以自然村为单位的"庄"的组织。这里着重介绍一些比较特殊、比较重要的具有移民社会特色的社会组织。

　　村庙是一个村落共有的庙宇，由本村村民共同供奉一位神明，往往是同一祖籍移民的保护神。例如，粤东的客家人和福佬人一般供奉三山国王，三山国王庙成为他们的村落标志，[1]漳州人则供奉开漳圣王，同安人供奉保生大帝，安溪人供奉清水祖师，南安人供奉广泽尊王，惠安人供奉灵安尊王，三邑人（晋江、南安、惠安）还信奉观音佛祖和各种王爷。妈祖则是民间最普遍信仰的神明。这些都是来自原乡的神。此外，土地公是最基层、最普遍的地域神，也是村庙经常供奉的神，是当地的神。人们通过村庙把全村结合在一起，成为一个祭祀单位，有组织地进行祭祀活动。不仅如此，一般村庙还是一个聚会场所，以及议事和调解纠纷的场所，实际上成为民间公共事务活动的一个中心。有的村庙还会发展成超村际的庙宇，联络周围几个村的居民共同进行祭祀和其他活动。在分类械斗时，双方的村庙也曾成为各自的指挥中心。由此可见，村庙表面上是一种宗教组织，实际上起了联络、团结同一祖籍移民的作用，它既反映了当时以地缘关系组合的现实，又对以祖籍分类的社会现象起了强化作用。

"六堆"是客家人在祖籍地缘关系基础上建立的乡团组织。康熙末年，台湾发生朱一贵起义，闽粤移民开始出现矛盾。当时客家人处在少数地位，他们起初出于自卫的动机，集合了 13 大庄、64 小庄的客籍居民，共 12000 多人，在下淡水地区建立"六堆"。所谓"堆"实际上是一种战斗组织的单位，有的说"堆"和"队"同音，采用堆的名称是表示与官兵的区别。六堆各自的名称如下：先锋堆、前堆、后堆、中堆、左堆、右堆，各堆最初设置的地点都在现在屏东县境内。各堆设总理、副总理各 1 人，正副先锋各 2 人，另设长干、督粮等。由各堆总理公推六堆大总理 1 人，综理全盘事务，另推大副理 1 人，掌理内务，又设总参谋、指挥使等，辅佐大总理执行职务。各堆选拔壮丁 50 名为 1 旗，6 旗成 1 堆。平时各自耕作，战时集中"出堆"。粮饷由庄民负担，大租户 2 分，佃户 3 分，小租户 5 分。[2]六堆成立以后，首先参与了镇压朱一贵起义的活动，李直三、侯观德等"义民首"受到奖赏，"六堆"也成了义民的组织。后来"六堆"又在吴福生、林爽文、蔡牵等事件中，先后由大总理侯心富、曾中立等率众出堆，也受到清政府的褒奖。六堆组织相当严密，官府无法插手，六堆还能处理民间纠纷。但是，在当年"分类"情绪严重的情况下，六堆由于有了"义民"的名义，也曾仗势欺压闽籍居民，焚抢掳杀，加深了社会的矛盾和对立。

除了客家六堆以外，泉籍、漳籍也有一些义民，但由于历次起事的首领多是漳籍的，所以总的说来，义民多是粤籍和泉籍的。不过，客家六堆是比较固定的组织，而其他义民组织则在"民变"过后便解散了。义民是在"民变"过程中，由民间自行组织（或官府参与组织）用以对付"民变"的武装组织，其主要功能是，抵御起义者，保卫乡里；随军出征，镇压起义。林爽文起义时期，大约有4万泉籍和客籍义民参加对起义者的作战。义民首多数是地主、商人，而起义者则多是农民、游民等下层人民。义民为官府出力，官府也照顾义民的利益。事实上，义民往往依仗官府的势力，欺压平民，特别是不同祖籍的居民。所以，义民既有保卫乡里、维护社会安定的一面，也有镇压起义、欺压平民的一面。由此可见，所谓"义民"是站在清朝政府的立场上来说的，实际上并不是维护社会正义的力量。[3]

"郊"既是一种经济组织，又是一种社会组织。它也具有祖籍地缘关系组合的特征。就经济组织而言，它是商会的雏形，是同一地区贸易商人或同一行业商人的组织。所谓同一地区指的是经营同一地区的贸易，如北郊，是经营对上海、天津、烟台等台湾以北地区贸易的商人的组织；厦郊则是经营对厦门、金门、漳州等地的贸易；经营岛内各港埠间贸易的称为港郊。所谓同一行业指的是经营同类商品的贸易，如糖郊、油郊等。郊的组织是由炉下、炉主以及董事、签首、职员等组成。炉下是普通成员，炉主总管全郊事务，包括祭祀和经常会务。后来另设董事管理会务，炉主则专管祭祀。炉主、董事多是公推的，实际上是由大商人操纵。签首、稿师、职员等则是协助办事的人员。郊设有会馆、公所作为办事场所。郊的职能主要有祭祀、商事、调解、善事四个方面。祭祀主要是祭妈祖和水仙王，以求保佑海上贸易平安，人货两全，赢利而归。商事则包括订立规约、维护信誉、保护权益，还可以垄断市场，操纵市价，对违反规约者给予处罚，以共同维护全郊的利益。调解是对郊的成员间的商务纠纷进行私下的调处，只要双方同意，还是有作用的。善举是指修桥铺路、赈灾济贫等公益和慈善事业。郊是大批发商的组织，最有名的是府城三郊，即北郊、南郊、糖郊，每个郊都有许多商号，这些商号经营进出口贸易，在岛内有自己的销售系统，即商行—文市—消费者；或商行—割店—文市—消费者；或商行—割店—小贩—消费者。割店是中小批发商。文市俗称小卖，开设店铺，直接面对消费者，有的是专售一项商品的，如布店。小贩则不开店，以肩挑、车运转贩给小文市，或直接在城乡叫卖。由此可见，郊行在台湾经济上拥有十分重要的地位。[4]

作为社会组织，郊还有其社会功能。郊商多是大陆的殷商，后期逐渐有本地商人参加。除了上述公益事业以外，郊商往往组织义民，保卫地方。林爽文起义时，鹿港泉郊首领林振嵩等募勇自卫，随军出征；蔡牵事件时，府城三郊由总义首陈启良及洪秀文、郭拔萃等率领义民参加守卫。从郊商的阶级成分来说，他们一定会站在政府的一边，参与镇压起义者。泉郊曾经组织义民对付以漳籍为主的起义者，不同的郊也曾发生"郊拼"，即以不同祖籍为基础组成的顶郊和下郊之间的械斗，这都在一定程度上反映了祖籍分类的客观现实。

秘密会社是中国下层人民自发组织的民间互助自保的结盟团体，一般都以宗教迷信作为动员组织群众的手段，在一定条件下，这种团体会成为反抗官府或发动暴乱的秘密组织。清代前期有所谓"北教南会"，即北方以白莲教、南方以天地会为代表的秘密会社。台湾的秘密会社有的是没有名目的临时性的组织，在起事前匆促结盟，推举大哥等，领导起事。有的是有名目的长期存在的组织，最有影响的还是天地会。早在雍正年间，台湾就有父母会、妈祖会、子龙会等名目，乾隆年间则有小刀会、添弟会、雷公会、天地会、复兴天地会、游会等组织。嘉、道年间有小刀会、太子会、铳会、白旗会、兄弟会（有时又名同年会）等。从性质来看，有的纯粹是互助性的组织，如父母会，是为了"父母老了彼此帮助"；有的则是为了谋求私利，如乾隆年间杨兴勋兄弟为了争家产而结的添弟会和雷公会；有的是为了抵制营兵的欺压，如小刀会；有的起初只是为了"患难相助"，后来却成了起事的核心组织，这时的性质就不一样，已经成为民间的反抗组织了。最典型的是天地会。天地会的宗旨原来是"缓急相济，患难相扶"，只有互助的意义，而起事以后，则提出"剿除贪官，拯救万民"，这就有了政治的内容了。

台湾的秘密会社有的是同福建有密切关系的。除了兄弟会、同年会由客家人组织以外，其余都是由漳州人建立的。以林爽文为首的天地会起义，便是在福建平和人严烟前来彰化传布天地会的影响下组织起来的；在林爽文起义期间，福建漳浦也发生张妈求为首的天地会众攻打盐署事件；林爽文起义失败后，乾隆五十六年，彰化又组织复兴天地会，由原籍漳州的张标为首，含有对抗泉州籍民的意图；乾隆六十年，彰化陈周全为首的天地会起义，则与福建同安的飍飍会（天地会的别名）有关，陈周全曾经参加同安飍飍会，回台湾后，召集漳、泉、粤三籍移民共组天地会，发动起事。秘密会社的成分比较复杂，有游民、农民，也有富人，各自怀有不同的目的，成员多是漳籍的，也有一部分是泉籍的，客家人则基本上不参加。在起事时，参加者主要是与起事首领（会社首领）同籍的移民。由此可见，台湾秘密会社既是从大陆移植过来的，又多少含有祖籍地缘分类的因素。

所有这些社会组织都带有地缘组合的色彩，成员都有地域偏见，它一方面加强了内部的团结，而忽略了同籍移民的阶级界限；另一方面则加强了排外意识，使得不同祖籍移民之间的对立更加严重。这是移民社会的一个特点，也是当时台湾社会的一大忧患。

参 考 文 献

〔1〕谢重光.《三山国王信仰考略》，载《客家》1995 年第 1 期。

〔2〕陈其南.《台湾的传统中国社会》，台北允晨文化公司，1989 年版，第 98—100 页。

〔3〕陈孔立.《清代台湾移民社会研究》，厦门大学出版社，1990 年版，第 210—224 页。

〔4〕卓克华.《清代台湾的商战集团》，台北台原出版社，1990 年版。

三、移民与土著居民的关系

在移民社会中，从外地来的移民必然要和本地的土著居民发生交往。当时清政府把台湾土著居民称为"番族"，并有"熟番"和"生番"之分，所谓熟番是指"杂居平地遵法服役者"，生番则是指"深居内山未服教化者"，表面上是依照"归化"与否来划分，实际上主要是以他们与汉族移民的关系和汉化的程度来区分的。

土著居民的村落称为"番社"，有大社和小社之分，大社可以管辖几个社或十几个社。大社有几名土官、副土官，小社则只有一名土官，管理社务。此外，还设有通事，一方面便于语言上的沟通，一方面办理纳饷、安排差役等事。在番社中，业户也有相当的地位，他们有的本人是业户，有的则代表番社，负责收取社租，并分发口粮给本社居民。

土著居民组成成分不同，由于开发程度的不同，生活状况也不一样。平埔人多数住在西部平原和丘陵地带。台湾县和诸罗县境内的新港、目加溜湾、萧垅（即欧汪）、麻豆，在郑氏时代就是大社，他们汉化程度较高，已经学会种植水稻的技术，能使用牛耕、犁耙，开沟引水灌田，后来还出租、典当和出卖土地。他们与汉人进行贸易，用鹿皮、鹿肉等土产，交换盐、糖、布、铁器等物，生活比较富裕，与汉人移民能够和平相处。经过长期杂居、交往、通婚和文化上的相互影响，民族关系逐渐改善。

住在山地的土著居民，当时还处在未开发阶段。凤山县山前的山猪毛社和山后卑南觅各社的"傀儡生番"，主要从事狩猎、渔捞，只种植一些芋头。有时通过"熟番"与汉人进行以物易物的交易，以鹿皮、鹿肉等，换取珠、布、盐、铁、火药等。他们还保留着猎取人头的陋习，汉土矛盾经常发生在这些土著居民的附近地区。

随着移民大量进入台湾，移民对土地的需求不断增加，他们通过请垦、占耕，或通过向土著居民买卖、交换甚至用欺骗的手段，取得土地。平埔人有的已有游耕的农业，容易受到汉人移民的影响，汉人移民在早期平地开垦阶段多以和平的方式获取土地。平埔人采取女子继承的方式，汉人移民和平埔妇女结婚，日后就可获得土地。当时汉人与土著妇女"牵手"（指结婚）问题，常常引起土著居民的强烈不满，以致当局对此屡有禁令。汉人移民在平埔人居住处开杂货店的，经常赊售商品或贷款给他们，到他们无力偿还时，便可获取他们的土地。[1]在汉土经济交往增多后，土著居民日益被卷入汉人的经济生活，而移民也普遍地采用买卖、租赎的方式来获得土地。移民向"番社"买土地，俗称买垦，如中部著名大垦户施世榜拓垦的大片土地就是向半线社买垦的。[2]在留传至今的早期土地文书中，有许多垦户向"番社"买垦的土地文书，这实际上是揉合了汉人社会中的土地买卖、租赎两种形式。汉人移民除了付出一笔资金买得开垦的权利，每年还要贴纳"番饷"、交纳"番租"。但"番租"比率是很低的，不足"番社"食用。康、雍年间，沙辘社土官嘎曾告诫族人"祖公所遗，只此尺寸土，可耕可捕，藉以给饔飧，输饷课，今售于汉人，侵占欺弄，势必尽为所有，阖族将无以自存矣"。[3]此外，汉人社会中的租赎等土地关系形式，也逐渐移植到汉人与土著居民的土地关系之中。汉人移民买垦、租赎"番社"土地，往往衍生出契约上的欺诈，违约抗租等问题。如宜兰地区"兰地三十六社，……所有余埔，汉人斗酒尺布即骗得一纸赎字"，"而所赎耕之辈，尤贪得无厌，虽立有赎约，至垦透后，应纳租谷，居多纠缠不清"。[4]

移民在平地获得土地虽以和平手段为主，但也有采用武力强占的，最突出的例子是嘉庆、道光年间宜兰平原和埔里社盆地的拓垦。吴沙率漳、泉、粤三籍民人入垦蛤仔难（即宜兰）即以武力为先导。他"与番割许天送、朱合、洪掌谋，招三籍流民入垦，并率乡勇二百余人，善番语者二十三人，以嘉庆元年九月十六日进至乌石港南，筑土围垦之，即头围也。初入与番日斗，彼此杀伤甚众"。[5]从嘉庆十九年（1814年）起，埔里社为黄林旺、郭百年、黄里仁率众攻占强垦，"郭百年既得示照，遂拥众入山。先于水沙连界外垦社仔番埔三百余甲。由社仔侵入水里社，再垦四百余甲。复侵入沈鹿，筑土围，垦五百余甲。三社番弱，莫敢较。已乃伪为贵官，率民壮佃丁千余人至埔里社，囊土为城，黄旗大书开垦。社番不服，相持月余。乃谋使番割诈称罢垦，官兵即日撤回，使社番进山取鹿为献，乘其不备，大肆焚杀"。[6]

至于山地的隘垦，在移民"愈垦愈深"、丘陵山地不断被拓垦的情况下，土著居民的活动空间日趋缩小，双方发生武力冲突是不可避免的了。台湾学者指出："汉人迫于大陆人口压力不得不移居台湾，而他们多为农民，必然千方百计地觅取耕地。然而土著为本身的权益，也必然抵制、反抗。于是，耕地取得问题成了台湾开发以及影响汉、土关系的严重问题。"[7]

清政府是由少数民族（满族）的上层贵族所建立的，作为统治者，他们对其他少数民族必然也会采取"剿抚兼施""恩威并用"的手段，但他们对各少数民族地区却是比较重视的。在台湾，清政府采取了一些保护土著居民的政策。例如，划定土牛线为界，严禁汉人侵入土著居民地区开垦土地，以保护土著居民的土地权益；对欺压土著居民的社商、通事、奸棍等给予惩治；减轻土著居民的社饷负担；由于土著居民在林爽文事件中"协助官军，为力不小"，清政府特地设立"番屯"，给予一定的养赡埔地，供他们长久耕作；设立南北两路理番同知，处理汉土纠纷，选拔土目，管理义学及一切输饷事务，并制订一系列保护土著居民的措施。

但是，汉土冲突在当时是一个重大的社会问题，主要发生在雍正、乾隆年间，人们称之为"番害"、"番乱"或"番变"。雍正年间，几乎年年发生土著杀害汉人事件，是"番变"最频繁的时期。据不完全统计，从清初到道光年间，发生此类事件就有80起。[8]仅就现存的《雍正朱批奏折》所记，从雍正三年至七年（1725—1729年），发生土著人杀死汉族佃人、雇工、兵丁、庄民、管事、船匠等共22起，被杀汉人至少60名以上（不少资料只记杀某某等，未有具体数字），被杀"熟番"也不少。当时事件发生在北部主要是水沙连社，在南部则以山猪毛社为主。清在雍正四年底至五年初曾经发动一次对水沙连社的围剿，迫使当地25社归顺；雍正七年初，又对山猪毛社发动清剿，动用大炮，以武力降服。下面介绍两次比较典型的事件：

雍正六年（1728年），凤山县长兴庄管事邱仁山等率领佃人越界侵入傀儡山开垦，破水灌田，遭到山猪毛社的袭击，有12名汉人被杀害，竹叶社又有佃民2人被杀。不久又杀死"熟番"7人，掳去"番孩"1名，焚烧庄屋、牛只。台湾镇派兵160多名，连同民壮、"熟番"100名，进行围剿，活捉土著居民20名。这件事是由于汉人侵入土著居民地区而引起的，所以皇帝的朱批写道："内地佃民，自取其祸。"[9]

雍正九年（1731年）十二月，大甲西社以林武力等为首，结合朴仔篱等八社，射伤兵丁，焚烧淡防同知衙门，杀死同知幕宾、家人。十年五月又与沙辘、吞霄等十余社聚众数百，拥抢中港商船，杀死船上六七人，烧毁南日营盘，围攻彰化县治，百姓纷纷奔逃。清政府派福建陆路提督王郡带兵3000名进行围剿，用枪炮打死许多土著人，焚毁社屋、粮食，迫使一些"番社"降服，接着进山追剿，断绝水路和退路，吞霄、大甲西社土官带领土著人"泥首乞生"。林武力等被迫投降。这次出击一共捕捉土著人1000多名，打死41人，伤死21人，被处死的有18名。这是一次较大的事件，土著居民公然与官府对抗，官府派出大军进剿，表明汉土矛盾的尖锐。清廷对此十分重视，称之为"荡平台番大捷"。[10]

雍正、乾隆年间发生较多"番变"的原因，据清朝地方官员报告，主要是由汉民的侵耕、通事的盘剥、官府的陋规、兵丁的需索、游民的骚扰等引起的，另一方面，土著居民经常袭击、杀害无辜汉人，也加深了彼此的对立。这是移民初期很难避免的问题。

清政府以"剿抚兼施""恩威并用"的政策对付土著居民，禁止汉人侵占土著居民地区，奖励土著居民改汉俗，不断促使他们归顺。另一方面，汉民与土著居民（特别是平埔人）的交往日益增多，也促使双方关系走向和谐。首先是在共同生活的环境中，平埔居民向汉人学会农耕技术，在生产劳动上与汉人相接近；通过商品交换，双方在日常生活中互有需求，逐渐走向合作，交换关系不断发展；相处日久，互相通婚的现象也经常出现，成为习惯，彼此的关系也就更加密切了。再加上汉文化的影响，使得汉土之间逐渐走向同化与融合。民族关系有所改善，汉土冲突也逐渐减少。当然，清政府不可能执行民族平等的政策，他们对土著居民的镇压是相当残酷的，而当汉人起事抗官时，清政府则利用土著居民参加镇压活动，在林爽文起义时，清政府就利用土著人守御城池、配合官兵作战、搜捕起义者、为官兵传递公文，运输接济。所以在清朝统治时期，汉土之间的矛盾长期存在。

参 考 文 献

〔1〕根岸勉治.《噶玛兰熟番移动与汉族之移民》，载《台湾风物》第 14 卷第 4 期。

〔2〕《台湾别录二卷》，载《台湾文献》第 23 卷第 2 期。《台湾别录》为王崧兴教授
　　发现之施氏家族文献。

〔3〕黄叔璥.《台海使槎录》卷五，《番俗六考》，北路诸罗番八。

〔4〕陈淑均.《噶玛兰厅志》，台湾文献丛刊本，第 232 页。

〔5〕姚莹.《东槎纪略》卷三，《噶玛兰原始》。

〔6〕姚莹.《东槎纪略》卷一，《埔里社纪略》。

〔7〕黄富三.《清代台湾汉人之耕地取得问题》，载黄富三、曹永和主编《台湾史论
　　丛》第一辑，台北众文图书公司，1980 年版。

〔8〕黄焕尧.《清季台湾番患事件之本质探讨》，载《台北文献》直字 79 期。

〔9〕《雍正朱批奏折选辑》，台湾文献丛刊第 300 种，台湾大通书局版，第 72 页。

〔10〕《雍正朱批奏折选辑》，台湾文献丛刊第 300 种，台湾大通书局版，第 240 页。

四、移民与祖籍地及其他地区的关系

移民从大陆来到台湾以后，同祖籍仍然保持不同程度的联系，两岸之间
往来不断，原乡的影响继续增强。主要表现在以下几个方面：

开垦初期，垦户领到垦照之后，通常回原籍招徕佃户前来开垦，有的还
回原籍招股，筹集资金，共同经营。同安人王世杰回籍招募泉籍族亲、同乡
100 多人，前来开垦竹堑。康熙、雍正年间，林成祖垦号开发大加腊一带时，
需要筹集资金，就向在厦门的陈鸣琳、郑维谦招股，陈、郑并没有来台，但
他们成了拓垦的股东之一。[1]

经商的移民与原籍的关系更加密切。清代前期，厦门作为"通洋正口"，
在最兴盛的时期，商船（对国内各港口的贸易）总载重能力达 200 万石以上，
洋船（主要经营对南洋的贸易）35 万石以上。乾隆二十二年（1757 年），清
政府下令封闭江、浙、闽三关，只准在广州通商，厦门则准许吕宋商人前来
贸易。因此，台湾对外的直接贸易基本上停顿下来，有的还要通过厦门转口。
当时规定，凡是去台湾贸易的商船，都要领取牌照，在厦门盘验；由台湾回
大陆的船只，也要到厦门来盘查。后来随着贸易的发展，除了厦门与鹿耳门
以外，又开放晋江的蚶江与彰化的鹿港、福州的五虎门与淡水的八里坌对渡，

两岸贸易关系更加密切了。大的郊商往往在大陆和台湾都有商号，在两岸之间经营贸易。有的商号主要经营来自原乡的货物，例如，德化赖家八人同往台湾经商，贩卖德化瓷器，也有专营德化茶叶的。有的经商发财以后，回原籍定居。

大米作为台湾主要出口货之一，主要运到福建，厦门成为大米的分配和销售中心。所谓"台运"，则是清代前期台湾与福建之间的一项专门的米谷运输工作，它规定所有贸易商船必须承担配运"兵眷米谷"的任务。这项内地兵饷每年有 8 万多石，其中有一半左右运到厦门中转，成为商船和地方当局的一大负担。当时台米运往福建，一是军粮，一是民食。军粮来自田赋，而台湾的兵饷则是由福建提供的。"以有易无，运台谷以济各地之兵糈，发帑金以给全台湾之兵饷，各得其所。"[2] 在民食方面，台湾产米必须出售，福建缺粮需要购买。如果台湾丰收，而台米无处出粜，就会造成"熟荒"。有时台湾受灾，也曾由外省调拨粮食。糖是另一种主要出口货，在雍正年间，每年有 500—700 艘糖船从台湾到厦门，主要销往苏州、上海、宁波以及天津等地。从事糖的贸易的多是晋江、龙溪、同安等地的商人。从大陆运回台湾的主要是日用消费品，以纺织品为大宗，还有日用杂货、建筑材料以及各种土产等。每年大约有数千艘商船往返于台湾与大陆之间。

在政治上，台湾与福建的关系也最密切，当时台湾是福建的一个府，起初还设了台厦道，在 40 多年的时间里（1684—1727 年），台湾与厦门在行政上是同一单位。台湾文官归福建督抚管辖，武官也由福建督抚监督。清政府还把厦门当作与台湾联系的桥梁，一切公文由厦门交船户带往台湾，台湾来的信息、奏折也经厦门转递和上报。每当台湾发生起义时，清政府经常调集兵力，经厦门输送到台湾进行镇压；军需兵饷也在厦门等地筹集、装运；清政府的文武官员如总督、巡抚、提督、总兵等也经常在厦门等地策划对付起义。清政府还在厦门设置火药局、军械局和军工造船厂，把厦门作为巩固对台湾统治的军事基地。当年清政府对台湾，正如对其他边陲地区一样，军事安全重于财政收入。由于台湾的地丁钱粮不够发给本地的兵费，所以官兵的饷银要由福建财政拨给，有时甚至需要他省的协饷。在动乱发生时，军费开支更大。林爽文起义时，用了福建 93 万两，邻省拨给 740 万两，又拨各省米 110 万石，本省米 30 万石。[3] 蔡牵事件时，当局拨了 65 万两，在台湾一地就多用了 28 万两，只得由福建拨出 13 万两赔补，其余的还要在闽省各官的养廉银中扣补。[4]

移民在台湾定居以后，有的回籍搬眷，有的回籍娶亲，还有的回籍把父母、兄弟等一同迁来台湾，这样的事例在乾隆、嘉庆年间大量存在。于是，大陆上所谓世系、昭穆、祠堂、族产等家族宗族关系的文化也逐渐移植到台湾。从台湾回祖籍祭祖、修坟、盖祠堂、修族谱以及归葬祖籍的情况经常发生。乾隆年间，张士箱家族的张方大去世，灵柩归葬祖籍晋江，并置田作为宗祠祭祀之用。张氏家族中还有不少人以"瓦棺"归葬原籍。[5]嘉义刘姓家族在嘉庆、道光年间寄钱回福建南靖购置田产，作为祭祖业田。淡水林氏也捐出佛银，作为修谱之用。竹堑郑氏、澎湖蔡氏都曾回金门修祠续谱。大量的移民死后是葬在台湾的，但在他们的墓碑上可以看到安邑、南邑、和邑、靖邑、惠邑、银同、温陵、金浦等祖籍地名，为他们的后代留下寻根的依据。与此同时，移民也有在台湾娶亲的，还有台湾妇女嫁到大陆的。这样，两岸的血缘关系就有了新的内涵。

在文化方面，移民与祖籍地的关系更是密切，初期传入台湾的主要是下层的民俗文化，而精致文化的影响只限于社会上层，广大移民的文化水平还很低。随着移民的大量入台，中华传统文化进一步传入，居民的文化水平也有所提高，台湾社会也逐渐走向与内地相似的"文治社会"。以书院来说，早期书院多属乡学性质，后来，随着台湾各地的开发，书院设置逐渐增加，到乾隆、嘉庆年间新设14所书院，道光年间又新设12所，这对传播中华传统文化起了重要作用。台湾书院的祭祀、学规、讲学内容以及建筑风格等都和福建相似。不少书院祭祀朱子（朱熹）以及在台湾传播中华文化的先驱者，如沈光文、王忠孝、卢若腾、蓝鼎元等，并以朱子为精神偶像。各个书院为本地培养了不少人才。至于官学，即政府所设立的府学、县学，也以传播中华文化为重点，在这方面，与祖籍的关系也很密切，就以府县儒学的教授、训导来说，从康熙到嘉庆年间，先后担任府儒学教授的36人、训导23人，台湾县儒学教谕36人、训导25人，凤山县儒学教谕34人、训导11人，全部都是福建人，其中闽南人将近一半。[6]这说明在文化方面，移民受祖籍地的影响是很大的。

此外，移民还经常来大陆"分香"，将保护神"请"到台湾进行祭拜。著名的艋舺龙山寺以及台南、凤山、鹿港等地的龙山寺，其神像都是由福建晋江安海分灵割香来的，因为早年大量泉籍移民以安海为出海口渡海来台，所以安海同台湾各港口有着密切的关系，人们建造同名的寺庙，表示对祖籍的感念之情。有些移民发财以后，在台湾建造大的房屋，俗称"起大厝"，他们常常从福建请来唐山匠师，运来福杉、泉州乌心青草石、漳泉红砖，按照漳泉等地的建筑格式兴建。从至今仍然保存着的一些古厝，可以看出当年的此类习俗。有些移民还资助祖籍的公益事业，有的出钱刊印地方先贤文集，有的捐钱建造城寨，现在厦门大学校园内还保留着嘉庆八年建盖大小担山寨城碑，捐款者名单中就有鹿郊、台郊在内。在动乱发生时，台湾的富裕人家往往渡海回到大陆避难。这些情况都说明了从经济、宗族、文化等各方面来看，台湾移民与祖籍地的关系都是相当密切的，而且随着移民的大量入台，祖籍地的中华传统文化更加全面地传入台湾，对台湾社会产生更加广泛和深刻的影响。

在移民社会时代，台湾与岛外的关系主要是对大陆各地，特别是对福建、广东祖籍地的关系。不仅在宗族关系、文化关系上是这样，在政治上、经济上也是这样。至于对外国的关系，在鸦片战争以前，几乎没有什么值得提及的。

在这个时期，到过台湾的外国人，根据记载，有以下 4 人：康熙五十三年（1714 年），清政府派法国人雷孝思、冯秉正、德玛诺等 3 人来岛上测绘地图，他们是"钦差"，不涉及外国与台湾关系。乾隆三十六年（1771 年），波匈贵族贝纳奥斯基（Benyowsky）伯爵来到台湾东海岸，对当地土著居民的村庄进行焚杀，后来还拟订了一个殖民计划，企图侵占这片土地。此外，《长崎志》记载，1743 年，台湾船在日本萨摩之宝岛遇难；1759 年，清船送回前年漂到台湾的日本志摩人三名。类似这样的漂船事件在当时中日两国沿海之间是常见的，对台湾社会没有发生什么影响。

在贸易方面，康熙年间，台湾蔗糖由商船运往日本、吕宋诸国。据《华夷变态》记载，1685 年，福州、厦门商船 13 艘运台湾砂糖到达长崎，并由武官江君开、文官梁尔寿等在船监督。到 1688 年，限定每年 60 艘中国船前往日本，其中有福州、厦门、泉州、漳州的船，而没有台湾船。1715 年起，限定每年厦门、台湾各两艘来航，但未见入港的记载。[7]《厦门志》则指出，康熙年间曾经准许出洋贸易，后因台湾民人私聚吕宋、噶拉巴地方，盗米出洋，透漏消息，偷卖船料等，而禁止南洋贸易。至于英国，据英国商行记录称，1684 年，英商曾经要求清政府准许他们继续与台湾通商，但到 1686 年，便认为"台湾现在毫无商业上的利益，不必再在该处设立商行"。[8]这些都是康熙年间的事，后来几乎看不到台湾直接与外国贸易的史料了。所以一些学者认为，清代前期台湾主要是与大陆进行贸易，直接对外国的贸易为数甚微。"1683年清朝统治台湾以后，到1860年台湾对西方开放贸易，大陆却几乎成为台湾对外贸易的唯一对象。"[9]这是因为过去台湾是大陆与日本、南洋贸易的中转地，自从清朝开放海禁以后，广州、厦门等地的对外贸易日益发展，广州成为对外贸易的中心，而厦门则成为国内商人的海上贸易中心，连接着沿海的贸易网。外国所需中国的丝茶等货物，不需通过台湾转口。这说明，台湾在大约一百多年的时间里，不论在经济上还是在其他方面，几乎中断了与外国的联系，相反的，台湾与大陆却始终保持着密切的关系。

参 考 文 献

〔1〕尹章义.《台湾开发史研究》，台北联经出版事业公司，1989年版，第77—79页。
〔2〕方传穟致孙尔准信，转引自周宪文.《台湾经济史》，第253页。
〔3〕陈国栋.《林爽文、庄大田之役清廷筹措军费的办法》，载《台湾风物》第31卷第1期。
〔4〕《台案汇录辛集》，台湾文献丛刊第205种，第二册。
〔5〕尹章义.《张士箱家族移民发展史》，台北张士箱家族拓展研纂委员会，1983年版，第159页。
〔6〕据各种地方志统计、推算。
〔7〕木宫泰彦.《中日交通史》下册，商务印书馆，1930年版，第336页。
〔8〕《十七世纪台湾英国贸易史料》，台湾银行，1959年版，第20页。
〔9〕林满红.《四百年来的两岸分合》，台北自立晚报社文化出版部，1994年版，第22页。

第三节　清政府的统治与社会矛盾

一、行政机构的设置与统治的加强

1684年，清政府设立台湾府，下辖台湾、凤山、诸罗三县，这种一府三县的格局是最初的行政设置。后来，随着大陆人口的大量流入和台湾土地的大量开发，清政府逐渐增加了行政机构，其主要过程如下：

雍正元年（1723 年），在原有诸罗县内增设彰化县和淡水厅。因为那时诸罗以北逐渐开发，民番杂处，而淡水已经成为重要口岸，有必要设官置守。

雍正五年（1727 年），将分巡台厦道分为二道，兴泉永道驻厦门，台湾道专统台湾与澎湖，并新设澎湖厅，由台湾府一名通判驻扎。

乾隆五十二年（1787 年），改诸罗县为嘉义县。

嘉庆十七年（1812 年），随着噶玛兰的开发，增设噶玛兰厅。自此形成一府四县三厅的局面。

在清代前期，台湾行政机构的结构，可分为文官系统和武官系统两个部分。文官系统由道员、知府、知县等组成。台湾道是本地最高文官，正四品，办理地方政务，加兵备衔就有保境安民的职责，此外还加按察使衔掌管司法，"振扬风纪，澄清吏治"，并兼理学政，掌管教育。知府是在道之下、县之上的地方官员，从四品，总领属县，掌管辖区内的司法、财政以及兴利除害等要务。在知府之下设有同知、通判、经历等，协助知府办事。知县，正七品，掌管一县的治理，涉及司法、行政、财政、防务、教育等。知县之下设有县丞、主簿、典史等。同知一般是知府的佐贰官，有的是派出专管地方的，在台湾主要有海防同知和理番同知。清代的官员主要承担管理的职能，能够革除陋规积弊、保境安民、秉公执法、实心为政，就算称职，能够兴利除弊、关心民间疾苦、推动水利交通等设施的建设就更难得了。实际上，在地方志书的"宦绩"栏中，清代前期值得后人称道的地方官员则只有勤政利民的陈璸、廉洁严明的朱山、助民兴修水利的周钟瑄等寥寥数人。

武官系统由总兵、副将、参将、游击、都司、守备、千总、把总等组成。台湾镇总兵是台湾最高武官，正二品，归福建水师提督管辖。台湾镇总兵兼管水陆，驻府城，与台湾道分管军、民两政。清政府企图使文武双方互相监督、互相牵制，台湾道加兵备衔可以监督军政，但是总兵则因为掌有兵权，往往轻视文员，以至引起文武不和，发生许多问题。台湾镇最初只有武官 65 人，其中总兵 1 人，副总兵 1 人，参将 2 人，游击 6 人，陆兵 5000 名，水兵 5000 名（此为定额，实际兵额不足）。后来有过 5 次增兵，计有镇标 3 营，安平水师副将营，澎湖水师副将营，南路参将营，北路参将营，武员 100 多名，兵丁达 14000 名左右。当时实行班兵制度，即不在台湾募兵，而是从福建抽调原有额兵来台湾，三年一换。如有缺额也不得在台湾募补。所以台湾兵丁都是从福建来的，其中漳泉兵大约占一半。当局规定漳兵不戍漳庄，泉兵不戍泉庄，并把漳泉兵分散在各府兵之中，以免发生纠纷。班兵的饷银极少，每月三斗米，战兵月饷一两五钱，守兵一两。这样微薄的收入，使他们生活困难，于是包娼开赌、横行不法时常发生，成为社会治安的一大隐患。

由于清代前期台湾正处在开发初期，人口较少，不论在政治上或经济上都不引人注目，所以起初清廷对台湾的统治力量相当单薄。到了康熙后期，开始比较重视了。当时浙闽总督出缺，康熙曾说，"闽省近海，联接台湾，此缺甚要，必得文武全才乃可。"后来他还说，台湾孤悬海外，人们以为无关紧要，实际上得到台湾以后，闽粤之贼便无处容身。到了雍正年间，皇帝指出，台湾远隔重洋，全在道府厅县各得其人。所以对官员的任命和任期都相当重视。但是，在雍正年间，整个台湾一共只有大小文官 36 员（包括教官在内）。彰化县地方空阔，只有文官 3 人，即知县、同知、典史各 1 人，"止靠同知一员巡查七八百里崎岖之地，实难遍及"。[1]后来由于土地、丁口增多，在各地编造保甲，在万丹、笨港添设县丞，并将台湾总兵改为挂印总兵，但统治力量仍然十分有限。

在康熙六十年（1721 年），朱一贵起义以后，清廷对台湾地位的重要性有了进一步的认识，当时福建督抚奏请台湾添兵，康熙认为添兵无用，一要改善吏治，二要沟通信息。为此，决定设立巡台御史，每年从京城派出御史一员，前往台湾巡察，了解当地情况，及时上奏。这是清政府加强对台湾统治的一个重要措施。彰化设县以及一些地方设立巡检、准许民人搬眷过台等，都是由于巡台御史的奏告而批准的，他们曾经发挥过一定作用。到了乾隆后期，皇帝认为巡台御史权力不如督抚，了解下情不如当地官员，作用不大，可有可无，终于从乾隆四十七年（1782 年）开始停派。这个特殊的官职一共存在了 60 年的时间。巡台御史的停派并不说明清政府不重视台湾，而是改为由闽省督抚、水陆提督每年轮值一人前往台湾，"实力稽察整顿，以期永靖海疆"，但是这个规定也没有切实执行。[2]

原来台湾文武官员的任期都是 3 年，一度曾经规定，知府、知县、同知等到任两年后，由福建省派人来台与旧员协办，半年后旧员返回，这样文官的任期变为两年半，所以台湾有"三年官二年满"的说法。[3]到了乾隆四十八年（1783 年），皇帝发现台湾官员在处理械斗事件时"因循怠惰"，将知府、知县、总兵、副将等革职拿问，并指出：台湾为海外重地，最为紧要。文武官员应当熟悉当地情形，所以总兵、道、府各员都改为5年一任，而且每年只能更调一人，以免全部换成生手。可是在执行过程中并不一定如此，有不少官员因办事不力或丁忧、失职等，未到任期便被调换或革职。

乾隆五十一年（1786年），发生林爽文事件。这是台湾历史上规模最大的农民起义，清政府调集闽粤浙等省10万兵力，才把起义镇压下去。这个事件对清政府是一个沉重的打击，他们发现台湾官员有严重的问题。台湾镇总兵柴大纪纵容兵丁出钱替役，外出营生，开赌窝娼，贩卖私盐，常年不进行操练，鸟枪都生锈了。他自己索取夫价和海口陋规，两年期间多达五六万两银子。受贿徇私，玩忽职守，已经到了极点。柴大纪终于受到正法。台湾道永福糊涂马虎，接受节礼番银1万多元，对柴大纪的行为不加监督，反而蒙混欺饰，被处绞监候。其他官员也有种种罪行，大批受到整肃。从此，清政府进一步加强对台湾的统治，其主要措施有：派出得力的官员治理台湾，台湾总兵都由满洲人担任；准许台湾道员可以具折奏事，以免耽误时机；责令福建将军、督抚、提督等大员分年巡察台湾，对当地官员实行查核，写出评语；清查户口；严禁私渡；开放八里坌口岸，对渡五虎门，以利商业贸易；严禁私造枪械；整顿水陆营兵；修筑郡县城垣等。清政府吸取林爽文事件的教训，加强了对台湾的统治，这是清朝治台政策的一个转折点。

参 考 文 献

〔1〕《雍正硃批谕旨》第18卷，第89页。

〔2〕李祖基.《清代巡台御史制度研究》，载《台湾研究集刊》1989年第1期。

〔3〕许雪姬.《清代台湾的官僚体系》，台北自立晚报社文化出版部，1993年版，第32页。

二、社会矛盾与农民起义

在台湾移民社会中，存在着四组矛盾：农民阶级与地主阶级的矛盾、人民与官府的矛盾、不同族群的矛盾及汉族与土著居民的矛盾。这些矛盾既有区别，又互相交叉，成为台湾社会动乱的根源。

就阶级矛盾来说，它是经常存在的。当时一般农民在缴纳地租之后，还有一定的剩余，生活还可以过得去，而佣工和一些贫民生活则相当困苦。我们从当年留下的档案可以看到，不少人命案件是由于索取些微欠款而引起的。以下是发生在乾隆年间的几件命案：施寿向王斌借铜钱140文，王讨债，施不还，引起互斗，施被打死。佣工蔡享替佣工蔡拱代赊油肉钱，还欠110文未还，蔡拱只认欠钱50文，两人相斗，蔡拱被杀。佣工林看欠陈恺剃头工钱80文，陈去讨钱，两人互斗，陈被打死。贫困的生活引发了不少社会问题，其中有些就是直接由于阶级压迫而产生的。地主逼租、退佃，迫得佃人走投无路，从而闹出命案。例如，乾隆二十五年（1760年），佃人李宗欠田主李足兴租谷14石，李足兴叫伙计苏觉去讨债，李宗打了苏觉，后来李宗还了9石5斗，李足兴仍不罢休，李宗气愤，集众围殴李足兴致死。乾隆五十年（1785年），田主王一山招李探等垦种荒地，后来看到土地肥美，想要自己耕种，多次逼迫李探退地，王一山之子王九恭恃强欺辱，李探起意拼命，将王九恭打死。此外，郭兴等佃种番地，与地主陈元度的田地相连，陈断绝水道，以致郭等连年歉收，经官府断案，陈不遵行，郭等聚众竖旗，要去陈的庄内焚抢。卓勇佃种林元田地二甲二分，卓因病不能交租，林去讨租，发生斗殴，卓被打死。类似这样的个案是不少的。[1]道光年间已经普遍实行"对半分租"，同时还有押租，农民负担加重。地主富户往往囤积居奇，抬高粮价，还有的从事放债，每两月利高达五六分，地主豪强有的拥有数百名爪牙，横行乡里，胡作非为，一般农民敢怒不敢言。这些情况表明，在清代前期，台湾阶级矛盾是普遍存在的。

人民与官府的矛盾是由吏治不良引起的，地方官员、胥吏、差役和士兵经常欺压、勒索平民百姓，他们的劣迹罄竹难书，主要表现有以下几个方面：

一、因循玩忽，贪污渎职：清朝各地官员通常敷衍塞责，无所事事，只知收取陋规，剥削膏脂。台湾官员也不例外，乾隆年间的孙景燧、刘享基、程峻、董启埏、唐镒等，都是声名狼藉的贪官。唐镒代理诸罗知县时间不长，就寄2000多两银子回家。收取陋规更是地方官员一项财源，鹿港同知每年可得陋规番银10000多元，守备得6000多元，送给总兵规礼1200元。总兵仅海口规费一项，每年可得番银6688元。此外还有节礼、寿礼等名目。这是从柴大纪案件所揭发出来的事实。

二、勒索陋规，派累居民：胥吏、差役凭借官府的权势，极力多收各种陋规，以饱私囊。例如，厅县书役向船户强收"篷号礼"，成为惯例。里差、地棍不顾田地被水冲沙压，仍要按甲输纳，致使佃人弃地而逃。至于入社交仓谷石，派拨民车，军工铁炭，派民挑运，这类差役也是人民的沉重负担。在征收各项钱粮时，各种规费更是名目繁多，有所谓票尾、仓笨、串票、票耗、房礼钱、差礼钱、柜书礼钱等，后来作了规定，但这种积弊无法解决。

三、结交匪徒，侵占土地：乾隆年间台湾总兵游金辂结交匪人，强夺荷包屿鱼塭；道光年间"县蠹"王慎贪图牛埔肥美，纠匪占垦。[2]

四、兵丁扰民：台湾班兵风气败坏，包赌包娼、贩卖私盐、典当放贷、索取夫价、得受陋规、纠众斗殴，无恶不作。道光二年，台湾县民向地方当局告发：人民经过城门，恶兵对粪土、五谷、糖、米、牛只、棕衣、农具等物一律按件勒索费钱，稍不从命则任意殴辱，还放马践踏禾苗、地瓜、甘蔗等作物。[3]人民无日不受剥索欺凌，发出"岂容恶兵噬民"的呼吁。班兵和各衙门的班役、道府的大轿馆成为三大势力，经常起衅。兵丁凌辱民人，引起居民相约结会，以求抵制。彰化小刀会就是专门针对兵丁扰民而成立的民间自卫组织。

由此可见，人民与官府的矛盾相当严重，有时出现强烈的对抗，在清代前期，往往成为引发起义的导火线。至于汉族移民与土著居民之间的矛盾，在上一节已有介绍，而有关不同族群移民之间的矛盾，则将在本节"分类械斗"中进行分析。

以上四组矛盾中，阶级矛盾是社会的基本矛盾，而官民矛盾和族群矛盾则经常处在紧张状态，至于汉土矛盾处在次要的地位。在清代前期的台湾，阶级矛盾相对来说表现得并不十分尖锐，而往往被族群矛盾和官民矛盾所掩盖，其主要原因如下：一、台湾处在开发初期，未开垦的土地较多，大租较低，开垦的土地大大超过报垦的土地，隐地很多，一般农民负担不重；二、移民以同乡地缘关系组合，地主和佃农有一定的共同利益，同乡意识掩盖了阶级意识；三、吏治不良，官民关系紧张，地域观念浓厚，分类械斗频繁，族群矛盾突出。所以，许多起义、暴动、械斗多以官民矛盾和族群矛盾为导火线。不过凡是重大的斗争，尤其是农民起义，都有其社会基础，从中不难发现阶级矛盾的因素。

清代前期台湾农民起义为数不多，引起起义的原因虽有不同，但它们都是在社会阶级矛盾的基础上发生的。我们先看几个个案：

朱一贵起义发生于康熙六十年（1721年），是台湾历史上第一次大规模的农民起义，也是18世纪前期全国规模最大的农民起义，参加者与附和者达 30 万人，而当年台湾人口也不过 50 万至 60 万。起义者多是贫苦农民、佣工、手工业者、小商贩等，也有少数游民和下层胥吏参加。可见这次起义有广泛的社会基础，算是一次"大反"。朱一贵是福建长泰县人，康熙五十二年（1713 年），前来台湾，曾经做过台厦道的辕役，后来在大武汀（今高雄县境内）以养鸭为生。平时善于结交，成为当地的知名人物。当时由台湾知府王珍代管凤山县事务，而王珍却把政事交给自己的次子，强征折色，勒派抽分，借口百姓拜把与私伐山木，进行逮捕监禁，结果怨声载道，大失民心。康熙六十年（1721 年），朱一贵等在罗汉门商议，认为这时地方官员的作为已经引起人们的不满，兵民瓦解，正是起事的好时机。农历四月十九日，李勇等52 人以朱一贵为首进行结盟，各招党羽，共数百人，打出"大元帅朱"的旗号，当夜发动起义，出击冈山，攻打清兵塘汛。南路有杜君英在下淡水召集广东佣工 1000 多人起而响应。清军官员提出赏格，杀贼 1 名赏银 3 两，杀贼首 1 名赏银 5 两。于是番人杀死民众 4 人，放火烧死 8 人。这就引起居民的恐慌，纷纷起来响应，起义者增加到 20000 多人。五月初，起义军向府城进军，官军败退，登上 40 多艘战船，向澎湖逃去。起义军进入台湾府，打开仓库，分发钱粮，从红毛楼中得到大批枪炮、弹药。凤山、诸罗也先后被起义者占领。这样，在 10 天之内，台湾一府三县全部落入起义者手中。

朱一贵称王，年号永和，并封众人为国师、太师、国公、将军、都督、尚书以及文职、武职等官，建立起自己的政权。但是，起义军内部很快就发生分裂。朱一贵所部纪律比较严明，而杜君英的部众却抢掠村庄，双方引起矛盾。这时下淡水以南的粤庄居民，在李直三、侯观德等人的率领下，举起大清义民旗，与起义者相对抗。清政府方面也由闽浙总督觉罗满保坐镇厦门指挥，调集兵力前来台湾，镇压起义。由南澳总兵蓝廷珍、水师提督施世骠率领 18000 多兵丁，于六月间攻占安平，起义军数万以牛车列盾为阵，进行反攻，最终失败。接着，清方大军进攻台湾府城，起义者被迫退出。官兵南北开展攻势，起义军从此一路溃退。闰六月，朱一贵被乡民缚绑送官，杜君英等也先后被俘。当年有民谣说道："五月称永和，六月还康熙"，起义很快就失败了。以后还有江国论、郑元长、杨合、王忠等余党，但并没有形成气候。

这次起义是由于清政府地方官员的压迫剥削而引起的，起义者提出"激变良民"，"大明重兴"等，含有"反清复明"的政治目的。起义者之所以能够得到广大民众的响应，说明当时官府与人民之间的矛盾已经十分尖锐，这次起义是体现广大人民愿望的农民起义。

乾隆五十一年（1786年），台湾又发生一次大规模的农民起义，即林爽文起义，参加者达数十万人，是台湾历史上最大规模的起义。清政府调集各省10余万兵力，花费了上千万两军费，用了一年零三个月的时间，才基本上把起义镇压下去。这是台湾历史上一个重大事件，在清代前期全国各地人民反抗清朝的斗争中占有突出的地位。乾隆皇帝把镇压这次起义列为自己的"十全武功"之一，由此可以看出林爽文起义在清朝统治者心目中的重要地位。林爽文是福建平和县人，乾隆三十八年（1773年）来台湾，当过县里的捕役，后来以赶车为生。四十七年（1782年），漳州人严烟来台湾传播天地会，林爽文、庄大田等人都入会，并以互助为号召，在各地互相传习。五十一年（1786年）七月，台湾道永福、知府孙景燧下令搜捕天地会员，不少人被捕。彰化知县亲往各庄，下令交出林爽文等人，否则就要烧毁村庄，这就激起了民怨。十一月，林爽文等聚集3000—4000人，发动起义，首先进攻大墩，打死官兵数百人。接着，起义军攻进彰化县城，杀死知府、知县、理番同知等官员，开仓放粮，以清兵武器武装自己。10天之内又取得鹿港、淡水、诸罗等地，声威大震。推举林爽文为大盟主，任命将军、元帅、军师等职，以"天运"为年号（后改为"顺天"）。起义者以"顺天盟主林"的名义发出安民告示，指出台湾"贪官污吏剥民脂膏"，起义是为了"剿除贪污，拯救万民"，并且申明纪律，不许起义者丝毫妄取。于是各地民众纷纷响应。在南路有福建平和县人庄大田等，聚集2000—3000人，在凤山竖旗响应，十二月攻下凤山。庄大田称南路辅国大元帅，任命元帅、副元帅、将军、先锋等职。不久，林爽文与庄大田合攻府城，这时起义者大约已有1万多人。由于清方总兵柴大纪配合府城各官，招募"义民"协守，府城屡攻不下。

乾隆五十二年正月，清方援兵1万多名到达台湾，由福建水师提督黄仕简、陆路提督任承恩率领，分别驻守府城和鹿港，虽然官兵曾经克复诸罗、凤山县城，但并没有取得较大的胜利，后来只得转攻为守，主要守卫府城和鹿港，以致广大地区仍旧掌握在起义者手中。三月间，清政府派湖广总督常青带领援兵来台作战，常青发现兵力不足，只能在府城附近搜捕起义者，而无力反攻。当时诸罗被起义军围困，多次受到进攻，清军三次援兵都被起义军击败，常青驻守的府城也受到包围。起义者把全岛南北两路连成一体，而官兵则首尾不能相应。常青多次要求增兵，清方也先后派兵增援，但在七个月的时间里，局面并没有根本的改变。这时双方处于相持阶段，彼此力量都有消耗，起义军未能扩大战果，官兵也无法给起义者以致命打击。乾隆五十二年十一月，清政府派陕甘总督福康安为钦差，带领近万名精兵到达台湾。清军以优势兵力援救诸罗，当时在诸罗城内外共有义民约 4 万人。粤籍监生李安善、举人曾中立、淡水同知幕友寿同春、泉籍义民首林凑等都招募义民配合官兵作战。清政府还利用土著人攻打起义者。官军首先占领诸罗周围的村庄，起义军退守牛稠山，被官兵打败，被围困五个月的诸罗县城才得到解围。接着，清兵进攻斗六门等地，又进攻林爽文的大本营——大里杙，起义军 10000 多人拼死抵御，双方经过激战，大里杙失守。林爽文逃到小半天山，受到清兵追击，乾隆五十三年正月，最终在淡水老衢崎（今苗栗竹南附近）被俘。庄大田退往琅峤（今恒春），经过激战，也被俘获。这样，震惊全国的林爽文起义就被镇压了。

这次起义的矛头首先对准清廷地方政府，打出"剿除贪官"的旗号，杀死不少地方官吏。起义者站在平民百姓一边，他们把从贪官污吏及官府缴获的钱粮，除了供应军需以外，都分发给贫民；他们安定社会秩序、平抑物价、保护农耕，受到一般民众的欢迎。他们对地主、富户则责令其出银助饷，因而受到地主武装的抵抗。起义的领导者主要是农民、佃户、差役等下层社会人物，参加者以农民和其他劳动者为主，也有少数地主和商人参加。站在起义者的对立面的是以义民首为代表的地主、商人、武举、生员等，二者的阶级界限是很分明的。[4] 所以，林爽文起义是由农民阶级领导的、受到官府和地主阶级镇压的起义事件，是一次典型的农民起义。

陈周全起义是由天地会发动的，发生于乾隆六十年（1795 年）。为首者陈周全，福建同安县人，生长在台湾，乾隆五十七年（1792 年）从台湾回同安，参加陈苏老、苏叶等组织的天地会，而陈、苏二人原来也在台湾参加天地会，林爽文起义失败后，逃回同安。陈、苏要在同安起事，还尚未发动便告失败。陈周全又来到台湾，先在凤山与陈光爱等结会，陈光爱谋攻石井汛失败被杀。陈周全逃往彰化，与泉州人马江、潮州人陈容、漳州人黄朝等合作，分成漳、泉、粤三股，各招 1000 人，准备起事。以陈周全为首领，泉州人洪栋为军师，陈光秀等为将军。他们宣称有海船数十艘将要进入鹿港。起义者在令旗上写着"大盟主朱"的字样，并以朱为号。三月中计划先攻鹿港，再攻彰化。十二日，攻入鹿港，官兵退守八卦山。十四日，起义者在大雨中进攻八卦山，清军火药桶起火，彰化城内守军军心涣散，起义者便占领了彰化城。起义者进城后，打开监牢和仓库，出榜安民。当时起义者都被雨淋湿，陈周全下令向当铺暂借衣服，可是起义者却趁机抢掠，引起民众不满。官军得到彰化失守的消息后，便派兵出援，因为大雨无法前进。起义者进攻斗六门，与当地的响应者王快等几百人配合，共有1000人，但受到守军的抵抗，未能得手。这时彰化、鹿港、田中央等地都出现"义民"的组织，廪生杨应选手下就有2000多人。十八日，各路义民互相配合攻入彰化，起义者只占据了五天。与此同时，鹿港也被义民攻下。直到这时，对付起义者的主要是义民，而官府还不知道彰化、鹿港已经被义民收复。这样，起义基本上就失败了。陈周全一个人逃往埔心庄，被义民诱捕，距离起义不及半个月。接着陈容、黄朝也被捕，马江被杀。南路的起义者郑贺也被俘获。官兵到处搜捕起义者，凡被捕获者一律杀死，有记载者就有五六百人。

这次起义实质上是林爽文起义的继续，但规模小，时间短，影响不大，值得注意的是，它是由漳、泉、粤三籍下层民众共同发动的，这是以往所少见的，而站在他们的对立面的则是三籍的地主、商人和士绅，阶级界限非常分明。

蔡牵起义是一次由大陆起义者与本地力量配合的起义。蔡牵所部多是沿海农民、渔民、水手、手工业者及无业游民，由于生活所迫，下海为盗。从乾隆五十九年（1794年）开始，在闽浙一带海域活动，抢劫商船，掳人勒赎。后来也以武力反抗清军的追击，并曾主动袭击厦门海口的大担、二担。在嘉庆九、十年间，曾经来台湾，企图夺取某地作为据点。十年（1805年）十一月，蔡牵带领80多艘船只进攻淡水，杀死官兵，联络本地势力，竖旗造反。并在沪尾张贴告示，指出"如庄民不助官兵，概不杀害；若充当义民，定行杀害"。蔡牵自称"镇海王"，用"正大光明"的印信。同时分封军师、总先锋、先锋、将军、元帅、巡捕等官职。台湾南北各地的"山贼"、"骑马贼"等纷纷起来响应。凤山有吴淮泗、李添赐等，嘉义有洪四老、邱红等，中路有周添秀等，声势同林爽文时相似。这时，蔡牵的活动已经超出海盗的范围，带有政治目的，形成与台湾民众配合的抗清起义事件。南路起义者由吴淮泗等带领，攻占凤山，官军退守郡城。蔡牵亲自带领二三千人围攻府城，以六艘大船沉在鹿耳门进出口处，抵挡清军战船。清军水师提督李长庚的战船无法进入，蔡牵却以二三千乃至四五千人进行水陆夹攻。在北路，洪四老等以2000多人围攻嘉义。凤山失守，府城和嘉义被围，地方政府陷于危急之中。这时，台湾本地士绅和"三郊"商人起来组织义民，共有义民首250名，义民超过1万。清廷也先后任命赛冲阿、德楞泰为钦差，调兵5000赶来镇压。李长庚终于攻入安平，府城的三郊义民首配合官军作战，迫使蔡牵退入海中，府城解围。凤山也为官军克复，吴淮泗等被捕或逃亡。起义者围困嘉义，受到官兵和义民的合攻，也遭到失败。这次起义在台湾缺乏社会基础，没有得到广泛的响应，本地的参加者基本上属于游民阶层，影响力较小，经历了4个月的时间便告失败了。但这支队伍"纵横闽浙粤三省海面，转战达14年之久，给予日趋腐败的清王朝以沉重的打击，成为各族人民抗清斗争的一个组成部分"。[5]

道光十二年（1832年），张丙等人在嘉义的店仔口发动起义，这个事件和闽粤械斗交错在一起，出现一些复杂的情况。起义是由禁米引起的，那时台湾发生旱灾，米价高涨，各庄禁止运米出乡。有人向店仔口购米，途中被劫，而官府偏袒运米者，引起主持禁米者张丙等人的不满，因而发动起义。十月初一，起义者攻打盐水港和下加冬等汛地，杀死嘉义县令邵用之。第二天，台湾知府吕志恒等带兵北上，被起义者打败，吕志恒也被杀。张丙进入县城，自称开国大元帅，用"天运"年号，出示安民，"以戕杀秽官为名"，把矛头指向官府。张丙任命部下为元帅、先锋、军师等职务，同时以张丙为总大哥，下有大小42股，每股100人至数百人，股首称为大哥，下有旗首、旗脚等。接着，分南北两路，北路由陈办带领，主攻笨港；南路由刘仲带领，主攻府城。起义者以15000兵力进攻嘉义，受到台湾总兵的抵抗，未能得手。初八日撤围，改向府城进军。这时北路有黄城在彰化起事，称兴汉大元帅；中路有林海在台湾县南部的旧社竖旗；南路有许成在凤山起事响应。在十月间，起义军曾经进攻盐水港、笨港、嘉义等地，都没有成功。十一月初一，福建陆路提督马济胜带兵2000多名到达台湾。初八与起义者在茅港尾作战。起义军集结达五六千人，接连失败。十八日，张丙亲自带领1万多人进攻清军大营。二十一日，起义者增加到2万人，经过8小时大战，清军以大炮轰击，起义者被杀300多人。第二天，清军发动反攻，张丙失败，逃入山林。这个战役前后打了7仗，使得起义者大伤元气，从此基本上已经溃败了。张丙、陈办等先后被捕。在起义过程中，起义者被杀达3000多人，被俘后杀害的有 600 多人，至于被清军大炮打死的，就无法计算了。这次起义是在社会矛盾激化的情况下发生的，农民和游民参加者达 2 万人以上，提出"戕杀秽官"的政治口号，以官府为主要对象，义民则站在官府一边，参加镇压起义的活动。起义中夹杂着分类械斗的因素，闽粤之间、漳泉之间都有矛盾和冲突。[6]

从以上可以看出，起义都是在社会矛盾激化的条件下发生的：朱一贵时，官府强征暴敛，激起民变；林爽文时，一方面是人民要求"剿除贪官"，另一方面是地主商人配合官府对付起义者，阶级阵线分明；陈周全时，三籍农民与三籍地主对抗；蔡牵在台湾的抗清起义，也反映了台湾的社会矛盾；张丙时，正值台湾旱灾，粮食歉收，米价高涨，加上地主的剥削和吏治的腐败，以致有不少人响应起义。

参 考 文 献

〔1〕《台案汇录己集》，台湾文献丛刊第 191 种，台湾大通书局版，第 199 页。

〔2〕《台湾省开辟资料续编》，台湾省文献委员会，1977 年版，第 341 页。

〔3〕同上，第 365 页。

〔4〕陈孔立.《清代台湾移民社会研究》，厦门大学出版社，1990 年版，第 147 页。

〔5〕戴逸主编.《简明清史》（二），人民出版社，1984 年版，第 466 页。

〔6〕陈孔立.《清代台湾移民社会研究》，第 207 页。

三、游民骚乱和分类械斗

台湾的"民变"事件中，属于游民骚乱与暴动者占很大比重，据不完全统计，从清初到咸丰八年（1858 年），发生这类事件 65 起。从最早的吴球、刘却到影响稍大的吴福生、黄教，还有众多的"竖旗"事件，绝大部分是由游民主导的。这些事件也是社会矛盾的反映，但却带有游民阶层的某些特征：没有政治要求，多以抢夺军器和民间财物为目标；流寇色彩严重，组织涣散，没有纪律约束；参加者以游民为主，规模很小，无法得到广大民众的响应和支持。这里介绍几个典型的事例：

吴福生事件，雍正十年（1732 年），发生于凤山。吴是福建平和县人，住在凤山，与游民吴慎、林好等经常往来，他们看到北路番变，便想趁机"做歹"（闽南话，意即干坏事、造反）。三月间拜把结盟，以吴福生为大哥，称元帅，其他人为副元帅、国公等。各自招人入伙。二十九日，聚集 28 人攻打冈山，烧毁营房，夺走军器。三十日，又攻打汛地，沿途招人。后来与黄赛一伙会合，共有 300—400 人。四月初五，官兵三路进攻凤弹山，并且与粤庄义民配合，经过八小时的作战，起事者被"客人"（指粤籍义民）打败。吴福生等分路逃散。事件过程前后只有七天。参加者多数是单身汉，无地或少地，或没有固定职业。

乾隆三十三年（1768 年），凤山又发生游民暴动，为首者黄教是福建同安县人，住台湾县，曾因盗牛拒捕，被押回原籍，后又来台湾，代人包看田稻。黄教纠集同伙，成为惯偷，受到官府缉拿。十月间，黄教聚集 30—40 人，在冈山订盟，以黄教为大哥，朱一德为军师，其余互称兄弟，竖旗招人，共有 100 多人参加。暴动者先攻打冈山汛，抢走军器。此后多次攻打官军汛地，双方互有损失，参与暴动者有 200—300 人。十一月底，官军开始追剿，暴动者逃入内山，没有得到民众的响应，连游民也"招"的不多，队伍无法扩大，而官军却得到大陆的增援。黄教等在官方优势兵力的围剿下，陆续被杀被捕，暴动不及两个月便失败了。后来经过官军的搜捕，共有 200—300 人被杀。这次事件的参加者也多数是没有固定职业、没有父母妻子、到处游荡的游民。[1]

嘉庆五年（1800 年），嘉义发生的陈锡宗"结会滋事"，也是一次游民暴动。陈锡宗是小刀会首，四月间聚集 400 多人在盐水港起事，到初九已有近千人，杀死巡检、汛兵 10 多人。参加者"均系游手匪徒"，[2] 他们自行附和，趁机抢劫，失败后便逃散了。后来经过搜捕，被杀的近 400 人。

有一些事件规模更小，但仍具有明显的游民骚乱性质，例如，乾隆四十七年（1782 年），凤山小冈山陈虎等人利用械斗的机会，竖旗惊吓居民，趁机抢夺；嘉庆十五年（1810 年），凤山许百等纠伙强劫，掳人勒赎；十七年（1812 年），淡水高妈达称有神授宝剑，惑人入伙，"帮给钱米，大家分用"；道光四年（1824 年），凤山许尚以贩槟榔为生，与四方游民及盗贼往来，因怕官府捉拿，与杨良斌等商议，先行抢劫钱货，然后起事谋反，还未动作便被捕获；九年（1829 年），嘉义黄芬"素不务正"，多次劫窃拒捕，捏造械斗谣言，企图趁机抢劫；十年（1830 年），彰化王溪水无父母妻子，"素无恒业，在外流荡"，聚集 30 多人，放火抢劫。道光十八年（1838 年），发生胡布案，嘉义胡布"平日游荡，结交匪类"，当时因为连年丰收，米价低贱，业户无处粜米换钱，以致一切工作只得停顿，穷民无处谋生，这就是所谓"熟荒"。一些游民起意造反，以胡布为总大哥，准备进攻嘉义，因为党伙不多，又受到缉拿，起事未遂。胡布逃入内山，与"山东大王"游碰生合作，曾经进攻营汛，遂即逃散，因为那时"游民尽被收养，到处纠人，竟无应附"。[3] 这表明那时游民渐少，游民骚乱已经不容易得到响应了。

另外有一些"竖旗事件"，有的是只有竖旗没有行动，有的则是竖旗未遂，其中大部分也是游民所为。例如，雍正十二年（1734年），诸罗许祖等竖旗，上面写着"大明朱四太子"、"三国公起义"等字，未及起事就被捕了；乾隆七年（1742年），彰化郭兴等20多人，竖旗"顺天"，散箚为匪；十八年，淡水有人竖旗，上写"周裔孙郭""统领淡八社北番民等以剪贪官以舒愤懑事"，[4] 未有行动；嘉庆二年（1797年），廖挂等聚集多人，打家劫舍，企图在林圯埔竖旗，被捕；道光十八年（1838年），彰化赖三伙同林回等7人，看到各庄收割后都有积粮，打算造谣生事，趁机抢夺，竖旗一面，上写"张添逊即日谋反"，被捕。同年，凤山游民张贡起意抢劫，招同伙60多人，曾经抢劫军械，准备竖旗，得知官府前来搜捕，立即逃散。

还有一些是游民结会拜把，尚未行动便被破获，如张标、吴光彩、郑光彩、施兰、徐章、白启、蔡水藤、吕宽等案都属于这个类型。

以上这些游民骚乱和暴动是台湾移民社会的产物，发动者和参加者多是失业、半失业的游民，由于游民所具有的破坏性、动摇性、流寇主义、无政府主义等特性，他们通常趁机进行抢掠，导致对人民生命财产的侵害，造成社会的不安。

所谓"民变"，除了上述几种类型以外，还包括分类械斗在内，这也是移民社会的产物，是当时台湾一个特殊的社会现象。

所谓"分类械斗"，是由不同祖籍的社会群体之间的矛盾和冲突而引发的暴力事件。当时台湾居民按不同祖籍分成闽、粤两大系，闽系又分为漳、泉二府，这种以地缘关系组合的社会群体在互相交往中难免发生矛盾和冲突，以致台湾居民"各分气类"，互不团结。当这种矛盾激化时，就会导致暴力冲突，发生械斗。械斗的具体原因有多种多样，诸如争地、争水、各种民间纠纷、由"义民"导致的积怨、游民的煽动等，但根本原因则与移民社会的社会结构有关：以地缘关系组合的社会群体、开发过程的矛盾与冲突、政府统治的薄弱、游民的大量存在，都为分类械斗提供了条件。

在清代前期，从乾隆三十三年（1768 年）到咸丰十年（1860 年），据不完全统计，一共发生不同类型的械斗事件 55 起，其中分类械斗 47 起。在分类械斗中，闽粤械斗 17 起，漳泉 28 起，顶下郊 1 起，不同职业团体 1 起。[5]以下我们介绍几个典型的事例：

乾隆四十七年（1782 年），发生漳泉械斗。八月间，彰化刺桐脚演戏，三块厝漳籍人黄添与泉籍人赌钱，发生争执，黄添之子误杀泉人廖老。泉人报官无效，便到黄添家中抢夺殴打，漳人也抢夺泉人的杂物，彼此成仇。这时，漳籍把总林审经过快官庄，被泉人杀死。于是游民趁机煽动，在泉庄说，住在彰化的泉人被漳人焚抢；在漳庄说，住在彰化的漳人被泉人残杀。于是，漳泉双方各自组织起来互相对抗。漳人为首者是黄添、许国梁等，泉人为首者是谢笑、施奇等。漳人进攻秀水、鹿仔港等 111 庄，泉人进攻 81 庄。泉人在旗上写着"泉兴"，漳人则写"兴漳灭泉"，以木棍、竹竿、菜刀、农具为武器，互相斗杀。漳籍地主翁云宽的某庄被泉人抢劫，翁便指使佃人出庄焚抢。械斗还波及诸罗县各个村庄。这个案件"祸连两县，流毒三月"，参与者达数万人，先后被捕拿的"要犯"有 200 多人。

道光六年（1826 年）四月间，彰化东螺堡贼匪李通偷窃广东籍民黄文润的猪，引起纠纷。后来黄家被匪徒抢掠，而匪徒则被捕杀 2 人。这时游民散布闽粤分类械斗的谣言，各地动荡，居民到处迁徙，小的村庄多被焚抢。七月间，械斗已经蔓延到一厅二县，淡水的南崁、大甲，彰化的四张犁、葫芦墩等地连日焚杀，殿仔庄等处被焚最严重，每庄难民不下数千人。彰化、淡水一带道路不通，嘉义也受波及。粤人中有人勾结"番割"（指与土著人结婚者）黄斗奶，带领土著人参加械斗，这就使情况更加复杂了。福建派兵前来，才使械斗得到制止。这次骚乱是由游民利用两籍矛盾而煽动起来的，两籍之间发生了械斗，但那时有不少漳泉人民收留了粤人，给予保护，这个事实表明，闽粤居民间的矛盾已经没有以往那么严重了。

咸丰三年（1853 年）的顶下郊拼是比较特殊的事件。八月，淡水所属三角涌庄，有匪首刘诛（祖籍安溪）抢劫漳人的米石，听说官府要来捉拿，便造谣说漳人要同泉人为难，煽动械斗，使官府难以应付。于是泉州府属的安溪、晋江、南安、惠安四县合为一类，进攻漳州人以及同是泉籍但与四县"素不相协"的同安人。广东人暗中支持泉州四县。因此形成既是同籍中不同县份之间的械斗，又是漳泉械斗，而且还带有局部闽粤械斗的色彩。双方在竹堑到三貂岭各地进行焚抢，漳同各庄更普遍受到抢掠。一共有大大小小 790 多个村庄被毁。新庄最繁华的地区有五六千户商店、民房被焚毁。许多内外港道被填塞，各处水圳被拆毁，鸡笼一带也受到严重的破坏，"村里为墟"，"死者山积"，"哀鸿遍野，触目心伤"，人民生命财产损失十分惨重。[6] 这次械斗是台湾历史上唯一的一次"郊拼"。所谓顶郊，指的是北郊、泉郊，是泉籍的晋江、南安、惠安"三邑"商人所经营的，他们在贸易上占有垄断地位，在码头上也有强大势力。所谓下郊，是指漳州人和同安人，他们属于厦郊，在台北也有一定的势力，但实力不及顶郊。可以说，这次械斗反映了不同祖籍郊商之间的矛盾，双方的为首者都是郊商的领袖。

总之，分类械斗是不同祖籍居民间的械斗，基本上与官府无关，有些械斗引出抗官事件，那已经超出分类械斗的范围了。分类械斗是当时社会中的一个消极因素，它破坏人民之间的团结，造成社会秩序混乱和生命财产的重大损失，阻碍生产的发展和社会的进步。但是，随着台湾社会结构的变化，分类械斗也就逐渐消失，而为一般的械斗（宗族械斗）所取代。

以上由社会矛盾导致的社会动乱，包括起义、暴动、竖旗、分类械斗、"番变"以及地主抗粮、地方豪强抗官事件等在内，在清代前期是频繁发生的。当时台湾有所谓"三年一小反，五年一大反"[7]的说法。有的学者作了统计，在清代统治的 211 年中，共发生 154 次动乱，平均每 1.36 年就有一次。[8] 由于不少较小的事件散见各种档案、文献的记载，很难毫无遗漏地作出全面的统计。[9] 就以 1.36 年一次来说，动乱的频繁已经达到惊人的地步。对于这种历史现象，要作具体分析，其中有的是人民起义，那是中国历史上普遍存在的现象；有的是游民暴动或骚乱，还有分类械斗、"番变"等，那都是移民社会特有的现象，对于这些现象产生的原因也要作具体分析。从以上介绍，可以得出如下的结论：

一、清代前期，从康熙二十三年至道光二十年（1684—1840 年），可以算是农民起义性质的，在动乱事件中所占比重很小，只有朱一贵、林爽文、陈周全、蔡牵、张丙起义。这是清政府的统治和阶级压迫所引发的，它和同时期福建省的情况相比，并没有什么特殊。清代福建各地发生此类事件并不比台湾少，其中由会党发动的就有漳浦、云霄、诏安、平和等地的子龙会与小刀会，瓯宁的老官斋，宁化的罗教与铁尺会，漳浦、同安的天地会等，到了咸丰、同治年间，福建人民起义更是连年发生，遍及全省各地。

二、在台湾的"民变"中，大量是规模不大的游民骚乱或暴动，主要目的是抢掠财物，尽管其中有些事件也针对官府，但多数是单纯抢掠，还有一些是未遂事件，或只是竖旗并未形成动乱。

三、"番变"和分类械斗也占相当大的比重，这是汉族与土著居民之间、不同祖籍移民之间的矛盾引起的，其中直接与政府有关者为数甚少。由此可见，所谓"三年一小反，五年一大反"是一种民谣，它把所有的社会动乱都包括在"反"的范畴内，实际上如果对这些事件作出具体分析，就不难看出其中有不同的原因和不同的性质，不宜一概而论。

参 考 文 献

〔1〕陈孔立.《清代台湾移民社会研究》，厦门大学出版社，1990 年版，第 238 页。

〔2〕台湾镇总兵爱新泰奏，嘉庆五年闰四月初三，中国第一历史档案馆藏。

〔3〕刑部档 10385，刑部奏，道光十九年十月十六日，中国第一历史档案馆藏。

〔4〕福州将军新柱奏，乾隆十八年四月十三日，中国第一历史档案馆藏。

〔5〕参看《清代台湾移民社会研究》第 262 页，数字已加增补。

〔6〕军机处录副，邵连科等奏，咸丰六年七月二十一日，中国第一历史档案馆藏。

〔7〕徐宗干.《斯未信斋文编》，请筹议积储。

〔8〕许雪姬.《清代台湾的绿营》，"中研院"近代史所，1987 年版，第 109 页。

〔9〕根据我们一项研究，初步统计清代台湾有 7 次起义、74 次械斗、65 次游民骚动、13 次地主抗官事件。另据台湾学者黄焕尧统计，有"番害"145 次，"番乱"43 次。动乱总数当在 345 次以上。见黄焕尧《清季台湾番患事件之本质探讨》，载《台北文献》直字第 79 期。

第五章　清代后期

第一节　外国入侵与对外贸易的发展

一、鸦片战争与通商口岸的开放

在近代历史上，英国是第一个以武力打开中国门户的国家，也是首先以武力侵犯台湾的国家。早在 1824 年，英国的船只就曾在台湾沿海游弋，进行测绘工作，这是英国觊觎台湾的一个前兆。英国的商船也常常潜入鹿耳门、鸡笼和淡水等港口，从事私售鸦片和收购樟脑等非法活动。同广东、福建一样，台湾也是当时鸦片走私猖獗的地区之一。1840 年，英国以中国严禁鸦片输入为借口，直接发动了侵华战争——第一次鸦片战争。

战争爆发之后，英军见广州防卫严密，无隙可乘，遂转而向北窥伺。7 月初，英国侵略军进犯厦门，被击退后又北驶浙江，攻占防御薄弱的定海。面对闽浙沿海警讯频传的紧张局面，闽浙总督邓廷桢意识到台湾防务的重要，他在奏章中指出，"闽洋紧要之区，以厦门、台湾为最，而台湾尤为该夷歆羡之地，不可不大为之防"，并饬令台湾镇、道及澎湖协营等准备防务，严守口岸。道光皇帝也认为"台湾孤悬海外，防堵事宜尤宜准备"，并谕令加派水师名将、在籍提督王得禄协力严防。[1] 7月16日，守军在鹿耳门外海洋面发现一艘双桅英舰。在军情紧急声中，台湾兵备道姚莹、台湾镇总兵达洪阿同心协力，积极筹防。一方面添设炮墩，整备火器枪械，调集弁兵、乡勇、屯丁、水勇分守澎湖、安平、沪尾、鸡笼诸要口；一方面在全台各地举办团练，每庄"自一二百名至七八百名不等，通计二厅四县团练水勇一万三千余人，预备一旦有警，半以守庄，半出听候调用"。此外还动员群众在府城周围密树木栅，择险挖壕设伏，并利用旧船装载巨石，预备事急时将鹿耳门等次要港口填塞。

1841年1月，英军发起突然袭击。2月，攻陷虎门。4月，英国派亨利·璞鼎查（Henry Pottinger）来华担任商务监督。8月，璞鼎查率英舰北犯，于21日攻占厦门。厦门是台湾与内地联系的最主要通道，厦门的失守，使台湾的形势愈觉孤危。9月中旬，台湾南北路各口洋面均发现英舰窥伺游弋，战争一触即发。9月30日早晨，英军双桅大型运输舰纳尔不达号驶入鸡笼港，炮轰二沙湾炮台，打坏兵房一间。参将邱镇功、同知曹谨等率守军发炮还击，英舰中炮，桅折索断，狼狈败逃，慌乱之中，触礁击碎，英兵纷纷落水，守军分头追逐格杀。是役共斩杀英军32人，擒获133人，缴获大炮10门，并有炮子、图册等物，取得了抗英斗争的首次胜利。

10月19日，又有英军三桅舰船一艘驶抵鸡笼口，初挂红旗，继换白旗，并于是日下午驶进万人堆，声言欲索还前被俘英兵，每名愿送洋银百元，守军居民置之不理。邱镇功、曹谨等一面在各要隘暗设炮位，凭险埋伏，一面将口内居民疏散，打算坚壁清野。27日，英舰突然驶入港内，直扑二沙湾炮台，大炮齐发，轰坏炮台石壁和营房数处。守军立即开炮还击，击毙英兵2人。英军见山险人众，守军戒备森严，不敢登岸仰攻，乃于次日驶逃出口，伙同口外英舰窜向外洋北去。

璞鼎查在浙江获悉英舰在鸡笼被守军击破，英军悉数被俘的消息后，即于1842年初派颠林率兵船多艘及汉奸等前来台湾探听情况，"相机行事"。3月5日，颠林所率舰队到达台湾。姚莹、达洪阿遵照"不与海上争锋"，而"以计诱其搁浅，设计歼擒"的战略，严行戒备。11日，一艘英舰在淡、彰交界的大安港外洋欲行入口，被守军所雇募之渔船诱入土地公港，触礁搁浅。守军伏兵趁势施放火炮，义首兵勇奋力围击，杀死侵略军数十名，"生擒白夷

18 人，红夷 1 人，黑夷 30 人，广东汉奸 5 人，夺获夷炮 10 门"。另外还夺回英军自定海营中所抢去的铁炮、鸟枪及腰刀等物，又取得了一场胜利。

自鸦片战争开始后两年多来，沿海各地损兵折将，丧师失地，唯独台湾的抗英斗争连战皆捷，其原因除了侵台英军非其主力之外，还与台湾军民团结一致，奋勇杀敌，地方官员严密防范，指挥得当有关。正如台湾兵备道姚莹所言："鸡笼之夷，虽以冲礁；大安之夷，虽云搁浅；然台湾擐甲之士，不懈于登陴；好义之民，咸奋于杀敌。乘危取乱，未失机宜。夷船前后五犯台洋，草鸟匪船勾结于外，逆匪巨盗乘机数乱于内，卒得保守岩疆，危而获安，未烦内地一兵一矢者，皆赖文武士民之力也。"[2]

由于清政府的腐败无能，鸦片战争以中国的失败而告终。但台湾百姓同仇敌忾，不怕牺牲，保家卫国，坚决反对外来侵略的行动一直没有停止过。1848 年，台湾人民更订立了《全台绅民公约》，义正辞严地宣布："台湾非该夷应到之地，我百姓知朝廷宽大，许其和约；每有夷人前来，不与抗拒，非畏夷人也。彼既俯首恭顺，我百姓岂敢生事，上烦皇上圣心？如该夷藐视我们，挑衅酿祸，地方官长以和约在先，不便过与争较；我百姓固未尝与之立约也！且所谓和者，但见之不杀耳，非听彼之使令也！彼先侮我，我岂能让彼！我百姓堂堂天朝子民，此地既未准设立码头，岂容任其杂处？如我百姓为夷人所用，是逆犯也，是犬羊之奴也，饿死亦不肯为！我百姓不为他用，不但无罪，而且有功。粤人不许其进城，共受皇恩，可为明证。大众同心仗义，人人武艺高强，何必畏怯走避？我百姓自为义民报国，即在地文武官弁，亦不得而牵制之。"[3] 这充分表现出台湾人民抵抗外侮的信念与决心。

第一次鸦片战争之后，清政府被迫与以英国为首的西方列强签订了一系列不平等条约，割地赔款，并开放广州、厦门、福州、宁波、上海作为通商口岸。然而，这不仅没有满足列强侵略中国的贪欲，反而进一步激起它们觊觎中国的野心。作为东南沿海门户的台湾，更成了它们窥伺的重要目标。1843 年，台湾道熊一本就指出，英轮常在淡水海面游弋，并不时乘舢板登陆，研究地形及测绘地图，使当地民众感到不安。台湾的煤炭和樟脑是列强最感兴趣的两种物产，40 年代后期，英、美两国的海军曾先后对北部的煤产进行了详细的调查，煤质之优良令他们十分满意。1850 年，英国驻华公使兼香港总督文翰（S.G.Bonham）还先后照会两广总督徐广缙和闽浙总督刘韵珂，要求购买台湾鸡笼山煤炭，但遭到拒绝而未能实现。[4]

除了英国之外，美国也对台湾表现出强烈的兴趣，而且其觊觎之野心与前者相比，更有过之而无不及。较早的有美国商人奈伊（Gideon Nye），以其兄在台湾近海遇险失踪为由，开始调查台湾的情况，收集材料。1853 年，他致函美国驻华代办彼得·巴驾（Peter Parker），建议美国政府出兵占领台湾南部的红头屿，作为太平洋航线的基地。1854 年，美国东方舰队司令贝理（M.C.Perry）以寻找遇险罹难水手为名，派舰前往台湾进行各项调查活动。回国后，贝理把有关的调查写成报告，建议美国政府应"独制先机"，占领这个美丽的岛屿。同年，美国驻宁波领事哈里斯（Townsend Harris）也写了一份长达 100 多页的建议书给美国国务卿，书中详细叙述了台湾的历史、资源及现状，最后，他建议美国政府用钱收买这块地方。

在当时美国人中对台湾的侵略野心表现得最为露骨的莫过于驻华代办彼得·巴驾。1856 年，他就列强在华事务的解决向美国国务卿提交了一个方案，建议"如果英、法、美三国代表亲临白河，而不被迎接到北京去，那么法国可以占领朝鲜，英国再行占领舟山，美国占领台湾，一直占领到过去的种种获得满意的解决，对将来有了正确的谅解为止"。[5] 1857 年，巴驾又接连几次致函国务院，一再强调美国占领该岛的必要性，敦促美国政府不要在事关台湾方面的行动上畏缩不前，并认为就势力均衡的大原则而言，"设使美国有意这样做，并能为占领台湾作好准备，英国当然不能反对"。[6] 他惟恐稍有耽搁就会贻误美国在台湾的前途，所以迫不及待地将美国驻香港舰队司令奄师大郎（James Armstrong）邀到澳门，共商占领台湾这个对美国具有重大意义的问题。

当时外国的商人早已私下进入台湾进行各种贸易活动了。1854 年，广州美商琼记洋行在福州开设分行之后，即拟定了对台贸易计划，并于次年 5 月派遣熟悉台湾情况的罗西塔号快船船长哈定，携带大批现款和鸦片赴台执行其贸易计划。琼记洋行当时的主要目标在于谋求鸡笼煤矿的经营权，虽然这一目标未能达到，但哈定来台后却在淡水与当地樟脑专卖行行主"金和合"订立了合同，开始在淡水等台湾北部口岸从事樟脑贸易。1855 年，香港美商威廉士、罗宾纳特和奈伊等联合组成了一家贸易公司，并购置了三桅武装帆船科学号专营对台贸易。他们以行贿的手段从中国官员那里取得了在打狗设立机构、建造码头货栈及进行贸易的特权，从台湾南部输出大量的糖、米及樟脑。

1858 年，列强强迫清政府签订了《天津条约》，在俄、美、英三国的条约中规定台湾为新增辟的通商口岸之一，而中法《天津条约》除了台湾府城口之外，又增加了淡水一口。[7] 根据"一体均沾"的原则，淡水口岸也对其他条约国家开放。1859 年，中美条约互换之后，美国公使华若翰（John E.Ward）就要求潮州、台湾先行开市贸易，遭到驳覆。华若翰却强调和约已经互换，决当遵行，所以坚持公布《天津条约》、潮州和台湾两口先行开港、按新则征收船钞这三项应先施行。清廷也鉴于"潮州、台湾两处各国私自买卖已越三年，税饷全无"，如果不允所请，他们在潮、台两处贸易的船只也不肯撤回，不如准其先开。闽省地方官也遵谕筹办台湾开港事宜，初步择定沪尾作为通商口岸，拟在附近设立海关，并派福建候补道区天民驰赴该地，俟美国领事抵台后，会议禀办。然而此时美国南北战争爆发，驻台领事迟迟无法派出，台湾开港之事也只好暂告搁置。

1860 年，英、法与中国订立《北京条约》，第二年（咸丰十一年六月），英国首任驻台副领事郇和（Robert Swinhoe）抵达台湾。同年年底，郇和移住台湾北部原定开放的口岸淡水。1862 年，淡水口设关的筹备工作准备就绪，以沪尾守备旧署作税关，于 7 月 18 日（同治元年六月二十二日）正式开关征税，首任副税务司为英国人豪威尔（Howell）。据《天津条约》的规定，台湾所开放的口岸原仅台湾（安平）及淡水二口。次年，闽海关税务司美里登（Baronde Meritens）以多收洋药税款为由，请求总理衙门，"以鸡笼口作为淡水子口，打狗港作为台湾府子口"，结果部议准行。1863 年 10 月 1 日，鸡笼口开港。南部原定以打狗港为子口，安平港为正口，但实际上却以打狗港为正口，于 1864 年 5 月 6 日开办，由马克斯韦尔（William Maxwell）为首任税务司。安平分关则迟至 1865 年 1 月 1 日开设，属打狗关管辖。至此，淡水、打狗的设关工作基本告竣，台湾南北四个口岸全部开放。

参 考 文 献

〔1〕《筹办夷务始末》（道光朝）卷十二。

〔2〕姚莹.《中复堂选集》，奉逮入都别刘中丞书。

〔3〕徐宗幹.《斯未信斋文编》，台湾文献丛刊第 87 种，第 29 页。

〔4〕"中研院"近代史研究所编《四国新档》，英国档（上），第 61 页，刘韵珂奏；第 95 页，叶名琛奏。

〔5〕〔6〕泰勒·丹涅特著、姚曾廙译.《美国人在东亚》，商务印书馆，1960 年版，
　　第十五章。
〔7〕王铁崖编.《中外旧约章汇编》（1），三联书店，1957 年版，第 105 页。

二、对外贸易的发展与外国资本的控制

淡水、打狗等口岸正式开放对外通商以后，台湾的贸易，尤其是对外贸易发展十分迅速。根据海关统计，1865 年进出口总值为 2262436 海关两，到 1894 年已增加到 12694495 海关两，为原来的 5.6 倍，年平均增长率达 6.5%，远超过同期全国对外贸易年平均 3.4% 的增长速度。对外贸易发展迅速的原因主要在于出口贸易。如以 1873 年出口货值的指数为 100，则 1894 年为 491，增加了近 4 倍；而同样以 1873 年的指数为 100，1894 年全国出口货值的指数仅为 184.5，只增加了 85%。

对外贸易出口的货物以糖、茶叶、樟脑和煤炭为大宗。开港之后，台糖开始直接销往国外市场，由于质量优良，颇受外国消费者的欢迎。出口量增长很快，1872 年已达 303092 担，相当于台糖输出总额的一半。1874 年至 1884 年的 10 年间是台糖外销的全盛时期。这一时期由于毛里求斯、西印度群岛的甘蔗和法国的甜菜歉收，食糖产量减少，而日本和英国对糖的需求量却又大增，导致国际糖货市场供不应求。外商趁此良机把大量的台糖运销世界各地，年平均外销额达 46 万担，最多时达 75 万多担，占输出总额的 75%。台糖不仅外销数量多，而且销售的范围也很广，其市场遍及欧、美、亚及大洋洲，最远时还销到南美洲的智利。1885 年之后，国际糖货市场供过于求，糖价大幅下落，台糖在竞争中处于不利地位，除了日本、香港地区之外，其他市场相继丧失，出口萎缩，年出口额仅 20 万至 30 万担。

在开港之前，本地虽然也有茶叶的生产，但量少质次，微不足道。1862 年，宝顺洋行的约翰·多德（John Dodd）从福建安溪运来茶苗，并给予贷款，鼓励台北地区农民种植。其后，又从大陆聘来茶师，在大稻埕设厂制茶，从此台湾的茶业开始勃兴。1869 年，多德以帆船二艘运载茶叶 2139 担直航纽约，以"台湾茶"的品牌出售。这种茶叶（属乌龙茶），具有独特的芬香，吸引了众多的消费者，所以一炮打响，从而奠定了台茶在美国市场上畅销的基础，使出口量迅速增加，由 1866 年的 1356 担，增加到 1878 年的 80261 担，12 年间增加了近 60 倍，年平均递增 40%。除乌龙茶以外，1881 年前后又有

茶商来台制作包种茶，用来拓展南洋一带的市场，年销售额达 40 万至 50 万元。外销市场的畅旺刺激了生产的发展，近山地区茶园面积不断扩展，台北大稻埕的茶行多达 150 多家。到日本占领以前，茶叶每年出口量高达 15 万至 16 万担，占淡水口岸土货出口总值的 90% 以上，而且超过台糖成为当时最大宗的出口货。

樟脑为台湾的主要特产之一，在人造樟脑出现以前，台湾出产的樟脑占世界樟脑总产量的 70%—80%。开港时，樟脑的贸易基本上为英商怡和及邓特两家洋行所独占，每年的出口量约七八千担。由于樟脑贸易利润丰厚，1863 年，台湾道台宣布对樟脑实行专卖，招致外商的不满，1868 年，终于引发了"樟脑战争"。结果专卖制度被迫取消，"任从华洋商民自行买卖"，樟脑的输出额有所增加，1868 年至 1881 年，平均年出口量均在 11000 担以上。台湾建省后，首任巡抚刘铭传为增加地方财政收入，奏请将樟脑、硫磺两项"归官收买出售，发给执照出口"，再次实行专卖。然而，迫于列强的压力，不久之后又宣布废除。这时利用樟脑制造无烟火药和赛璐珞的试验获得成功，樟脑成为一种重要的工业原料，需求量大增，国际市场供不应求，价格陡涨。外商乃大量收购樟脑，运销国外，自 1891 年至 1894 年，每年平均出口樟脑 27310 担，1894 年最多时达 39547 担。

煤炭也是最早引起外人兴趣的物产之一。英、美海军在 19 世纪 40 年代就对基隆煤矿进行过详细的调查，并企图将其变为太平洋航线上的中途加煤站。开港之后，台煤开始出口输往香港、上海及其他通商口岸，供外国轮船使用，也有少量直接输往国外。在官煤厂设立之前，台煤年出口量最多时达 45000 余吨，少的仅有几千吨。1875 年官煤厂设立，利用机器采掘，煤炭产量有所增加，但因管理不善，促销不力，加上缺乏必要的设施将所产煤炭及时运至基隆港口，台煤销售的情况仍不理想，出口最多的年份也仅有 46000 余吨。中法战争期间，基隆煤矿遭到严重破坏，元气大伤。战后由于经费不足，恢复极慢，加上煤务变更不定，产量减少，出口量一直未能恢复到原来水平。

至于进口贸易方面，以鸦片、纺织品和日用杂货等数量最多。1858 年，《中英通商章程善后条约》签订之后，鸦片被冠以"洋药"的美名，并规定每百斤完纳进口税 30 两银之后就准予进口。所以从台湾对外贸易开始的第一天起，鸦片便以合法进口货品的面目堂而皇之地出现在海关贸易的统计表上。1864 年进口的鸦片为 2344 担，其后进口量持续上升，到 1873 年已达 3592

担，为前者的 1.5 倍。1874 年之后，鸦片进口的增长幅度加大，至 1881 年达到最高峰，是年鸦片净进口额达 5881 担，为 1864 年的 2.5 倍。在以后的年代中其进口量虽然略有减少，但年进口额仍有 4500 担左右，自 1862 年至 1894 年的洋货进口总值中，鸦片的货值一直稳居首位。

纺织品的进口值在洋货中仅次于鸦片。开港以前本地所消费的织物几乎全是大陆产的"南京布"，开港后洋布进口额明显增多，1864 年为 8747 匹，至 1871 年增加到 107719 匹，7 年之中增长了 11 倍，到 1879 年度更多达 16万余匹。1880 年以前，进口的洋布几乎全都是英国货，1882 年起，日本棉布也开始进口，加入竞争行列。由于日本棉布是一种完全模仿土布的产品，其质地、幅宽均比较适合当地消费者的习惯，在岛内颇受欢迎，进口数量稳步上升，1894 年日本棉布在淡水口岸的进口量达 125592 匹，接近该年度进口洋布总数 29 万匹的一半，数量十分可观。

进口洋货还有金属和杂货。金属中最主要的是铅，供制作茶叶箱子的衬里之用。至于杂货则包括粮食、日用品、建材等类，其中以煤油、火柴、面粉等价值最多。煤油是在 19 世纪 70 年代后期才开始输入的，1881 年度进口的煤油约 84952 加仑。销售量逐年增加，到 1894 年进口额达到 2043975 加仑，14 年间增长了 23 倍。早期的火柴主要是斯堪的那维亚的产品，其后价格低廉、安全性高的日本火柴也跻身本地市场，并很快地将其他的火柴排挤出去。1894 年，共进口火柴 223500 箩，价值 7360 英镑。另外，自 19 世纪70 年代后期起，从国外进口的粮食也逐渐增多，其中又以小麦和面粉为主。

表 5-1 为日据之前台湾历年进出口贸易货值统计，从中可以看出开港后对外贸易发展的大概情形。

表 5-1　1865—1894 年台湾进出口贸易货值及其指数

单位：海关两　指数：1873 年 =100

年份	净进口		出口		总计	
	货值	指数	货值	指数	货值	指数
1865	1400004	78	862432	58	2262436	69
1866	1655042	92	979063	66	2634105	81

年份	净进口		出口		总计	
	货值	指数	货值	指数	货值	指数
1867	1641359	91	883619	60	2524978	77
1868	1158312	64	884023	60	2042335	62
1869	1322458	74	956003	65	2278461	70
1870	1437084	80	1645987	112	3083071	94
1871	1768236	98	1681510	114	3449746	105
1872	1662464	93	1305290	88	2967754	91
1873	1796427	100	1475388	100	3271815	100
1874	2009236	119	1813056	123	3822292	117
1875	2214907	123	1898643	129	4113550	126
1876	2475210	138	2628982	178	5104192	156
1877	2829752	158	2757717	187	5587469	171
1878	2748061	153	2788673	189	5536734	169
1879	3258209	181	4125126	280	7383335	226
1880	3560625	198	4874355	330	8434980	258
1881	4039158	225	4160960	282	8200118	251
1882	3102930	173	4050154	275	7153084	219
1883	2594184	144	4113833	279	6708017	205
1884	2549133	142	4165314	282	6714447	205
1885	3158173	170	3819763	259	6977936	213
1886	3532143	197	4485954	304	8018097	245
1887	3804866	219	4662478	316	8467344	259
1888	3985018	222	4543406	308	8528424	261
1889	3600399	200	4411069	299	8011468	245
1890	3843098	214	5255880	356	9098978	281
1891	3096306	172	4735628	321	7831934	239

年份	净进口		出口		总计	
	货值	指数	货值	指数	货值	指数
1892	3745065	208	4959829	336	8704894	266
1893	4809240	268	6336580	429	11145820	341
1894	5449460	303	7245035	491	12694495	388

资料来源：根据姚贤镐《中国近代对外贸易史资料》附录四"各通商口岸对外贸易的消长"表三相关统计资料计算，原文 1873 年以前单位为两，今按 1 海关两＝1.14585 两折算。

通商口岸开放以后，外国商业资本纷纷涌入，到日据之前，在台湾开设的洋行共有数十家，其中较有名的有怡和洋行（Jardine Matheson & Co.）、邓特洋行（Dent & Co.）、马克亥尔洋行（Macphoil & Co.）、勒士拉洋行（Lesser & Co.）、柯尔曼阿力基洋行（Kielman Alisch & Co.）、德记洋行（Tait & Co.）、和记洋行（Boyd & Co.）、美利士洋行（Milish & Co.）、宝顺洋行（Dodd & Co.）和旗昌洋行（Russel & Co.）等，其中以英商的势力最大。外商洋行除了拥有雄厚的资金，先进的交通、通讯工具和管理严密效率较高的商业组织外，更重要的还拥有自清政府手中夺取的种种特权。凭借着这些优势，它们轻而易举地排挤了华商的势力，将进出口贸易操控在自己手中。

利用买办，实行贷款预购，控制货源，进而控制整个出口贸易是外商惯用的手法之一。以台糖贸易为例，"台南糖为大宗，糖灶逼近府城，洋商皆预发资本，交华商代办"。糖行和糖商自洋行买办处获得贷款后，即转贷予糖廊，糖廊又转手贷给蔗农。在向洋行承担包购之责的买办与糖行之间，糖行与掮客之间，掮客与糖廊之间以及糖廊与蔗农之间的递层借贷关系中，还依次订立购糖契约，即糖行要向贷方保证交货，若不能按约交货，则糖行须向贷方负担每笼二元的"违约金"，如有货而企图改约不卖，借方要负担二分的"手续费"，否则不得转售他人。这样就保证了贷款者（即洋行）在任何情况下都有货可买，有钱可赚，[1] 从而控制了台糖的贸易。海关报告指出："往时，此地的糖可以输到欧洲、美洲及澳洲殖民地，每年所产的糖大部分皆被此港的外国公司或厦门的外国公司代理商，以挂账或委托的方法买去。"[2]

外商以贷款预购、控制货源进而控制整个贸易的做法，在台茶的出口中表现得最为典型。1865 年前后，英商宝顺洋行引进茶苗在北部试制茶叶获得成功之后，其他洋行亦闻风而来。它们或由自己或通过茶贩向茶农发放贷款，鼓励茶农种茶，再通过同一渠道，从茶贩或茶农那里收购原茶或粗制茶叶，进行加工精制，然后运到厦门，转输美国。这一时期茶叶从收购、加工到输出的全部过程，全都由台北的几家英国洋行一手独揽。

1870 年以后，随着制茶业的发展，许多华商也来台开设茶行，经营茶叶生意。不过，这种茶行只是一种承购茶农、茶贩贩售的茶叶进行加工精制，然后再行出售的中间商人，而非出口商。在华商介入台茶生意之后，洋行贷款的方式也相应地发生了变化，改为通过"妈振馆"这一中间环节进行。[3]当时洋行的资金主要仰赖在华势力最大的英国银行——汇丰银行提供，洋行从银行借款后贷给"妈振馆"，由"妈振馆"转贷给茶行，再由茶行预借给茶农。《台阳见闻录》中所说的"台湾本地业茶商民多承领洋行资本入山采办，并无重资自开茶行"，指的就是这种情况。茶农和茶行既向"妈振馆"借款，所出茶叶便无权自由处理，须交给"妈振馆"出售，"妈振馆"的茶叶也必须卖给洋行。外商就是利用这种办法来垄断台茶的贸易。每年"所出茶叶皆宝顺、怡记、德记洋行收买居多，商民自运出口本属寥寥"。[4]当时美国记者戴维逊（J.W.Davidson）也指出："茶叶的贸易几乎全由 6 家英、美洋行在进行，其贸易额多的时候每年超过 700 万元。"[5]

樟脑贸易由于利润丰厚成为外商所极力争夺的目标。开港之前，外商就经常潜入台湾揽购樟脑。开港时樟脑的出口已控制在怡和与邓特这两家实力最强的英商洋行手中，"起先，外商的樟脑贸易进行得极为顺利，并且他们的订货又是如此之多，致使台湾当时所产的樟脑几乎全部为其购去"。[6]外商纷纷挟资深入内山，设铺建栈，采买樟脑，"灶丁制脑，其赀皆夷人预假之，脑成售予，故抑其价，无敢校者"。[7]外商通过贷款不仅控制了樟脑的流通，而且还控制了樟脑的生产，几乎垄断了整个樟脑贸易，当国际市场脑价陡涨时，外商就大获其利。

在进口贸易方面基本上也是为外商所控制，因为占洋货进口总值 2/3 以上的鸦片贸易主要操于外商之手。外商之所以能够控制鸦片贸易，除了这项买卖本钱大，风险高，华商缺乏足够的资金与之竞争外，主要是鸦片关税税率和厘金之间的差别。据有关条约规定，外商输入鸦片每百斤只需纳 30 两银的关税，而华商输入鸦片则纳厘金，每百斤为 40—80 元不等，最多时达到每担 80—96 两银之多。厘金与关税相比要重得多，华商难以与外商竞争。当时台湾几乎所有的洋行都在经营鸦片贸易，其中尤以英商所占的份额最多。

从 1872 年至 1878 年各国商人在台湾对外贸易的统计来看，"英国在贸易总额中所占的比例为 70%，英国商人在近代台湾对外贸易中的势力之大由此可见"。[8]

参 考 文 献

〔1〕根岸佶.《买办制度之研究》，转引自聂宝璋《中国买办资产阶级之发生》，中国社会科学出版社，1979 年版，第 141 页。

〔2〕P.H.S.Montgomery.《1882—1891 年台湾台南海关报告书》，载《台湾银行季刊》第九卷第一期。

〔3〕东嘉生.《清代台湾之外贸与外国商业资本》，载《台湾经济史初集》。

〔4〕唐赞衮.《台阳见闻录》卷上，《筹饷》。

〔5〕J.W.Davidson. *The Lsland of Formosa, Pastand Present*，p.388 ～ 389.

〔6〕*Trade Reports*，*Tamsui*，1867，p.17.

〔7〕蒋师辙.《台游日记》，台湾文献丛刊本，第 48 页。

〔8〕李祖基.《近代台湾地方对外贸易》，江西人民出版社，1986 年版，第 84 页。

第二节　由移民社会向定居社会的转变

一、开港后经济的变化

开港后，随着外国商业资本的侵入，对外贸易的迅速发展，台湾经济发生了一系列明显的变化。

其一是生产结构和市场结构的改变。台湾原属于新开发地区，野沃土膏，物产利溥，生产结构以米谷、蔗糖等农产品和农产加工品为主，产品绝大部分销往大陆市场。尤其是闽浙沿海人稠地狭，所产米谷不敷民食，依赖台湾米贩源源接济。而岛上由于手工业不发达，所需布帛及各种日常生活用品则需由大陆运去。这种唇齿相依、分工明确、互相补充的贸易关系使台湾经济成为全国经济链条中的一环。开港后，台湾的茶叶、樟脑等在国际市场上走俏，产品几乎全部外销，就连原来以运销江浙及华北市场为主的红糖也转为以外销为主。在国际市场需求的带动下，这些经济作物的生产发展很快，许多农民在逐利心理的驱使下，纷纷放弃稻谷等粮食作物，而改种经济作物。在南部把稻田改为蔗田，北部则是拔掉甘薯和靛青改种茶叶，其结果是传统的以米糖为主的生产结构发生了变化。稻米的生产相对萎缩，产量减少。加上由于商业的发展，非农业人口大幅增加，本地对稻米的消费量也随着上升。因此，开港后台湾销往大陆的稻米数量，一直呈下降趋势。后来，台湾北部基本上没有米的出口，淡水海关报告说："这个昔时号称'中国之谷仓'的台湾岛的粮食输出贸易完全绝迹了。"[1]另一方面，由于洋布、洋货等舶来品大量倾销本地市场，来自大陆的土布、土货在市场上所占的比例日趋下降。原来那种由台湾接济大陆食米、由大陆向台湾提供日用手工业品的区域分工与互补的传统经济联系逐渐削弱。台湾的进出口由完全依赖大陆转变为基本上依赖国外，台湾与大陆一样沦为资本主义列强倾销剩余商品的市场和掠夺农产品原料的基地。

其二是殖民掠夺和商业高利贷剥削的加强。海关统计资料显示，鸦片是近代台湾最大宗的进口货，每年平均进口量达 4085 担，其在洋货进口总值中所占的比例，最低的年份为 51%，最高的年份竟达 93%，历年总平均为 68%，远远超过全国同期的平均水平。所以近代台湾不仅是洋货的倾销市场，也是西方列强毒品的倾销市场。鸦片进口的超高额利润，使得这项贸易比一般的剩余工业品倾销的不等价贸易具有更强的掠夺性。在许多场合，外商直接用鸦片来交换茶叶、糖、樟脑和煤炭等土产。在这种情况下，鸦片贸易的掠夺性就赤裸裸地暴露出来了，"许多茶农卖茶后得到的不是钱而是鸦片"。外国烟贩无休无止地倾销鸦片，不仅毒害了广大劳动人民的身心健康，同时还掠走了大量的白银，台湾每年耗费于鸦片上的现金达 200 万至 300 万元之巨。所以，尽管当时糖、茶叶、樟脑等出口畅旺，收入日增，但"无如英国销售烟土于台地则利尤大而银出尤多，则乃是台失利而英得利也"。[2]

另外，随着开港后对外贸易的发展，农产品商品化程度的提高，商业高利贷资本也空前活跃起来。不论是洋行或是华商，其向生产者预发贷款的目的，除了想控制货源之外，另一个职能就是进行高利盘剥。如茶行"以贷金之法，贷予茶农，俟其茶叶制成，必归该行定价，价平而息则奢"。海关报告在讨论茶农收入时也指出："大部分的利润是被中间商人、厦门的经纪人等过往客商囊括去了，真正交到种植者手里的那一部分，又须由许多人分配，因此每人所得不多。"樟脑业中也是如此。

至于糖业高利贷对蔗农的剥削则更加凶狠和残酷。蔗农在接受贷款时须负担很高的利息，一般为月息 1.5%—2.5%，并须以自己尚未收获的甘蔗作为抵押。这是"一种极度苛酷的重利盘剥的利上滚利的制度（每年18%—36%），开始时 50 元至 100 元的借债，其本利急速增加，直到借债人根本无力偿还"。[3]当时对南部蔗糖的生产和贸易作过专门调查的麦耶斯（W.W.Mayers）在报告中说："台湾南部地区的蔗农受困于对几个资本家的债务，多年来处于悲惨可怜而显然又无法偿还的状态，劳动所得仅能果腹，情况演变到现在，他们实际上比农奴好不了多少。"[4]所以尽管开港后对外贸易发展很快，但由于鸦片贸易的掠夺和商业高利贷的盘剥，土货出口所换来的大部分财富，都以商业利润和高利贷利息的形式，落入外商和高利贷者的腰包。广大的生产者身受西方商业资本和本国高利贷资本的双重剥削，生活相对贫困，有的甚至连简单再生产也难以维持，整个社会贫富悬殊，两极分化的现象加剧了。

其三是旧式的商业行会组织——郊商势力削弱。开港之前台湾与大陆之间有着极为密切的贸易往来，这种贸易一般由实力雄厚的郊商主导。开港后外商的纵桅快船频频往来于海峡两岸，郊商开始面临前所未有的挑战。由于外商资本雄厚，不仅船只装载量大，所载货物可向保险公司投保，比较安全快捷，而且还享有华商所没有的种种政治经济特权，华商难以与之抗衡。而轮船的出现更使郊商的旧式帆船相形见绌，生意大受影响。海关贸易报告指出："轮船的运输理所当然地吸引了大部分原来由民船输出的货物，民船的贸易大幅减少，许多当地商人因而亏损累累，回顾本年的民船贸易，仅及1875 年的半数。由于煤炭产量行将减少及其他货物改由轮船运载，民船贸易有可能进一步大跌落。"[5]外商在沿岸贸易的竞争中成功地夺走了原来由郊商经营的大部分生意，1871 年，英商得忌利士公司开辟的香港—汕头—厦门—台湾定期航线通航之后，进一步控制了台湾与大陆间的航运大权。"这些轮船从香港和汕头运来大量的，原来是由民船运到台湾来的货物，经营台湾与大陆之间贸易的民船数量逐年减少。"[6]到后来，洋布、洋货输入渐多，占去了大陆土布、土货在台的市场；而生产结构的变化又使得稻米等输往大陆的传统的大宗货物日减。郊商在与洋商的竞争中势力受到削弱。尽管如此,台湾与大陆各港口之间的贸易,有一部分仍然由郊商进行,仍有许多中国式的帆船航行在台湾与大陆各港口之间。这时台湾北部还需要从大陆进口大米,而中部则有米出口到大陆。台湾每年运往华中、华北的蔗糖有20万至30万担。[7]

其四是经济重心的北移和都市化的发生。根据有关条约规定,打狗、安平、淡水、基隆四口为通商口岸,货物的进出,船只和人员的往来主要通过这四个口岸进行,于是渐渐地出现了以打狗和淡水为中心的南北两个货物集散地,然后再以这两个集散地为中心,形成了南北两大市场体系,[8]奠定了日后台北与高雄两大都会区的基础。贸易的发展还推动了岛内经济重心的北移。台湾的开发先从南部地区开始,原来的经济重心一直偏于南部。在1870年以前,南部口岸的年平均贸易额为北部口岸的两倍以上。但此后北部地区由于茶叶、樟脑业和煤矿的发展,各项资源得到前所未有的开发和利用,经济有了长足的进步。单茶叶出口一项每年就达280万海关两。1881年起,北部口岸的贸易额已超过南部口岸,这是台湾南北经济发展的一个转折点。80年代中由于台糖出口的衰退,南北两地经济发展的差距进一步拉大。1893年,北部淡水口岸的贸易额几乎已相当于南部打狗口岸的2.5倍。"全台通商在台北者恒十之七八,而在台南者只二三",经济重心已由南部移到北部了。

经贸的发展还改变了岛上人口流动的方向,近代之前的移民社会中,大多数的移民来到台湾的目的是要寻找土地,开荒垦殖,所以那时人口流动的总方向是由港口上岸后,流向乡村和山区,由人口密度较高的地方流向人口密度较低的地方。开港后通商口岸及附近市镇的商业和农产品加工业的快速发展,提供了大量的就业机会,吸引了越来越多的人。岛内人口流向逐渐发生了变化,出现了人口向通商口岸及其附近市镇流动的趋势,导致通商口岸及其附近地区人口迅速增加,这一现象在台北地区表现得最为明显。马士(H.B.Morse)在《淡水海关十年报告》中指出:"在这十年间,此一地区的人口数字是突飞猛进,……台北县的人口大概已增加了三分之一",人口激增的直接结果便是都市化现象的发生。据马士估计,在1890年前后,台北就已经是一个拥有10万人口的城市了。[9]

参 考 文 献

〔1〕〔9〕H.B.Morse.《1882—1891 年台湾淡水海关报告书》，载《台湾银行季刊》第
　　9 卷第 1 期。

〔2〕沪滨居士.《论台地宜兴商务文》，载《万国公报》1893 年 1 月。

〔3〕〔4〕*Commercial Reports*，*Taiwan*，*1890*，p.13—25.

〔5〕*Trade Reports*，*Taiwan*，*1877*，p.165.

〔6〕*Commercial Reports*，*Taiwan*，*1880*，p.116.

〔7〕林满红.《光复以前台湾对外贸易之演变》，载《台湾文献》第 36 卷第 3—4 期。

〔8〕林满红.《贸易与清末台湾的经济社会变迁》，黄富三、曹永和主编《台湾史论
　　丛》第一辑，台湾众文图书公司印行。

二、社会结构的变化

移民社会经过 100 多年的发展，社会结构逐渐发生变化，到了 19 世纪 50—60 年代，移民社会的特点逐渐消失，台湾已经进入了定居社会。这时，在人口结构、职业结构、宗族关系以及其他各方面都发生了根本性的变化。清代前期本地居民以移民为主，人口的增长主要以移入增长为主。嘉庆十六年（1811 年），人口总数为 1901833 人，而到 1893 年增加为 2554731 人，80 多年间才增加 65 万多人。从人口的年平均增长率计算，1685—1811 年年平均增长率为 26.5‰，而 1811—1893 年年平均增长率只有 3.5‰，可见人口的增长也转变为以自然增长为主。人口结构以移民的后裔为主，大陆来台的移民已经不多。光绪元年（1875 年），日军侵台的事件发生后，清政府实行"开山抚番"政策，在汕头、厦门及香港等三地设招垦局，招徕大陆移民垦辟埤南、恒春及埔里等地，但应募者寥寥，成效不著，也证明了这一点。因为这时闽粤移民的方向已开始转向南洋群岛等其他地区了。

人口结构的另一变化是性比例和年龄结构渐渐趋于正常。移民偷渡来台是一项高度冒险的活动，且因清廷曾禁止移民携眷渡台，所以前期来台的移民大多为青壮年的单身男子，妇女、老人和儿童极少。性比例的严重失调和年龄组合的异常，曾经是清代前期台湾移民社会人口结构的特征。人口结构的失衡造成了严重的社会问题。有鉴于此，在巡台御史及闽省地方官的建议之下，清廷曾经多次准许民众搬眷过台。乾隆五十三年（1788 年），林爽文起义被镇压之后，福康安又奏请"嗣后安分良民情愿携眷来台湾者，由地

方官查实给照，准其渡海"。[1]此后人口结构有了明显的改善，据嘉庆十六年（1811年）人口统计的资料，各县厅中幼丁男女在总人口中所占的比例分别为台湾县36.2%，凤山县41%，嘉义县49.3%，彰化县29.7%，淡水厅45.9%。[2]又据日本据台后于1896年作的人口调查，人口的性比例为（女）100∶（男）119。[3]可见，在清代后期，台湾人口的结构已基本上趋于正常。

在职业结构方面，在移民社会中，居民的职业结构比较简单，除了业主、富户之外，其他居民则多是佃农、工匠，此外，无业游民在社会人口中占有相当大的比例。开港以后，随着开发的深入、经济的发展以及商业贸易的繁荣，居民的职业结构也渐趋复杂和完备。根据日据时期所作、记述清末情况的《安平县杂记》所开列的职业就有士、农、工、商四大类以及吏书、兵役、肩挑背负、巫、医、道、山、命、卜、相、娼、优、隶卒等类，其中各种工匠如铜匠、铁匠、裁缝、绣补、瓦窑、铸犁头、银店、牛磨、染房、修理玉器、织番锦、马鞍店、做头盔、草花店、钉秤、做藤、塑佛、煮洋药（鸦片）、焙茶、做钓钩等行业的"司阜"（师傅）竟有101种之多，职业构成极为复杂。[4]另外，由于道光以后，姚莹等地方官实行"收募游民，化莠为良"的政策，以及开港后对外贸易的发展，带动了经济的繁荣，制糖、制茶、制樟脑等产业兴起，吸收了大量的劳动力，原来四处飘荡的无业游民在人口中所占的比重大大地减少了。

开港之后，外商纷纷来台设立洋行，随着贸易的需要，一批买办商人应运而生，他们四方奔走，替外商推销洋货，收购土货，成为外商在贸易活动中不可缺少的帮手。许多买办还利用职务之便，自己兼营商业，并在短短的几年之内发了大财，成为买办富商。这些买办中较为有名的有李春生、陈福谦和沈鸿杰等人。随着买办势力的发展，本地的买办商业资本也开始形成。

除了买办商业资本之外，近代民族资本也有一定的发展。如华商在台北开设的100多家茶行，在其他地方开设的各种行店，都可以归入民族资本之列。此外一些士绅和官员也参加对外贸易的活动，如雾峰的林朝栋和苗栗的黄南球等人，他们一方面协助巡抚刘铭传经办抚垦事务，同时自己也经营樟脑生意而获利致富，其所营产业具有近代民族资本的性质。有些买办资本到后来也出现了向民族资本转化的趋势，如李春生等人后来脱离了买办生涯，自营其业，与外商展开竞争。上述这些人都与对外贸易有关，他们或由官而商，或由商而官，或亦官亦商，有一定经济实力，社会地位也较高，是在新的历史条件下兴起的一个新的社会阶层，并取代了昔日郊商在社会中的地位，在地方的政治经济生活中崭露头角。

另外，伴随着商业的发展和其他工矿企业的设立，雇佣关系也有很大发展，单是基隆煤矿一处的工匠人数就不下千余名，就全国范围而言，仅次于直隶开平煤矿。茶叶为台湾最大宗出口货，因而制茶业中所雇佣的工人人数也最多。每逢新茶上市之时，单大稻埕一地各洋行和华商茶行所雇佣的工人平均每天 12000 名以上，这些工人大部分是按天计件付资的。[5] 在樟脑业中脑丁也是受雇的工人，由脑长招徕，也有脑丁、脑长同时受雇于脑商的，在日据前夕制脑工人人数估计有 13000 余人，在平时至少也有数千人之多。[6] 除此以外，还有人数众多分散在各口岸码头的挑夫、船夫和搬运装卸工人等等，他们会合在一起形成了一支有相当数量的工人队伍，给台湾的社会结构注入了新的血液。这些情况表明，开港以后，台湾社会的阶级结构也发生了一定的变化。

祭祀圈和宗族是研究台湾移民社会组织的两条重要线索，超祖籍的祭祀圈的建立和血缘宗族的形成，是台湾由移民社会转变为定居社会的重要标志之一。

早期移民供奉携自原籍的守护神的香火或神像，后来各个村落普遍建立土地庙，进而兴建村庙。随着地方的开发，人口增多，聚落规模扩大，集镇街市开始形成，拥有财富者乃在社区内鸠资兴建规模宏敞的庙宇，供奉社区守护神。与此同时，还出现了层次不同、与聚落相关的地域祭祀组织，即祭祀圈。所谓祭祀圈，指的是"为了共神信仰而共同举行祭祀的居民所属的地域单位"。[7] 实际上，以地方守护神的共同祭拜为主要特征的祭祀圈，在闽粤两省早就普遍存在着。清代中叶以后，随着移民在台居住的时间越来越久，居民的祖籍观念渐趋淡薄，他们对本土、现居社区的认同感则有所加强，即在认同意识上，由原来的"唐山人"、"漳州人"、"泉州人"、"安溪人"等概念转变为"台湾人"、"下港人"、"南部人"、"宜兰人"等。[8] 这种认同意识变化的主要表现之一就是祭祀圈的扩大，出现了超聚落、超祖籍，范围涵盖全乡或全镇的祭祀圈。以往属于大陆祖籍地的神明，逐渐超出原有祖籍群体的范围，成为居住于同一区域内不同祖籍居民们共同奉祀的新的守护神。如道光年间，彰化平原的漳州人和客家人曾联合起来，组成一个超越祖籍分类的祭祀团体——"七十二庄组织"。[9]再如中部的一些三山国王庙,原先是由客家人所建立供奉的,后来客家人虽然他迁别处,但三山国王庙却仍然屹立在福佬人的聚落中,三山国王因而也成为闽籍居民的保护神,沙辘的保安宫即属此类型。[10]又如彰化的南瑶宫,到清代后期,该祭祀圈以 10 个"会妈会"为中心,发展成为范围涵盖整个浊大区域内漳州人与福佬客占据的地区的妈祖信仰圈。原来以祖籍地缘关系为基础进行组合的情况有了改变。

宗族是中国传统社会中群体组织的基本形式之一,它既是一个以血缘为主的亲属群体,又是"聚族而居"的地缘单位。在闽粤两省,同姓数百家,乃至数千家集居一村,是十分常见之事。而在台湾,由于政府禁止携眷政策的限制,渡海来台者多为单身男子,很少有举家举族迁居的现象。以后随着时间的推移和政府禁渡政策的日渐松弛,世代繁衍,人口增多,以及开发进程的发展,部分人有了一定的财富积累,宗族形成的条件逐渐具备,宗族组织开始在移民社会中孕育、形成。台湾汉人宗族可以分成两种类型,一种是"合约字宗族",又称大宗族;另一种是"阄分字宗族",亦称小宗族。

合约字宗族是由来自同一祖籍地的移民,以契约认股的方式,共同集资购置田产,设立祭祀公业所组成的。其派下人的权利与义务关系,也就采用"照股份"的形式,而非传统宗族的"照房份"的形式。他们所奉祀的往往是世代较远的在大陆上的祖先,故又称为"唐山祖"宗族。宗族的成员有的是由派生于大陆同一宗族的移民或其后裔组成的,有着相当明确完整的系谱关系,这种情况多在同族移民相对集中的地区出现。彰化社头和田中的萧氏宗族、新竹六家林姓聚落的会份尝宗族即属此类。[11]有的宗族成员之间并没有血亲关系和共同的系谱结构,仅仅是基于同姓的基础,祭祀远古的共同祖先,如竹山镇社寮的庄招富、庄招贵堂,后埔仔曾氏祠堂、东埔蚋的刘氏家庙、林圯埔崇本堂、硘磘陈五八祠堂以及宜兰地区的林氏追远堂及李氏敦本堂等即属此一类型。[12]从表面上看,合约字宗族是以祭祀共同的祖先为目的,实际上则是一种共同利益团体,具有浓厚的经济取向。其成员之间透过宗亲的关系聚集劳力和资本,积极从事垦辟工作,并在激烈的竞争环境中达到守望相助、合力攻防的目的。阄分字宗族与阄分祖先的财产有关。在阄分财产时,往往会抽出一部分充作祭祀公业,这就是阄分字宗族形成的基础。阄分字宗族祭祀的是世代较近的开台祖,所以这种宗族又称为"开台祖宗族",族人一般都是这位开台祖的后代,相互之间具有明确的血缘关系。这种血缘性宗族大多数是在 19 世纪下半叶才出现的。例如南投县以竹山为中心的林圯埔的六个小宗族，创立的时间则均在 1854 年以后。[13]由上述可知，台湾汉人社会宗族组织，基本上是由志愿性的唐山祖宗族，向以开台祖为祭祀对象的血缘性宗族演变，以血缘为基础的组合逐渐形成。

台湾历史纲要

参 考 文 献

〔1〕台湾文献丛刊第 200 种，《台案汇录庚集》，第 157 页。

〔2〕道光重纂《福建通志》卷 48；《台湾省通志》卷二，54 页。

〔3〕台湾省文献委员会，《台湾省通志》卷二，《人民志》《人口篇》，台湾众文图书公司，1980 年版，第 60 页。

〔4〕陈孔立.《清代台湾移民社会研究》，厦门大学出版社，1990 年版，第 50—51 页。

〔5〕J.W.Davidson. *The Island of Formosa, Past and Present*，p.385.

〔6〕林满红.《茶、糖、樟脑业对晚清台湾社会经济之影响》，载《台湾银行季刊》，第 28 卷第 4 期。

〔7〕林美容.《由祭祀圈到信仰圈》，载张炎宪主编《中国海洋发展史论文集》第三辑，第 93 页。

〔8〕陈其南.《土著化与内地化：论清代台湾汉人社会的发展模式》，载《中国海洋发展史论文集》第一辑，第 338 页。

〔9〕许嘉明.《彰化平原福佬客的地域组织》，载"中研院"《民族学研究所集刊》第 30 期。

〔10〕洪丽完.《清代台中地方福客关系初探》，载《台湾文献》第 42 卷第 2 期。

〔11〕庄英章.《唐山到台湾——一个客家宗族移民的研究》，载《中国海洋发展史论文集》第一辑。

〔12〕庄英章.《台湾汉人宗族发展的若干问题——寺庙宗祠与竹山的垦殖型态》，载"中研院"《民族学研究所集刊》第 36 期；陈进传.《宜兰地区宗庙祠堂初探》，《宜兰文献》，1994 年，第 3 期。

〔13〕庄英章.《林圯埔——一个台湾市镇的社会经济发展史》，第 194 页，载"中研院"《民族学研究所专刊》第 8 号；李亦园.《台湾传统的社会结构》，载台湾文献会编《台湾史迹源流》，第 219 页；除竹山地区外，庄英章对头份和新竹六家林氏宗族的相关研究，也进一步证实了这一结论。

三、农民起义与社会矛盾的变化

开港以后，外国商品不断地冲击中国市场，鸦片烟毒泛滥，东南沿海及台湾受害最深。"台地贵贱贫富良莠男女，约略吃烟者不下十万人"，据地方官员计算，仅此一项，"每日即耗银十万两"。白银大量外流，"从1840年以后，台湾农村出现银贵钱贱问题，严重影响白银的流通与供给。同时期，由于大陆沿海地区进口大量泰国等地米谷，导致台米滞销，米价下跌，造成农村经济萧条。"[1]这种严重的后果都被转嫁到人民身上。当时10石谷子才能换得5元至6元，加上地方官吏的各种盘剥，民间不满情绪增长。到了50年代和60年代，中国大陆发生大规模的太平天国农民起义，各地人民纷纷响应，形成了一次革命高潮。在这种情况下，台湾也发生了一些反对清政府的起义事件。咸丰三年（1853年），由林恭、王汶爱、李石等在南部、中部发动起事，得到各地的响应，从郡城到凤山，"树贼旗至数万家"。可是很快就被镇压下去了。咸丰四年（1854年），厦门小刀会被官兵打败后，由首领黄位率队，驾船十几只，渡海前来台湾，进攻香山港及基隆、苏澳等地，也被打败。同治元年（1862年），又发生戴潮春事件，规模最大，历时最久，影响也最深远。

当时，太平军的势力已经扩张到浙江，清政府调台湾军队前去救援，岛内防务空虚。戴潮春组织的八卦会，广招会众。入会者每人纳银5角，以"洪英兄弟"相称。入会者渐多，以致"富户挟巨资始得入会过香"，到后来"总计过香上簿者多至十余万"，[2]声势大增。于是，他们决定利用有利的时机，发动起事。3月18日至19日，围攻彰化县城，20日进城，处死以贪酷激变的副将夏汝贤，而对前任知县高廷镜等则以"清官"放回。这时各地竖旗响应，彰化一县就有股首360多人。主要的力量有四块厝的林日成、北势南的洪枞和小埔心的陈弄等。戴潮春自封东王，称千岁；林日成也称千岁，封南王；以陈弄为西王，洪枞为北王。下设元帅、将军、先锋、都督等。分兵三路，攻下斗六，包围嘉义、大甲、鹿港等地，但攻势渐弱。到1863年，由水师提督、北路协副将、陆路提督率领的官兵分批渡台，起义者基本上处于守势。12月，彰化、斗六先后失守。不久，戴潮春被害。余众仍然坚持战斗，一度攻打彰化。直到1865年4月才基本上被镇压下去。

这个事件有一些特点：第一，它明显地受到太平天国运动的影响，在封爵、蓄发等方面模仿太平天国的一些形式，但似乎并没有直接的关系，不过它客观上牵制了清军的一些兵力，对太平天国的斗争起了配合作用，成为中国近代反封建斗争的一个组成部分。第二，在这个事件中，不少地方豪族成为领导人物，陈弄是小埔心巨族，陈弗是茄投大姓，洪枞是水沙连殷户，林日成属于"后厝林"，与"前厝林"即雾峰林家相对抗。当时政府的力量不强，"强宗巨族往往各占地盘，甚至养私勇以维护或扩张其利益，豪族的动向对社会治安有决定性的影响力。"[3] 地方豪族的参加，一方面表明了事件本身有一定的复杂性，他们既有反抗官府的动机，又含有与其他豪族矛盾的因素；另一方面说明强宗巨族，即以姓氏组合的势力，已经在社会上起相当的作用。同时，还表明它与过去以农民、游民为主导的事件不同，会众和大姓的族人成为骨干，尽管还有一些游民参与其中，但他们的地位已不如过去了。第三，戴潮春是漳籍的，他早就强调"二属（指漳、泉）不相欺凌，方可协衷共济，庶免分类之变"，[4] 并注意吸收泉籍人和粤籍人参加。所以，在初期漳、泉民众都参与会盟，粤籍民众也"多附贼抗官"。[5] 这与过去分类意识严重的情况也有不同，可惜起事之后没有充分重视这个问题，不同祖籍的参加者仍然发生矛盾，造成不少损害。

这个事件是在移民社会向定居社会转变时期发生的，从中可以看出，宗族势力正在发展，游民在社会上的影响已经削弱，分类意识有所淡化，这都是社会变迁的一些现象。大约就在这个时期，台湾以祖籍地缘为中心的分类械斗逐渐减少，而在华南地区常见的不同宗族之间的异姓械斗或同姓中的大小房械斗开始出现，如同治年间台南苏黄二姓械斗；嘉义柳仔林等庄吴黄二姓械斗；麻豆社谢、方、王、李等姓互斗；彰化西螺等地廖姓对李、钟二姓械斗；噶玛兰罗东林姓与陈、李二姓互斗；光绪年间台南中洲陈姓与头港吴姓械斗；凤山林姓同族械斗；鹿港桥头陈、施二姓械斗；云林四湖羊稠厝吴姓与内湖吴姓械斗；学甲黄姓与谢姓械斗等。[6] "19世纪60年代以后，世仇争斗主要限于同姓之中、异姓之间以及同业之中。"[7] 这说明传统的血缘性宗族已经出现，社会矛盾正在发生变化。

与此同时，台湾也迈入了"文治社会"的进程。过去由于移民的文化水平较低，"整个社会呈现出豪强称雄，文治落后的情形"。[8] 进入清代后期，上述情形有较大的改观。土地开垦的成功及经济的繁荣，为文教的发展提供了必要的物质基础，加之姚莹、徐宗幹等地方官员的尽力提倡，地方文化教育事业与以往相比有较为长足的进步。书院的数量明显增多，自康熙二十三年到光绪十九年止的210年间，各地共设立书院45所，其中在道光以后70多年间设立的达24所，占总数的一半以上。[9] 随着文教的普及，中华文化传统的伦理道德和价值观念日渐深入社会各个阶层。开垦有成，经商致富也使更多的人转向致力科举，博取功名。道光以后，科举渐趋鼎盛，在北部地区更为明显。各个时期台籍人士科举中试的人数比较见表 5-2。

表 5-2

	康雍时期 （1687~1735）		乾隆时期 （1736~1795）		嘉道时期 （1796~1850）		咸光时期 （1851~1894）		合计	
举人	15	5.98%	56	22.31%	74	29.48%	106	42.23%	251	100%
进士	0	0	2	6.90%	6	20.69%	21	72.41%	29	100%

资料来源：转引自李国祁：《清代台湾社会的转型》。

据上表统计，不论是举人或是进士，其中试人数的比例均以 19 世纪下半叶为最高，前者为 42.23%，后者达 72.41%，足见此一时科举风气之盛，以至出现了同一家族父子或兄弟皆有科举功名者。如施琼芳、施士洁父子皆中进士，林廷璋、林逊贤及林国芳、林维让叔侄同榜举人，郑用锡诸兄弟皆有科举功名等。科举考试以正统的儒家经典为主，中国传统的伦理道德观念，因科举考试的关系深入社会各阶层，这意味着中华文化在台湾的发展与成长，[10] 同时也显示了台湾文教制度的发展水平与普及程度已渐渐与大陆内地趋于一致。

以上情况表明，移民社会经过一百多年的发展，加上在开港以后，受到外国资本输入的影响，台湾社会发生了较大的变化：社会结构从以地缘关系为主的组合转变为以宗族关系为主；械斗形式从以分类械斗为主转变为以宗族械斗为主；阶级结构、职业结构从简单变为复杂；人口结构从以移民为主转变为以移民的后裔为主，男女比例趋于平衡；政权结构有所加强，直到设立行省；科举制度逐渐完善，士绅阶级成为社会的领导阶层；中华文化的影响不断加强；与此同时，开始出现新式工业的企业，产生了民间资本和新的工人队伍；农业、商业和对外贸易有所发展；人口逐渐流向市镇；社会观念、价值观念开始发生变化等。所有这些现象都表明了台湾社会和大陆社会更加接近，更加趋同了。另一方面，定居以后，移民的后裔逐渐转化为土著居民，对现居地的感情日益加深；分类意识有所下降，不同祖籍的移民走向融合；

认同台湾和认同祖籍同时存在；这表明台湾已经从移民社会转变为定居社会了。这时台湾和大陆沿海一样，是受外国侵略比较严重的地区，民族矛盾上升为主要矛盾，从此以后，反对外国侵略的斗争不断发生，而社会内部的矛盾则相对缓和，不再出现重大的政治性事件。

参 考 文 献

〔1〕陈秋坤.《清代台湾土著地权》，"中研院"近史所，1994 年版，第 239 页。

〔2〕吴德功.《戴施两案纪略》卷上。

〔3〕黄富三.《雾峰林家的兴起》，台北自立晚报社文化出版部，1987 年版，第 212 页。

〔4〕蔡青筠.《戴案纪略》，台湾文献丛刊本，第 7 页。

〔5〕林豪.《东瀛纪事》卷上。

〔6〕曾元福奏折，同治三年十一月二十五日，军机处录副。转引自陈孔立《清代台湾移民社会研究》，厦门大学出版社，1990 年版，第 39 页。

〔7〕许文雄.《清代台湾边疆的社会组织与社会动乱》，载《台湾研究集刊》1988 年第 1 期。

〔8〕〔10〕李国祁.《清代台湾社会的转型》，载《中华学报》第 5 卷第 2 期。

〔9〕黄秀政.《台湾史研究》，台北学生书局，1992 年版，第 108—109 页。

第三节　台湾建省与近代化的开始

一、日本的入侵

19 世纪 60 年代和 70 年代，外国资本主义列强纷纷从四面八方向中国边疆侵逼，造成中国边疆的普遍危机。就台湾来说，美国、日本、法国接二连三武力侵犯，造成台澎地区和东南沿海严重的危机，成为当时边疆危机的一个组成部分。

1867 年 3 月，美国商船罗佛号（Rover）由汕头开往牛庄途中，在台湾南部沿海失事，船员十多人乘舢板逃到琅峤（今恒春）一带上岸，侵入土著居民科亚人地区，全部被杀。美国驻北京公使蒲安臣（A.Burlingame）闻讯，一面要求总理衙门查办，一面通知美国舰队司令派军舰赴当地会同地方官查办。美国海军部命海军少将贝尔（H.H.Bell）率两艘军舰前往征讨。6月，贝尔率陆战队181名官兵在龟仔角登陆，攻击科亚人。科亚人将美军引至山区进行还击，略有杀伤，迫使其退回海上。美驻厦门领事李仙得（C.W.Le Gendre）经台湾镇总兵同意，直接与科亚首领卓杞笃谈判，就善待西方国家难民、外国船员不得进入村庄等达成协议。从此李仙得接连进入台湾内地，与各部落头目联系并实地调查，成为"台湾通"。几年后，他充当了日本侵略台湾的帮凶。

1871年12月，60多名琉球人乘船遇风，漂流到台湾南部海岸上陆，其中54人被附近的高士佛、牡丹两社居民杀害，另12人逃脱得救，辗转被送到福州。当地政府给予抚恤，遣送回去。

当时日本刚开始明治维新，对外要"开疆拓土"，琉球和台湾成为其向南扩张的目标。日本当权者正酝酿吞并琉球，得到琉球船民遇难事件的消息，就有人提出向台湾兴师问罪。于是统治集团中兴起了一股"征台论"。日本积极向美国人请教：外务卿副岛种臣向美国驻日公使索取贝尔入侵台湾的资料，并聘请李仙得为外务省二等出仕。李仙得提醒日本政府，在对台采取军事行动前，要先和清帝国就处理台湾土著居民问题进行谈判，以证实清帝国对此缺乏行使权力的能力。1873年，副岛出使中国，派随员柳原前光到总理衙门进行试探。柳原提出："贵国台湾之地……贵国所施治者仅及该岛之半，其东部土番之地，贵国全未行使政权，番人仍保持独立状态。前年冬我国人民漂流至该地，遭其掠杀，故我国政府将遣使问罪。唯番地与贵国府治接壤之处犬牙交错，如不预先告知贵国而遽兴此役，倘或波及贵国辖地，有伤于两国之和好。思虑及此，故预先妥作说明。"[1]总理衙门大臣表示琉球是我属邦，人民被害与贵国不相干；而对于"土番"，却说是"生番"在"化外"，"乃我政教未逮"。副岛把全部谈话归结为："生番之地为贵国政教不及之区"，回国后极力主张尽早采取行动。不久日本政局发生动荡，统治集团亟须以外战转移内争，于是决定发动侵台战争。

1874年2月6日，日本政府通过《台湾番地处分要略》。4月4日，组成"台湾生番探险队"即征台军，先后动员兵员3000多人，由正规常备兵及"殖民兵"等组成。[2]5月，"台湾番地事务都督"陆军中将西乡从道下令舰队向台湾进发，大军在琅峤登陆，其攻击目标主要是牡丹、高士佛两社。5

月 18 日，日军开始与当地居民交锋，22 日攻占石门，牡丹社酋长阿禄父子等阵亡。6 月初，日军 1300 人分三路由枫港、石门、竹社进攻并占领牡丹社，大肆纵火焚毁庐舍。13 日进占龟仔角社。对琅峤地区其他各社，则"以甘言财利说降"，发给"保护旗"、"归顺票"，进行笼络分化。7 月中，日军已完成对各社的征讨、诱降，集结于从枫港、双溪口到溪口港沿海地区，并以龟山为中心，建立都督府。

清政府于 4 月 18 日得到日本兴兵侵台的消息，5 月 11 日照会日外务省提出质问。随后命福建船政大臣沈葆桢带领轮船兵器，前往台湾受侵地区察看，并授予他处理日本侵台事件的军事外交大权，以潘霨帮同办理。6 月中，沈、潘到台湾，一面向日本军事当局交涉撤军，一面着手布置全岛防务：招募勇营、举办团练、添置军火、派人购买铁甲舰、筹议敷设陆上及海底电报、开通山路等。为防卫台湾郡城，仿照西法兴筑安平炮台，加固台南城垣；兼顾南北两路，由大陆运兵增防。这些措施渐次推展开来，形成相当的声势，使日军不能不有所顾忌。侵台日军本身也因气候炎热，不服水土，疾疫流行，病死日增，士气低落，陷入了进退维谷的境地。日本侵台战争难以进行下去，不得不寻求外交解决的途径。

日本为发动侵台之役设定了一条根据，说它要攻占的台湾"土番"居住地区是"无主之地"，不在中国主权之下。柳原前光奉副岛种臣之命与总理衙门大臣会谈已提出这一点，日本政府制定的《台湾番地处分要略》第一条更写道："台湾土著部落为清国政府政权所不及之地……故视之为无主之地。"西乡从道率兵入台，坚持"番地"不在中国版图之内。柳原被派为驻华公使，来办理侵台外交，也宣扬"台湾生番如无主之人一样，不与中国相干"。后来大久保利通作为全权办理大臣来华，仍以台湾"生番不服教化，地非中国所属"为言。这种割裂中国领土、分化中华民族的论调，受到了清政府的驳斥。清朝官员一再申明："台湾全地久隶我国版图……虽生番散处深山……文教或有未通，政教偶有未及，但居我疆土之内，总属我管辖之人。""其地土实系中国所属"，"合台郡之生番，无一社不归中国者"，切实维护了中国在台湾全岛的主权。大久保逐渐认识到，只有在清政府所坚持的"番地属中国版图"的前提下，才能和平解决日军侵台问题。经过一番外交斗争，最后总理衙门与大久保议明"退兵并善后办法"，10 月 31 日，签订《北京专条》。清政府对日妥协，同意付给"日本国从前被害难民之家"抚恤银 10 万两，留用日军在台"修道建房等",付银 40 万两。日军应从台湾退出,12 月 20 日撤尽。

日本入侵台湾是对中国在台湾的主权和领土完整的一次重大挑战。日本出动大军企图以"无主之地"为由加以侵占,所以具有空前严重的含义。对中国来说,这是一次严重的边疆危机。经过这场斗争,日本的挑战受到挫败,《北京专条》表明整个台湾岛的主权都属于中国。[3]

参 考 文 献

〔1〕[日]外务省编.《日本外交文书》第 6 卷,第 178 页。

〔2〕藤井志津枝.《近代中日关系源起》,台北金禾出版社,1992 年版,第 105—106 页。

〔3〕张振鹍.《关于中国在台湾主权的一场严重斗争——1874 年日本侵犯台湾之役再探讨》,载《近代史研究》1993 年第 6 期。

二、治台政策的转变

日本侵台之役给清政府的最大教训就是认识到自己防备空虚,必须急起补救。1875 年 5 月,清廷发布上谕,派李鸿章督办北洋海防事宜,沈葆桢督办南洋海防事宜,中国近代海军的建设从此走上轨道。

就台湾来说,治台政策的最大转变在于从防内为主,转变为御外为主。台湾一再遭受外国武力入侵,说明危险主要来自外部而不在内部。外国入侵的危机促使清统治者检讨其治台政策的利弊得失,每一次危机过后都有一番检讨,都有一番更张。在这个意义上,外来威胁成了台湾内部革新的催化剂。过去清政府认为,"台湾之患率由内生,鲜由外至",因此主张加强弹压巡防,便可日久相安。随着外国的入侵,官员们开始重视台湾,把它称为"七省门户""南北洋关键""中国第一门户"。沈葆桢、丁日昌等一再奏请对日本侵台应加严密设防,总理衙门也指出"经营台湾实关系海防大局",这是对台湾地位的一种新认识。在这方面感受最深、变革最力的是沈葆桢。日本侵台事件刚结束,他就上了一个奏折指出:"此次之善后与往时不同,台地之所谓善后,即台地之所谓创始也。"[1]从这时起,他相继提出并实施了一系列治台政策和改革措施。

他在这个奏折中提出第一项改革建议,请"仿江苏巡抚分驻苏州之例,移福建巡抚驻台"。他写道:"台地向称饶沃,久为他族所垂涎。今虽外患渐平，旁人仍眈眈相视，未雨绸缪之计正在斯时。而山前山后，其当变革者，其当创建者，非十数年不能成功；而化番为民，尤非渐渍优柔不能浑然无间。与其苟且仓皇，徒滋流弊，不如先得一主持大局者，事事得以纲举目张，为我国家亿万年之计。况年来洋务日密，偏重在于东南，台湾海外孤悬，七省以为门户，其关系非轻。欲固地险，在得民心；欲得民心，先修吏治营政；而整顿吏治营政之权操于督抚，（闽浙）总督兼辖浙江，移驻不如（福建）巡抚之便。……为台民计，为闽省计，为沿海筹防计，有不得不出于此者。"此议后来稍有改变，从 1875 年 11 月起定为福建巡抚"冬春驻台湾、夏秋驻福州之制"。[2] 这个有关行政体制的改变，对清政府治理台湾有着全局性的影响。1875 年 1 月，沈葆桢上奏折又提出三项改革：一、废除严禁内地民人渡台的旧例；二、废除严禁台民私入"番界"（土著居民居住地区）的旧例；三、废除严格限制"铸户"、严禁私开私贩铁斤及严禁竹竿出口的旧例。[3] 这些改革的实质含义是：使大陆人民得以向台岛自由迁徙；打破台岛西部滨海平原所谓"山前"（占全岛面积 1/3）与东部"山后"（占全岛 2/3）间的人为壁垒，使汉族居民与土著居民间得到往来交流的自由；打破台岛内经济生活中的若干桎梏，使人民的物质生产与物资流通得到自由，变防民为便民。

沈葆桢提出这些改革，主要是为推动台湾土地的开发、特别是后山的耕垦，而鼓励后山的垦殖，又与所谓"抚番"，即加强对土著居民的治理密切相连。这项工作在处理日本侵台事件时已经着手，"抚番"与所谓"开山""开路"相辅而行，这也是着眼于安抚内部，加强海防，因而绝非权宜之计，而是治台的经久之谋。自 1875 年起，这项工作大规模展开，调兵 19 营分三路开山。南路：一由凤山的赤山越山至卑南（台东），一由社寮循海岸东行到卑南；中路：由彰化的林圮埔越山至璞石阁（玉里）；北路：自苏澳沿海岸至奇莱（花莲），均于一年内完成。"开山抚番"使东西海岸连成一片，有利于巩固海防，同时对促进东部的开发和汉族与土著居民的交往都有正面意义。但是，当时部分土著居民拒不"受抚"，时常发生袭击官兵、杀害汉民的事件，在同治、光绪之间出现了一次"番变"高潮。地方官员处理不善，发生了不少流血事件。

沈葆桢对台湾行政体制也提出并实行了一些改革，主要有在艋舺创建台北府；增设恒春、淡水两县；改原淡水厅为新竹县，原噶玛兰厅为宜兰县。至于加强海防的具体措施，如建设新式炮台、购买洋炮及军火机械，购买铁甲船，练水雷军等，在沈葆桢、丁日昌主持下，都在加紧进行。上述治台政策的转变和具体措施都得到清廷的批准，因而加强和改进了清政府对台湾的治理，密切了大陆与台湾以及岛内人民的关系，促进了台湾的开发，对台湾的"外防内治"起了积极的作用。

参 考 文 献

〔1〕《沈文肃公政书》第 5 卷，第 1—5 页，同治十三年十一月十五日。

〔2〕《德宗景皇帝实录》卷 20，见《清实录》第 52 册，中华书局，1987 年版，第 322 页。

〔3〕《沈文肃公政书》第 5 卷，第 14—16 页。清代为防止民间制造铁器造反，对鼓铸锅皿、农具予以限制，全台只有 27 家铸户。禁止竹竿出口也是防范民间"济匪"的一种措施。

三、法国的入侵

1884 年，边疆危机再起。当时法国为占有越南北部、打开中国西南地区的门户，中国为制止法国的侵略、保卫西南边疆的安全而发生了中法战争。战争于 1883 年 12 月在越南北部领土上爆发，清军战败，1884 年 5 月双方签订《李（鸿章）福（禄诺）简明条约》。6 月 23 日，又发生北黎冲突，法国再燃战火，并将战区扩大到中国东南沿海，重点就是开辟台湾战场。

法国选定台湾为进攻目标，导源于它夺取赔款抵押品的政策。它把北黎冲突的责任完全推给中国，要求给予赔款；如遭拒绝，即以直接行动获取抵押品。7 月 12 日，法国以最后通牒向清政府要求赔款 2.5 亿法郎。次日，法海军及殖民地部长电令海军中将孤拔（Courbet）派军舰去福州、基隆，准备在法国最后通牒被拒绝时占领这两个港口作为抵押品。基隆附近有机器开采的煤矿，可作为煤炭补给中心。31 日，最后通牒期满，法海军部长电令孤拔立即派军舰去基隆。8 月 2 日，电令攻击基隆，由海军少将利士比（Lespès）执行。

台湾防务经台湾道刘璈筹划，已有全盘部署。全台防军共 40 营配置各地，以南路为防御重点。6 月 26 日，清廷命刘铭传以巡抚衔督办台湾事务。他受命后仓促赴台，7 月 16 日到基隆，旋移驻台北府城。他鉴于"全台防务台南以澎湖为锁钥，台北以基隆为咽喉"，立即决定在基隆外海口门增筑炮台、护营，并调章高元武毅两营北上，加强台北防务。布置未定，法军已来挑战。

8月4日，法舰多艘直逼基隆，利士比向清守军发出最后通牒，要求交出港口及煤矿，否则翌晨将攻击炮台。5日晨，炮击开始。利士比以3艘军舰上49门火炮的巨大优势，摧毁清军数处炮垒及营房。海滨防守困难，各营撤出阵地，法军登陆，占领基隆港，将港内各种设施尽行破坏。6日，法军在炮火的掩护下，向基隆市区侦察推进。清军迎战，对法军进行拦截、包抄、反击，法军被迫退回舰上，侵占基隆的计划破产了。

法军侵犯基隆首战受挫后，19日，向清政府提出和议新条件，将赔款要求减为8000万法郎，限48小时内接受。清政府再次拒绝。此时，法舰已有预谋地集中于福州马江，23日，突然向中国各舰发动袭击。福建水师战舰11艘或沉或伤，几乎全军覆没。法舰又轰毁马尾造船厂和马江沿岸各炮台，然后撤出，全力侵台。

10月1日，孤拔督军大举进犯基隆，10艘军舰百余门大炮同时向守军炮台及阵地猛烈轰击。台湾军民奋力还击，不能奏效，被迫退出第一线。法军乘势登陆进攻，守军再退，基隆港湾及周围阵地尽失，基隆市区告危。这时沪尾不断告急，要求增援。刘铭传认为，为保台北，沪尾重于基隆，于是决定撤离基隆，移师沪尾。2日，法军侵占基隆。8日，发生沪尾大战。利士比以军舰7艘猛轰并压制沪尾炮台及防御工事，然后登陆，分几路前进。法军一进入丛林，便失去了统一的指挥，只得各自为战。这时，埋伏在各处的清军奋起反击，双方短兵相接，守军充分发挥自己的优势展开近战，各路敌军都受到重创。法军只得奔向海滩，退回舰上。法国人不得不承认，"淡水的败战突然发生，它一方面使我们看出中国兵力的强大，一方面使我们明白局势的危险。这次败战是难以补救的。"[1]自此以后，法军舰队只能轮流在淡水河口对这个海港实施封锁，再没有能力发动进攻了。

10月11日，法国拟定新的和议条件，其中一条是法国占领基隆，直到《李福简明条约》完全实行为止；它不再明提赔款，但保留据有基隆及淡水的海关及矿区若干年，作为赔款的等价代替品。这些条件又一次被清政府断然拒绝。孤拔为围困台湾，断绝台湾的对外联系以及来自大陆的接济，10月23日，对台湾实行海上封锁，将全岛所有港口及距岸5海里以内的区域（东海岸除外）都划作封锁区。这给台湾的抗法斗争造成很大困难，但这种封锁并不能完全奏效。

大陆各地征集商船或雇用外国船只利用夜航、暗渡等方式冲过封锁，从上海、华北、广东等地运去军队以及毛瑟枪、克虏伯炮等军火和饷银，因此大陆一般民船经常遭到法国军舰的炮击。台湾人民更是积极支援抗敌斗争，募勇参战或捐资助战。陆上斗争集中在基隆一带，从11月以来，双方冲突时续时停。1885年1月以后，战斗加剧。3月初，法军增兵大批到达，侵占月眉山、大水窟等地，清军退守基隆河以南，河北要区悉为敌踞。两军隔河对峙，直至战争终止。

这时在台湾之外，形势发生了重大变化。第一，3月29日，法舰向澎湖发起攻击，31日占领澎湖岛，对台湾岛构成巨大威胁。第二，3月下旬法军在越南北部溃败，中国因镇南关——谅山大捷，而在陆地战场上占有了极其有利的地位。第三，在巴黎，中法秘密议和谈判正取得决定性的进展。清政府决定"乘胜即收"，4月4日与法国签订停战协定。清廷认为，"越地终非我有，而全台隶我版图，援断饷绝，一失难复，彼时和战两难，更将何以为计？"可见清政府急于结束中法战争，是基于保全台湾的需要。《中法停战协定》第2款规定："中法两国允俟必须之命令能颁布并奉到后即行停战，法国并允将台湾封港事宜撤除。"据此，4月16日，法舰撤除对基隆及淡水的封锁。6月9日，中法签订最后和约，第9款规定："此约一经彼此画押，法军立即奉命退出基隆，并除去在海面搜查等事。画押后一个月内，法兵必当从台湾、澎湖全行退尽。"6月21日，法军从基隆撤走，7月22日，法军撤出澎湖，台湾危机到此解除。

参 考 文 献

〔1〕E.Garnot 著，黎烈文译.《法军侵台始末》，台湾研究丛刊第73种，1960年，第31页。

四、台湾建省

关于台湾建省问题，早在1874年日本出兵琅峤事件发生后，丁日昌就已提出，将来"可另设一省于此，以固夷夏之防，以收自然之利"。[1]钦差大臣沈葆桢与会同帮办台湾事宜、福建布政使潘霨也提出台湾可建三郡十数县，非一府所能辖，但"欲别建一省，又苦器局之未成"，乃奏请闽抚移驻台湾，[2]并创造将来分省的条件，经吏部议准。当时福建巡抚王凯泰认为"省台不能分家"，担心巡抚"长驻海外，将变成台湾巡抚，提饷呼应不灵"，主张仿照直督驻津之例，往来兼顾。沈葆桢同意采用"兼顾"的办法，认为这是"时势所不得不然"。[3]他与闽省督抚、将军联衔奏请"以巡抚兼顾省台"。后来经谕准实行"闽抚冬春驻台，夏秋驻省"，两地兼顾。

1876年春，继任巡抚丁日昌忙于整顿吏治，无法按期渡台，他以省台远隔重洋，难以兼顾，奏请简派重臣驻台督办。侍郎袁保恒则奏称：台湾为各国所垂涎，欲加强海防，非专驻大臣，镇以重兵，实力整顿，未易为功。若以巡抚分驻半载，无济于事。建议仿直隶、四川、甘肃各省皆以总督兼办巡抚事，"改福建巡抚为台湾巡抚，常川驻守，经理全台，其福建全省事宜归总督办理"。[4]上述方案均未被批准，而"省台兼顾"则困难重重，分驻变成具文。1878年，丁日昌要求恢复由督抚轮赴台湾巡查的办法，于是实行三年的"冬春驻台"方案被取消了。

1879年，日本用武力吞并琉球，台防又趋紧张，李鸿章奏调贵州巡抚岑毓英督办台湾防务，并请恢复巡抚分驻。1881年5月，调岑毓英为福建巡抚，刘璈为台湾道。岑在任一年，二次渡台，前后达7个多月，超过了半年分驻的时间。当时由于法国侵占越南，外患日亟，1884年已把战火烧到我国东南沿海。6月，又调前直隶提督刘铭传，赏给巡抚衔，督办台湾防务。实际上已经实行丁日昌提出的简派重臣督办台防的方案了。

中法战争期间，台湾成为一个重要的战场。战争暴露了清政府在军事上的突出弱点，不仅海军力量十分薄弱，台湾防务尤不可恃，一旦援绝，难以自守。战后清廷内部进行了一次加强海防的讨论，创建海军、加强台防成为这次讨论的两个重要内容。贵州按察使李元度提出开辟台疆，使其成为东南重镇。为此"应请简任巡抚、镇道，久任而责成之。辟土地，课农桑，征税课，修武备，则七省之藩篱固矣"。[5]闽浙总督杨昌濬也奏称："台湾善后万不可缓，省城亦兼顾不及，应否特派重臣驻台督办，伏候圣裁。"[6]钦差大臣、督办福建军务左宗棠也于7月间上折，从分析台湾"为七省门户，关系全局"的形势出发，比较了十年中先后提出的"巡抚分驻""兼顾省台""简派重臣""建省分治"等方案后，指出："皆不如袁保恒事外旁观，识议较为切当"，建议"将福建巡抚改为台湾巡抚，所有台澎一切应办事宜，概归该抚一手经理，庶事有专责，于台防善后大有裨益"。至于协饷问题，"拟请于奉

准分省之后，敕下部臣划定协饷数目，限期解济，由台湾抚臣督理支用，自行造报，不必与内地相商，致多牵掣。"〔7〕

这次加强海防讨论的直接结果是，光绪十一年（1885 年）10 月 12 日，慈禧太后下了两道懿旨，一道诏设海军事务衙门，并派醇亲王奕譞总理海军事务；一道诏准左宗棠奏请将福建巡抚改为台湾巡抚，福建巡抚事即着闽浙总督兼管。同时命令闽省督抚详细筹议一切改设事宜，奏明办理。

从下诏建省到闽台实现分治，大约花了近 3 年的时间。这与分治要解决许多实际问题有关，也与闽抚刘铭传主张暂缓建省有关。中法战争结束后，刘铭传曾经要求巡抚开缺，专办台防，并赞成丁日昌的简派重臣、督办台防的意见，这和当时闽督杨昌濬所奏不谋而合。后来奉旨不准开缺，而令杨昌濬兼署福建巡抚，刘铭传则负责整顿台湾善后问题。这时又实行沈葆桢所奏的"巡抚分驻台湾"的方案。建省谕旨颁布以后，刘铭传曾经再次要求免去巡抚，回籍养病。后来又上"台湾暂难改省折"，主张先办防、练兵、清赋、抚番，等到财赋充裕时才能分省。〔8〕1886 年 5 月，刘铭传到福州与总督商定分省事宜，7 月会衔上折，提出商定的台湾建省事宜 16 条，经谕准施行。

有关分治的主要内容及其实施情况，有如下几个方面：

1. 台湾本隶福建，巡抚应援新疆例，名曰"福建台湾巡抚"。凡司道以下各官考核大计，台湾归巡抚主政，照旧会衔。闽浙总督关防添铸兼管福建巡抚字样。1888 年 3 月 3 日，首任福建台湾巡抚刘铭传起用巡抚关防。

2. 建省经费由闽海关每年照旧协银 20 万两，闽省各库协银 24 万两，粤海、江海、浙海、九江、江汉 5 关每年共协济银 36 万两，共成 80 万两，以 5 年为期。粤海等 5 关年协银 36 万两，户部以经费无着，未予照拨。经力争，1886 年户部同意一次性调拨 36 万两，所以，建省经费主要靠福建每年协银 44 万两，至 1891 年春按期分拨完毕，共 220 万两。

3. 向归福州将军管理的旗后、沪尾两海关改归巡抚监督。于 1887 年 10 月 1 日起实行。

4. 添设布政司 1 员，并设布库大使 1 员。首任布政使邵友濂于 1887 年 9 月 17 日到任。

5. 添官设治。首府曰台湾府，新设台湾、云林、苗栗 3 县，合原来的彰化县及埔里社厅，共领 4 县 1 厅；原台湾府改为台南府，台湾县改为安平县，合原来的凤山、恒春、嘉义 3 县及澎湖厅，共领 4 县 1 厅；北部台北府仍领淡水、新竹、宜兰3县和基隆1厅；添设台东直隶州。由2府8县4厅改为3府11县4厅1直隶州。1894年又添设南雅厅。向由台湾道兼理的学政，改归巡抚管理。

此外，还有不设按察使、澎湖设总兵、以彰化中路桥孜图（今台中市）为省会等〔9〕。

自1885年10月下诏建省，至1888年实现分治，台湾成为中国第20个行省。台湾建省的提出及其实现，是19世纪70年代初至80年代初海疆危机的一再刺激下促成的，带有明显筹防御外的性质。自建省分治后，全面推行自强新政，加强海防，推动了台湾社会经济的发展，加速了迈向近代化的步伐。台湾作为东南海疆屏藩的作用，也越来越明显。

应当指出，清政府重视海防，下诏创建海军和台湾建省，这些措施有助于抑制日本觊觎台湾东北部附属岛屿的阴谋。1879年4月，日本用武力吞并琉球后，开始觊觎散布在琉球西南姑米山以西的钓鱼岛等岛屿，引起了两江总督沈葆桢的重视。当年他就指出："台湾与琉球中间岛屿华离之地尚多，一并置戍，力必不及。弃之，则颇涉忽近图远之嫌，终于无所归宿。"〔10〕不久，日本福冈人古贺辰四郎经营琉球近海的海产，1885年前后登上钓鱼岛并提出租借该岛的申请。日本内务省也密令冲绳县对钓鱼岛等岛屿进行实地勘查，准备建立国标，企图窃占。9月6日，《申报》刊登了一则《台岛警信》，揭露了日本的阴谋："高丽传来信息，谓台湾东北边之海岛，近有日本人悬日旗于其上，大有占据之势。"由于当时清朝建立海军衙门和设立台湾省，表现出对海防的重视，因此，日本外务大臣井上馨认为："此际匆忙公开建设国标，必招致清国之疑虑"，〔11〕而不得不中止了在钓鱼岛建立国标的阴谋活动。

参 考 文 献

〔1〕丁日昌.《海防条议》，载葛士濬.《皇朝经世文续编》第101卷，上海图书集成印书局，1897年版，第17页。

〔2〕沈葆桢.《抄呈总理衙门全台善后事宜折稿》，北京第一历史档案馆，外务部档，2155号。

〔3〕《沈文肃公牍》（抄本），《巡台五》，《致王中丞、致李中堂》，藏福建省图书馆。

〔4〕袁保恒.《密陈夷务疏》，载《皇朝经世文续编》第108卷，第2页。

〔5〕李元度.《敬陈海防疏》，载陈忠倚《皇朝经世文三编》第45卷，上海书局，

1902 年版，第 1—9 页。

〔6〕中国史学会主编.《洋务运动》（二），第 563 页。

〔7〕左宗棠奏折，光绪十一年六月十八日（七月初八日到），北京中国第一历史档案馆，帝国主义侵略类。该折《左文襄公全集》与近出的《左宗棠未刊奏稿》均未见收入，过去史学界常引用的系根据连横《台湾通史》所摘引，并非全文。

〔8〕王延熙.《皇朝道咸同光奏议》第 39 卷，洋务类，上海久敬斋，1902 年版，第 10—11 页。

〔9〕关于分治的实施情况，此处参考许雪姬.《洋务运动与建省》，台北自立晚报社文化出版部，1993 年版，第 38—65 页。

〔10〕《沈文肃公牍》，督江十六，复何子峨、张鲁生星使。

〔11〕《日本外交文书》第 18 卷，第 575 页。

五、近代化的开始

台湾的近代化从 1874 年沈葆桢渡台就开始了。当时他奏准建闽台水陆电线；用西法在安平、旗后等处建设新式炮台；购买洋炮及军火机械，并建军装局、火药局；调闽厂现造扬武、飞云等一批兵轮供台防之用，并大力倡购铁甲船，从此迈出军事近代化的步伐。1875 年，奏准使用机器开采基隆煤矿，翌年开始动工凿井，建立起第一个近代民用工业。同时，实行开山、抚垦，在香港、厦门、汕头等处设招垦局，招工来台开垦，以促进内山的开发。

1876 年，新任巡抚丁日昌要求购买铁甲船、练水雷军、造新式炮台、练枪炮队、开铁路、建电线、购机器、集公司、开矿、招垦，主张加强海防，全面开发台湾。12 月，又建议将已拆毁的吴淞铁路铁轨运来台湾，兴筑旗后、凤山到台南郡城的铁路，得到两江总督沈葆桢的大力支持。后来上述铁轨全部运台。这是清政府批准修建的第一条铁路，可惜由于经费不足，无法兴工。丁日昌又建议将福州、厦门已成之电线移到台湾，于 1877 年 10 月建成台湾府至安平、旗后共长 95 华里的陆上电线，设台南、安平、旗后电报局 3 所，11 月开始对外营业。这是全国最早自办的电报业。基隆煤矿于 1877 年 9 月开始出煤，日产 30 吨至 40 吨，工人达 2000 人，1881 年最高峰时年产 53606 吨，这是全国最早投产的新式大煤矿。还兴办招垦，1877 年，潮州一处有 2000 多人应募，至翌年应募者达四五千人，并把招垦与海防联系起来。

刘铭传于 1884 年抵达台北督办台湾防务。1885 年诏准台湾建省后，他更全面推行以近代化为中心，以加强海防、建成自立之省为目的的自强新政，其主要内容如下：

1. 防务。刘铭传、杨昌濬等建议在台湾建立海军，这个计划未能实现。1884—1885 年先后购买南通、北达等几艘小轮，供缉捕、运输兼通文报之用，并雇洋匠自造驳船一艘，用以运炮械、安置水雷。1887 年，又由英国承造飞捷水线船一艘，供修理电线及运输之用。1885 年在台北大稻埕兴建机器厂，自制枪弹，准备继建大机器厂制造炮弹，同时，设立军械所和火药局。1886 年开始仿西法，在澎湖、基隆、沪尾、安平、旗后 5 个海口兴修 10 座新式炮台，并添购阿姆斯顿钢炮 31 尊，沉雷、碰雷 20 个，在基隆和沪尾设水雷局和水雷营，使水雷与炮台相资为用。此外，还进行整军、练兵，防军均改用洋枪，聘洋教习教练。在台北设总营务处，统辖全台军务。

2. 交通。1886 年在台北设电报总局，架设水陆电线，全长 700 余公里，设水线局 4 所，并在澎湖、彰化、台北、沪尾、基隆等地增设报局。1888 年创立新的邮政制度，在台北设立邮政总局，在全岛分设下站、腰站及旁站 43 处，发行邮票。有南通、飞捷两船定期往来于台湾与大陆之间，邮路远至厦门、福州、广州、上海、香港等地。这是全国最早自办的邮政业务，比清政府成立的邮政官局早 8 年。1887 年 6 月，着手修建铁路，台北至基隆段 1891 年竣工，计 28.6 公里；台北至新竹段 1893 年竣工，计 78.1 公里。基隆至新竹全长 106.7 公里，共用银 1295960 两。这是全国最早一批自建的铁路，是自行集资、自行主办、自行控制全部权益的第一条铁路。

3. 工矿。1885 年重兴受战争破坏而停产的基隆煤矿，由官商合办。1887 年成立煤务局，安装新购采煤机器，每天可出煤百吨。由林维源出面访招商股，议定"矿务一切事宜，由商经营，官不过问"。清廷反对"一切事宜，悉授权于商人"。煤务仍归官办，但已一蹶不振，陷于半停顿状态。1886 年，在沪尾设立官办硫磺厂。1887 年，设立官办机器锯木厂，翌年开工，每天可为铁路提供 800 块枕木。同年设煤油局，产量不多，入不敷出。1888 年，基隆华商所开发昌煤厂，用外洋机器制造煤砖。1891 年，有商人引进外国造糖铁磨，用畜力拖引，供糖户试用。1893 年，苗栗地区有商人引进日本脑灶，进行樟脑生产。可见 80 年代后期，台湾已先后出现由民族资本经营的近代工业。

4. 商务。1886 年设立商务局，先后向英、德购买威利、威定 2 艘旧轮作为商船。派李彤恩等到新加坡设立招商局（后改为通商局），向华侨招募商股36万两，以32万两向英商购买斯美、驾时2艘轮船，设立轮船公司，航行于台湾与大陆各埠，远至新加坡、西贡、吕宋等地。1886年，设立官脑总局，实行专卖制度。1890年出口6480余担，1891年出口15980担，获利颇多。1891年，清廷迫于外商压力，撤销官脑专卖。同年，设立硫磺总局，各地所采硫磺送到沪尾硫磺厂加工后，运到上海转售各省。1888年2月至1890年1月，共采硫12239担，年纯利三四千两。

5. 兴市。中法战争后，台北实际上已成为政治、经济中心。巡抚长驻台北，北部的贸易总额已超过南部，刘铭传推行的自强新政也以台北为重点。1885年，由台湾首富林维源及富商李春生出资合建千秋、建昌两条大街。1887年，邀江浙商人集资5万两，设兴市公司，创建城内之石坊、西门诸街，建造大路，行马车，装设电灯，引自来水，建立大稻埕铁桥。"当是时，省会初建，冠盖云集，江、浙、闽、粤之人，多来贸易，而糖、脑、茶、金出产日盛，收厘愈多。"台北已成为商务繁盛迈向近代化的一座城市。

6. 抚垦。1886年5月设全台抚垦总局，以林维源为总办，南、北、东三路分设抚垦局及分局，积极展开抚垦活动。至1889年3月，刘铭传奏称："全台生番，一律归化。"抚垦局共招抚"归化生番806社，男妇大小丁口合计148479人"。[1]并开展移风易俗，促进汉化。这一方面有利于社会的近代化，另一方面，在招抚过程中也对少数民族进行了暴力镇压。

7. 清赋。建省的经费严重不足，为了做到"三五年后以台地自有之财，供台地经费之用，庶可自成一省，永保岩疆"。[2]1886年5月，刘铭传奏请实行清赋，由清赋总局进行会查保甲，清丈田地，历时二年多，完成清丈工作，田赋大量增加。据1890年6月刘铭传奏称，清丈后现定粮额年征512969两，随征补水平余银，加以官庄租额，共银674468两（应是674868两），比183366两旧额溢出银491502两。[3]不但大量增加了财政收入，而且也为农业近代化创造了有利的条件。

8. 教育。1887年在台北大稻埕创立西学堂，先后聘请洋教习2人，汉教习4人，于西学余闲兼课中国经史文字，使内外通贯，培养通晓近代科学、善于对外交涉的人才，第一期招收20余人，至1891年共培养60多人。1890年，在大稻埕设立电报学堂，拨取西学堂之优秀学生18人，转入电报学堂，为电报局培养技术人才。1890年4月，在台北创设番学堂，为土著居民培养骨干和通事人才。

1891 年 5 月，刘铭传开缺离职，继任巡抚邵友濂面临福建协饷 5 年期满中止的困境，财政亏空约 47 万两，被迫对新政采取紧缩政策。先后撤废清理街道、煤油、伐木等局，停止官煤采掘，裁撤西学堂、番学堂、电报学堂。不过邵友濂还是做了一些工作，例如他向绅商借款修筑铁路，1893 年底修至新竹后停修。还设立金沙抽厘局，扩大台北机器厂，基隆煤矿改为官商合办，还计划兴建造船厂，近代化事业仍在缓慢地前进。

台湾的近代化肇始于建省前后，与全国各省一样，都是在洋务派主持下进行的，是全国洋务运动的一个组成部分，但也具有其自身的特点。全国的洋务运动从 1861 年设置总理衙门开始，而台湾则始于 70 年代初，时间晚了13 年。大陆的洋务运动先创办军用工业，以后才经营民用工业，而台湾则军用工业与民用工业同时进行。在 90 年代以前，大陆各省的近代工业以官办军事工业与官督商办民用工业两种形式为主，而在台湾，丁日昌比较重视民营，刘铭传办铁路也重视招募商股特别是侨资，归商人承办；基隆煤矿则两次出现官商合办的形式，放手让商人经营。1889 年刘铭传曾将基隆煤矿出让给英商经营，当时就被清廷申饬，后来又长期受到责难。但从所订合同来看，既有"二十年之内，全台非该商不准添用机器挖煤"的苛刻条文，也有一些对中国有利的条文，如中外发生战争，"该矿应归中国主政"；该商每月应拨送按 8 折计价的煤炭 1000 担给地方官；凡出口煤炭每吨"应纳赋课一角"；准办后该商应归还官本银 14 万两等，所以，刘铭传认为这样做，"台湾同该商均有利益"。[4] 近年也有学者指出，以"苛条换取对台湾矿产的开发和技术的引进，并不是完全失算的"。[5] 在煤矿月亏三四千两、财政陷入困境的情况下，为了使自强新政不致半途而废，刘铭传不得不作出让步和妥协。此外，大陆的洋务运动兴办军事工业，对镇压太平军和捻军方面起过恶劣的作用。而台湾的自强新政则是保卫海防与建设台湾同时进行，整个活动带有明显的御外性质。刘铭传还公开提倡"商战"，"与敌争利"，[6] 其爱国性质及其积极意义更值得肯定。

经过近 20 年的经营，台湾出现了全国最早自办的电报业和新式邮政，全国最早投产的新式大煤矿，全省出现了第一条铁路、第一台电话、第一枚邮票、第一盏电灯、第一所新式学校，出现了自己经营并敢于与外人竞争的轮船，出现了有数以千计现代工人的矿区，也出现了最初的民族资本。许多新式事业集中于一省，成效蔚然可观，使边疆海岛新建的行省，后来居上，成为全国洋务运动中的先进省份。

台湾的自强新政成效突出，这与日、法两次武装入侵的强烈刺激、清政府重视台防有关。主持政务的奕䜣、奕谭及李鸿章等对台防给予有力的支持，本地绅民对兴办铁路、开矿、架电线等新式事业阻力较小。当大陆的顽固派官僚、士绅对开办铁路、矿山仍争论不休，纷纷阻挠之时，这些新式事业却在台湾比较顺利地先办起来了。本地士绅、富商且加以大力支持，如林维源答应捐资 50 万两办路矿，李春生投资开发淡水商埠。正如刘铭传指出的："台湾与内地情形不同，兴修铁路，商民固多乐从，绅士亦无异议。"[7] 此外，主持台湾新政的沈葆桢、丁日昌、刘铭传等人，都是洋务派中的佼佼者，沈葆桢是台湾近代化的倡导者和奠基人，丁日昌提出全面具体的发展计划并积极落实，而刘铭传则是台湾近代化的实干家和集大成者。台湾近代化的成就，与他们的努力是分不开的。

但也应该看到，台湾兴办的新式企业与洋务派官僚在大陆所办的新式企业一样，存在严重的腐败现象和衙门作风，效率低下，弊病很多。例如基隆煤矿最高年产量约 54000 吨，比开办前手工业煤窑产量还少 21000 吨。原定每日产煤定额 200 吨，从未达到，最低时只有 25 吨。又如铁路，花了 6 年半时间只修 106.7 公里，每年平均仅修 16 公里，所修仅全程 1/3 左右，而所花经费却比原计划 300 公里 100 万两超出约 30 万两，可谓事倍功半。1891 年春，福建协饷期满之后，台湾财政拮据更加严重，每年财政赤字 40 多万两，邵友濂被迫采取紧缩政策，许多事业只得停止或缩小。尽管如此，总的看来，台湾近代化的成绩仍然是相当可观的，当时的台湾已经是中国的先进省份之一。

参 考 文 献

〔1〕伊能嘉矩.《台湾文化志》（中译本）下卷，台湾省文献委员会，1991 年版，第 270 页。

〔2〕《刘壮肃公奏议》卷七，台湾文献丛刊第 27 种，第 303—304 页。

〔3〕《刘壮肃公奏议》卷七，台湾文献丛刊第 27 种，第 323 页。

〔4〕中国近代史资料丛刊.《洋务运动》（七），第 82—84 页。

〔5〕陈旭麓.《台湾建省与洋务派》，黄康显主编.《近代台湾的社会发展与民族意

识》，香港中华书局，1987年版，第197页。

〔6〕《洋务运动》（六），第249页。

〔7〕《洋务运动》（六），第191页。

第四节　反对日本占领的斗争

一、马关条约与台湾的割让

日本在明治维新后迅速走上对外侵略扩张的道路，朝鲜、中国均为其侵略扩张的主要目标。台湾不仅物产丰饶，久为日本所垂涎，而且战略地位十分重要，既是大陆东南七省的屏藩，又扼日本南进的要冲，因而成为日本图谋夺占的要地。1874年，日本悍然出兵侵犯台湾，便是亟欲实现这一图谋的第一次尝试，也是近代史上日本侵略中国的开始。

日本侵略者深知，要实现夺取台湾的目标，必须发动战争，击败中国。1874年侵台事件后，日本从未放松准备。1879年，日本吞并琉球，改为冲绳县。1884年，趁中法战争之机，又派军舰至台湾基隆窥伺。1885年起，日本开始十年扩军计划，1886年，其参谋本部长山县有朋又派部属小川又次再度到中国进行调查。小川回国后写出《讨伐清国策案》，全面提出了所谓"统治中国之策略"，建议作好发动侵略战争的准备，在战胜中国缔结和约时，应将直隶、山西、山东三省，江苏、浙江、河南之一部分，以及辽东半岛、山东半岛、舟山群岛、澎湖群岛、台湾全岛都"并入本国（日本）之版图"，还提出肢解中国的方案。[1]1889年，日本颁布帝国宪法，积极主张对外扩张的山县有朋出任内阁首相，极力鼓吹加紧备战，夺取朝鲜并进而侵略中国。从1886年到1894年，日本用于扩充军备的费用，一直保持在每年财政预算支出总额的25%以上，最高时竟达到41%以上。[2]为了夺取制海权，在此期间，日本以超过和击败中国北洋舰队为目标，建成了包括"三景舰"（即三艘主力舰）以及当时航速最快的"吉野"号巡洋舰在内的一支精锐舰队。陆军也迅速扩大和加强，其现役兵员已达12.3万人，加上预备役兵力可达23万人。1893年6月初，战时大本营成立。经过长期策划，日本已作好战争准备，伺机而发。

1894 年 2 月，朝鲜东学道农民起义爆发，中国和日本派兵赴朝鲜，7 月 25 日，日本海军趁机在朝鲜丰岛海面对中国北洋舰队舰只发动突然袭击。三天后，其陆军也向在朝鲜的中国军队进攻，终于挑起了侵略中国的战争。8 月 1 日，清朝政府对日宣战，一场侵略与反侵略的战争正式开始。史称"甲午战争"。

10 月下旬，日军在辽东战场不断得手。11 月攻占大连、旅顺，日本军部提出进军直隶、直取京津。日本首相伊藤博文则提出了"直冲威海卫并攻略台湾方略"，他认为，直逼京师可能招致列强的共同干涉，而夺取台湾则符合朝野的议论。"如果要以割取台湾为和平条约之一要件，若非事先以兵力占领，日后被拒以无割让之理由，将其奈何？故非有控制渤海之锁钥，同时南取台湾之深谋远虑不可"。[3]伊藤的意见得到一些上层人士的支持。前外务大臣大隈重信赞成迅速出兵占领台湾，前首相松方正义主张："台湾非永久归于我国不可"，"台湾之于我国，正如南门之锁钥，如欲向南发展，以扩大日本帝国之版图，非闯过此一门户不可。如因攻占台湾而失去进攻北京之机会，就帝国百年大计设想，实无大损失，至少比攻北京失台湾更有大益。"[4]伊藤的意见最后占了上风，夺取台湾已是日本在甲午战争中急不可待的目标。

在日本加紧部署北攻威海、南取台湾之际，清朝政府中的妥协求和倾向日益严重。此时欧美列强不愿日本侵略势力的扩大，影响其各自在华利益。11 月，美国单独出面调停，清朝政府急忙派出总理衙门大臣户部左侍郎张荫桓和署湖南巡抚邵友濂为全权大臣赴日议和。但张、邵抵日后，日本一方面借口"全权不足"，予以拒绝，示意必须奕䜣或李鸿章这样的大员才可与谈。1895 年 2 月，日军攻陷威海卫，北洋舰队覆灭，清朝统治者已丧失继续作战的信心，慈禧太后决心不惜代价求和，派李鸿章为全权大臣赴日议和。

日本外务大臣陆奥宗光拟制的《媾和预定条约草稿》十条，其主要内容就是要割占中国领土，并已明确提出要将台湾全岛永远割与日本。当得知清朝政府决定派李鸿章赴日议和时，日本又通过美国驻华公使田贝（Charles Denby）通知中国"非有割地之全权大臣不必来日"。李鸿章奉命后于 2 月 21 日进京请训，他知道责任重大，表示"割地之说，不敢担承"，为自己预留进退。军机大臣孙毓汶、徐用仪力言不割地和议难成，"必欲以割地为了局"。另一军机大臣翁同龢提出"偿胜于割"[5]，主张宁可偿款，不可割地。廷议难决。李鸿章想求助于列强，就割地问题多次往访各国公使，各国与日本早有默契，李所得答复是"皆谓非此不能结局"，美国公使田贝甚至对李鸿章施加压力说，如果中国固执不愿割地的观点，就不必到日本去，还要李在议和时应极力避免割让中国大陆的地方，暗示割台不可避免。割地事关重大，慈禧和光绪不敢轻易作出决定。直到3月2日，奕訢传光绪面谕予李鸿章以商让土地之权。李于同日上折，再次强调"敌欲甚奢，注意尤在割地"，只能"暂屈以求伸"。次日，恭亲王奕訢、庆亲王奕劻等会奏，又提出"宗社为重，边徼为轻"的方针。

李鸿章争得了割地全权，于3月19日率大批随员，包括被聘为顾问的美国人科士达（J.W.Foster）到达日本。自3月20日起至4月17日双方签订和约止，先后与伊藤博文、陆奥宗光以及日方的美国顾问端迪臣（H.W.Dennison）在日本马关的春帆楼共进行5次正式谈判。21日，第二次谈判，伊藤拒议停战而强迫李鸿章先议和款。24日，第三次谈判，伊藤未提出和款，却告以日本派兵往攻台湾。会后，李于返寓途中突遭日本浪人行刺受伤。日本恐招致列强干涉，于28日同意停战，但停战范围限于奉天、直隶、山东等地，台澎未在其内。这正是日本要以兵力占领台湾澎湖的险恶用心所在。4月1日，日本提出包括承认朝鲜独立、割地、赔款、通商等在内的和约底稿11款，限4天内答复。关于割地条款，第一项是辽东半岛；第二项是台湾全岛及所属岛屿；第三项是澎湖列岛。李鸿章当天发电北京请示。翁同龢坚持台不可弃，奕劻认为辽南重于台湾，光绪说"台割则天下人心皆去"，慈禧谓"两地（奉天及台湾）皆不可弃，即撤使再战亦不恤也"。[6]但4月8日，总理衙门又电李鸿章，"让地应以一处为断，赔款应以万万为断。"既然两地皆不可弃，又指示应以一处为断。显然，奉天为清朝龙兴之地，自不能弃，可弃者只能是台湾及澎湖列岛了。10日，第四次谈判，伊藤博文一开始便蛮横地声称对日方所提条款"但有允、不允两句话而已"。李就台湾割让问题虽有所争辩，但伊藤坚持"主意不能稍改"，割地"已减至无可再减"，并扬言如果重新开战，条件当不止此。李鸿章连发两电请示，清朝政府被迫屈服。14日，总署电李鸿章令其遵旨订约。15日，双方最后一次谈判，李鸿章接受了日本全部条款。1895年4月17日，李鸿章与日本全权代表伊藤博文签订《讲和条约》，因签约地点在日本马关春帆楼，通称《马关条约》。

《马关条约》规定，中国承认朝鲜完全自主；割让辽东半岛；赔款2万万两；增开通商口岸，并允许日本人在已开和新开通商口岸任便从事工艺制造；中国将"台湾全岛及所有附属各岛屿"以及"澎湖列岛"，并该地方"所有堡垒、军器、工厂及一切属公物件，永远让与日本"。还规定："本约批准互换之后，限二年之内，日本准中国让与地方人民，愿迁居让与地方之外者，任便变卖所有产业，退去界外。但限满之后尚未迁徙者，酌宜视为日本臣民。""又台湾一省，应于本约批准互换后，两国立即各派大员至台湾，限于本约批准互换后两个月交接清楚。"中国人民世世代代辛勤开发建设的美丽富饶的台湾省，就这样被迫割让了。

《马关条约》是日本武装侵略中国的结果，也是清朝政府妥协屈服的结果。这一条约是中国近代史上迄此最惨痛的丧权辱国条约，它严重破坏了中国领土主权的完整，把中国推向了被帝国主义瓜分的边缘，给中国人民带来深重的苦难。台湾人民从此陷入日本侵略者残酷的殖民统治深渊长达半个世纪，遭受的苦难尤为深重。

参 考 文 献

〔1〕小川又次.《讨伐清国策案》，载《日本研究》第七十五号。此处引述之内容，转见黄秀政.《台湾割让与乙未抗日运动》，台湾商务印书馆，1992 年版，第36—37 页。又见中国抗日战争史学会主办.《抗日战争研究》1995 年第 1 期，译文与黄书稍异。

〔2〕中国社会科学院.《日本侵华七十年史》，据有关资料统计，在此期间，日本年财政预算支出总额约为 8000 万日元上下，年军费开支保持在 2000 万日元以上。戴逸等《甲午战争与东亚政治》一书认为，1892 年日本军费开支已占国家预算总额之 41% 以上。

〔3〕转引自黄秀政.《台湾割让与乙未抗日运动》，台湾商务印书馆，1992 年版，第43 页。

〔4〕转引自丁名楠.《略谈日本发动甲午战争的背景、过程及其影响》，见《甲午战争九十周年纪念论文集》，齐鲁书社，1986 年版，第 16 页。

〔5〕《翁同龢日记》，见中国史学会主编.中国近代史资料丛刊《中日战争》（四），第537—538 页。以下凡引自该书均简称《中日战争》。

〔6〕同上，第 547 页。

二、反对割让台湾的斗争

清朝政府割让台澎，丧权辱国，全国震惊。举国上下，群情愤激，反割台斗争迅速掀起，形成了规模空前的爱国救亡运动。

在李鸿章被派为议和大臣进京请训期间，反对割地的斗争便已开始，割台是斗争的焦点。当时，事机严密，斗争开始时主要在朝廷中枢进行。前述翁同龢与孙毓汶、徐用仪等人的斗争就相当激烈，到议和期间，更为尖锐，双方"至于攘袂"，"声彻户外"。当廷议已定给予李鸿章割地全权时，一些积极主战的京官立即纷纷上书抗争，反对割台。3月3日，翰林院编修黄绍箕等上书指出："倭人所垂涎者，台湾也"，"何罪何辜而沦为异域？"如果割地，不但"永远无自强之日，抑且旦夕无苟安之时"。[1] 10日，丁立钧等8人又联名再次上书力陈不可割地，指出一旦割地之例一开，各国见而竞起，"一举而弃一省，窃恐二十三省之地，不足供封豕长蛇之荐食"。要求"悉力持久为战"，反对割地。

马关议和期间，双方签订停战条款，台、澎又不在停战范围之内。台湾人民对此极为愤慨，指出停北不停南是"任倭以全力攻台，台民何辜，至遭歧视"？要求"战则俱战，停则俱停，[2] 反对屈服。在北京，翰林院侍读学士文廷式先后两次上书要求撤使拒和，指出"今日台湾之事，尤为存亡所关"，痛斥所谓"以散地易要地"的谬论说："夫奉天固要地矣，台湾关系江浙闽广之得失，可谓之散地乎？乃近日有停战二十一日之说，曰停北不停南，同隶皇上之土宇，同为皇上之人民，何爱于北而恶于南，五洲万国有此停战之法否？"吏部给事中褚成博指出：台湾"若置诸度外，不予保全，窃恐四海生灵，从兹解体，民心一去，国谁与守？"《马关条约》签订前夕，御史王鹏运上折极力反对割台。他尖锐指出："今日如割台湾与倭人，则滇粤边境必入于法，雷琼西藏必入于英，黑龙江、珲春必入于俄，日朘月削，披枝伤心，不出十余年，恐欲为小朝廷而不可得。"他痛斥"姑以议和，再徐图自强"的谬论是"庸臣误国之谈"，大声疾呼为保全国家领土，"舍力战之外，更无他策"。从李鸿章进京请训到《马关条约》签订，先后上书谏阻和议，反对割台的达30余人20余件次，反映了中国人民维护国家领土主权完整的强烈意愿。但是清朝统治者一味妥协，不惜以牺牲国家民族的利益去换取屈辱的和平，对这些爱国呼声置若罔闻，终于接受屈辱的条款，将台湾澎湖割让给日本。

《马关签约》割让台湾的消息，引起全台震栗。人们奔走相告，聚哭于市中，夜以继日，哭声达于四野。波澜壮阔的反割台斗争在全台掀起。台北民众"激于义愤，万众一心"，鸣锣罢市，绅民拥入抚署，愤怒抗议清政府的卖国割台行径，誓死抗日保台。他们还决定："抗缴厘金，谓台归中国则缴；并禁各盐馆售盐；饷银不准运出，制造局不准停工，皆称应留为军民拒倭之用。"〔3〕反割台的斗争怒潮迅速高涨，参加斗争的人员极为广泛，士民工商，男女老幼，全台沸腾。地方绅士丘逢甲刺指血书"抗倭守土"，并领衔联名致电清廷表示："臣等桑梓之地，义与存亡，愿与抚臣誓死守御。设战而不胜，请俟臣等死后再言割地。"〔4〕许多绅民向台湾巡抚呈递血书，悲愤陈诉"万民誓不服倭，割亦死，拒亦死，宁先死于'乱民'手，不愿死于倭人手"。如果朝廷不将"割地一条删除，则是安心弃我台民，台民已矣，朝廷失人心，何以治天下"。

在北京的台湾举人和台籍官员得悉割台噩耗，立即到都察院联名上书，要求坚持抗敌，绝不能将台湾"弃以予敌"。他们满怀对祖国对故乡的赤诚和热爱，在上书中表示："今者闻朝廷割弃台地以与倭人，数千百万生灵皆北向恸哭，闾巷妇孺莫不欲食倭人之肉，各怀一不共戴天之仇，谁肯甘心降敌？纵使倭人胁以兵力，而全台赤子誓不与倭人俱生，势必勉强支持，至矢亡援绝数千百万生灵尽归糜烂而后已。"又说："夫以全台之地使之战而陷，全台之民使之战而亡，为皇上赤子，虽肝脑涂地而无所悔。今一旦委而弃之，是驱忠义之士以事寇雠，台民终不免一死，然而死有隐痛矣。"他们还批驳了形形色色的妥协投降言论，对所谓"徙民内地，尚可生全"的谬论更无比愤怒，他们满怀对台湾的桑梓深情说："祖宗坟墓，岂忍舍之而去？田园庐舍，谁能挈之而奔？纵使子身内渡，而数千里户口又将何地以处之？"他们强烈要求清朝政府抗敌到底，只要不将台湾割弃，"台地军民必能舍死忘生，为国家效命。"〔5〕这掷地有声的呼号，是血泪的陈诉，是悲壮的誓言，是台湾人民爱国爱乡的赤诚，足可以惊天地，泣鬼神。

当台湾人民的反割台斗争怒潮汹涌之际，海峡对岸，一场声势浩大的反和约反割地的斗争也在奔腾澎湃地迅速发展。

在北京，"人情汹惧，奔走骇汗，转相告语，谓所有条款皆扼我之吭，制我之命，阻我自强之路，绝我规复之机，古今所未有，华夷所未闻。""内而宗室王公，部院谏垣；外而直省督抚，前敌将领，莫不交相谏阻。"其中，各部院谏垣的中下级官员尤为活跃。他们或单名具呈，或联衔上书，少则三五人，多则数十人，最多者达150余人。从4月中旬到5月初，各级大小官员以至督抚将军、宗室贝勒共500余人次上折上书共100余件次，为清朝前所未有。他们对丧权辱国的《马关条约》极为愤慨，御史高燮曾指出，这一空前屈辱的条约，"不独使我不能自振，直使我不能自立，不能自存"，若不拒绝条约，"危亡可立待矣"，"欲为南宋小朝廷而不可得矣"。礼部主事罗凤华和兵部主事何藻翔在上书中指出："今日可割台湾，异日安知不可割闽粤，割滇黔。"他们申斥投降派"卖国欺君，罪无可逭。外则李鸿章，内则孙毓汶，实为罪魁，人皆指目"。侍读奎华等156人的联名上书中更沉痛指出：《马关条约》割地赔款，流弊无穷，是中国之奇耻大辱，"五大洲未有之奇闻，三千年所无之变局"。宗室侍郎会章也上折痛斥所谓割地以保京师的投降谬论说："此端一启，各国生心。假使再有兵端，则将割闽广以保京师，割云贵以保京师，割陇蜀以保京师，驯至版图尽弃，而独留京师一隅之地，其足以立国乎？"礼科给事中丁立瀛等也说："夫倭自袭陷澎湖而后，未尝以一舟犯及台湾……乃今于其兵力之所不及，而拱手让之，弃险厄之要地，启他国之戒心，异时更有似此之举，何以应之？""若果弃之，是失民心也！民心一失，何可复收。"许多官员还提出了迁都作持久之战的建议，但清朝统治者一心求和，已听不进任何意见了。

正在北京应试的各省举人，更是义愤填膺，悲痛万分。他们亲眼目睹"台湾举人垂涕而请命，莫不哀之"，[6] 深为台湾人民反割台的壮举鼓舞，纷纷集会上书。广东举人康有为、梁启超等奔走呼号，四出联络，一时之间"章满察院，衣冠塞途"，"至有痛哭流涕者"。都察院前，举人上书请愿的队伍长达一里多。由梁启超、林赞统领衔的81名广东举人在上书中大声疾呼：台湾是祖国的门户，连地千里，山海峻险，物产饶绝海外，岂可"一矢未加，而遽以千余里地之岩疆，千余万之苍黎"，拱手让与侵略者？他们强烈要求"严饬李鸿章订正和款，勿割台湾"。上书的众多举人，对台湾人民反对割台的悲愤感同身受，对台湾人民的爱国爱乡精神由衷敬佩，对台湾人民的斗争表示了诚挚的支持。浙江举人钱汝雯在上书中说："现闻台湾之民，罢市聚哭，群情汹汹，不肯附倭，彼之所谓乱民，我之所谓义士也。澎湖之陷，绅民死事惨烈，今能不畏凶威，虽奉朝命，仍与之抗，可谓大义炳于寰区，方将旌之以徇于国，岂可抑勒之，束缚之，驱而纳诸水火之中乎？"康有为更是日夕奔走，联络各省举人多次集会于北京城南松筠庵，与会者多达 1300 余人，康有为在会上慷慨陈词，力言国势危迫，非变法无以自强，与会者异常激愤，"士气之壮，国耻为之一伸"。[7] 他还连夜赶写了长达 1.8 万余字的呈文，即著名的《公车上书》，反对和约，反对割地，要求变法图强，签名的各省举人多达千余人。

在《公车上书》中，康有为尖锐指出："弃台民即散天下"，"欲苟借和款求安目前，亡无日矣"。[8] 他还提出了拒和、迁都、变法三项主张，把反和约、反割台与变法救亡相结合，将这个斗争推进到一个新的高度，具有更深刻的内容。以《公车上书》为标志，反割台的斗争达到了高潮。从 4 月 17 日《马关条约》签约到 5 月 8 日烟台换约止，前后 22 天，先后有在京的各省举人 3000 余人次共上书 38 件次，这是中国近代史上空前未有的壮举。海峡两岸的中国人民在民族危亡的关头，同呼吸，共命运，互相鼓舞，互相支持，把反割台的斗争汇结成中国近代史上第一次波澜壮阔的群众性爱国救亡运动，在中国近代史上谱写了光辉的篇章。

参 考 文 献

〔1〕见《中日战争》（三），第 489—492 页。
〔2〕见《中日战争》（六），第 381 页。
〔3〕俞明震.《台湾八日记》附《台湾唐维卿中丞电奏稿》，见《中日战争》（一），第 387 页。
〔4〕戚其章主编.中国近代史资料丛刊续编《中日战争》第 3 册，中华书局，1991 年版，第 74 页。
〔5〕以上均见《中日战争》（四），第 27—28 页，户部主事叶题雁等呈文。按：呈文联名者为台湾籍户部主事叶题雁、翰林院庶吉士李清琦、台湾安平县举人汪春源、嘉义县举人罗秀惠、淡水县举人黄宗鼎等 5 人。
〔6〕《康南海自编年谱》，见中国近代史资料丛刊《戊戌变法》（四），第 130 页。
〔7〕《万木草堂遗稿外编》下册，第 843 页。
〔8〕康有为.《上清帝第二书》，见中国近代史资料丛刊《戊戌变法》（二），第 131—133 页。

三、台湾民主国

4 月 20 日，《马关签约》签订后的第三天，日本天皇便迅速批准条约，并任命内阁书记伊东已代治为全权办理大臣，准备换约。清朝政府在台湾人民誓死反对，全国反割台斗争高涨的巨大压力下，未敢遽然批准。23日，俄、德、法三国出面干涉还辽，清政府以为又有一线希望，一方面由总理衙门商请三国转商日本展期换约，同时由军机处电谕李鸿章于三国阻缓之时，详筹挽回万一之法。电谕中说："奉旨，'连日纷纷章奏，谓台不可弃，几于万口交腾'。"又说："台民誓不从倭，百方呼吁，将来交接，万难措手。"可见台湾的割让是条约批准互换的关键。但是，日本虽然被迫对俄、德、法三国让步，而对清朝政府则寸步不让。李鸿章则认为改约另议，"适速其决裂兴兵"，[1]多次抗命。孙毓汶甚至"捧约逼上批准"。[2]5月2日，光绪皇帝批准条约。5月7日，日本宣布愿放弃割占辽东半岛，清朝政府求助列强阻止割台的幻想亦随之破灭。5月8日，清朝政府派出的全权大臣伍廷芳与日本全权代表伊东已代治在烟台如期换约。

烟台换约的第三天，日本晋升海军军令部长桦山资纪为大将，并任命其为台湾总督兼军务司令官。18日，清政府决定派李经方赴台办理交割事宜。全台沦亡，已如燃眉，"誓不从倭"的台湾人民决心依靠自己的力量抗日保台。5月中旬，曾任清政府驻法参赞的陈季同从上海抵台北。他在"台民万亿同心，必欲竭力死守土地"的精神激励下，提出"民政独立，遥奉正朔，拒敌人"之策。[3]15日，以丘逢甲为首的地方绅士集议于台北筹防局，请唐景崧暂摄台湾政事，并以全台绅民名义致电总理衙门、南北洋通商大臣以及闽浙总督等，表示将不得不自主保台。电文如下："敬禀者：台湾属倭，万民不服。迭请唐抚院代奏台民下情，而事难挽回，如赤子之失父母，悲惨曷极！伏查台湾为朝廷弃地，百姓无依，唯有死守，据为岛国，遥戴皇灵，为南洋屏蔽。唯须有人统率，众议坚留唐抚台，仍理台事，并请刘镇永福镇守台南。一面恳请各国查照割地绅民不服公法，从公剖断，台湾应作何处置，再送唐抚入京，刘镇回任。台民此举，无非恋戴皇清，图固守以待转机。情急万紧，伏乞代为电奏"。[4]

电文实际已公开宣布要自主保台，但明确表示"遥戴皇灵，为南洋屏蔽"，"图固守以待转机"，恋戴祖国之情，溢于言表。第二天，唐景崧亦电奏称："台民知法不足恃，愿死守危区，为南洋屏蔽，坚留景崧与刘永福。……臣等亦惟尽人力以待转机，乃台民不服属倭，权能自主，其拒倭与中国无涉。"清朝政府深怕因此得罪日本，为表白台湾自主与清政府无关，竟于20日下诏，命"唐景崧着即开缺，来京陛见，其台省大小文武各员，并着唐景崧饬令陆续内渡"。至此，台湾人民对清朝政府已完全绝望。此时又已获知清廷已派李经方来台办理割让交接手续，日本桦山资纪已率舰南下，台湾沦亡，已在旦夕。21 日，丘逢甲、陈季同、林朝栋等再次集议，决定推唐景崧为总统，丘逢甲为全台义军统领，刘永福为大将军，更改官制，制国旗、印信、文告等，最后确定了自立民主，并决定成立"台湾民主国"。[5]

25 日，台湾民主国正式成立。典礼极为隆重。士绅民众数千人齐集巡抚衙门，向唐景崧献国旗、国玺及总统印。国旗仿清朝青龙旗样式，为蓝地黄虎旗，龙在天，虎在地，以示尊卑；虎首内向，尾高首下，以示臣服于清。唐景崧"朝服出，望阙九叩首，旋北面受任"，[6]改年号为"永清"。

台湾民主国是在面临日本侵略者即将武装侵占台湾的危急形势下，在全台人民誓死反抗日本侵略的爱国斗争高潮推动下，为抗日保台而建立的抗日救亡政权。台湾民主国成立后，曾以台湾绅民的名义致电清朝政府表示："台湾绅民，义不臣倭，愿为岛国，永戴圣清。"唐景崧就职后向朝廷的电奏以及向各省大吏发出的通电中，也都反复强调"台民忠义，誓不从倭"，"暂充总统"，"仍奉正朔，遥作屏藩"。台湾民主国对外对内发布了两个文告。在对外宣言中说："日本要索台湾，竟有割台之款。事出意外，闻信之日，绅民愤恨，哭声震天。……今已无天可吁，无人肯援，台民惟有自主，推拥贤者，权摄台政。事平之后，当再请命中朝，作何办理。倘日本具有天良，不忍相强，台民亦愿顾全和局，与以利益。惟台湾土地政令，非他人所能干预。设以干戈从事，台民惟集万众御之，愿人人战死而失台，决不愿拱手而让台。"[7]唐景崧另以"台湾民主国总统前署台湾巡抚布政使"名义发布的晓谕全台文告中说："台湾疆土，荷大清经营缔造二百余年。今须自立为国，感念列圣旧恩，仍应恭奉正朔，遥作屏藩。气脉相通，无异中土。照常严备，不可稍涉疏虞。"以上所引文电，无不说明，台湾民主国是台湾人民为抗日保台迫不得已而采取的应急救亡措施。台湾民主国及其倡导者无不认为台湾与祖国血肉相连，改省为国，仍是中国不可分割的一部分。

台湾民主国的建立，在全国人民中引起强烈的反响，受到了高度的重视和赞扬。6 月 3 日，上海《申报》发表"专讯"报道："接京友信，言台湾电奏到京，计十六字，照录于后：'台湾士民，义不臣倭，愿为岛国，永戴圣清'。电奏若此，益见台峤一隅力拒鲸鲵之寇，仍称虮蚕之臣，布置艰危，此中国大有人在也。"6月6日，该报又发表《论台湾终不为倭人所有》的专论说："台民义愤，誓不臣倭，全台之人，同心协力，布告各国，拥立唐薇卿中丞为民主，已进台湾民主国总统之章，俨然海外扶余，别开世界，亦倭人们梦想不到者也。"7月15日，又载文称民主国的出现，"远足以震动天下，俾薄海内外闻之，知中国固大有人在，我君可欺；而我民不可欺，我官可玩，而我民不可玩"，对台湾人民反抗清朝统治者妥协求和和誓死抗日的爱国精神给予了极高的评价和赞扬。

参 考 文 献

〔1〕《全权大臣李鸿章致总署改约另议不敢孟浪》，王彦威.《清季外交史料》第110卷，第15页。

〔2〕易顺鼎.《盾墨拾遗》，见中国近代史资料丛刊《中日战争》（一），第126页。

〔3〕陈衍.《闽侯县志》，第69卷，《陈季同传》。

〔4〕〔7〕蔡尔康等编.《中东战争本末》卷四，见中国近代史资料丛刊《中日战争》（一），第204、202—203页。

〔5〕据黄秀政《台湾割让与乙未抗日运动》一书记载，5月21日会后，23日曾发布《台湾民主国自主宣言》，此宣言中文原件已失，系据戴维逊的记载从英文再译出，宣言中提出："经大会议决，台湾自主，改建民主国"，推唐景崧为总统，定5月25日举行隆重开国典礼，号召全台同胞、士农工商出席。译件见黄秀政书第130页。

〔6〕江山渊.《丘逢甲传》，载《小说月报》，第6卷第3号。

四、反对占领的武装斗争

甲午战争爆发后，清政府先后命福建水师提督杨岐珍、南澳镇总兵刘永福率部增防台湾。台湾民主国建立后，首要任务就是组织力量，团结民众，抗击日本侵略军的进攻。但这时清政府已经下令所有文武官弁限期内渡，在比较精锐的杨岐珍所部5营、台南镇总兵万国本所部4营内渡后，台湾驻防军队一共只有3.3万人，其中驻台北一带约1.3万人，中部约1.2万人，南部约8000人，防务进一步削弱。

日本侵略者为实现将台湾全岛和澎湖列岛"并入日本版图"的目的作了充分准备。马关议和刚刚开始，便派兵攻占澎湖，封锁了台湾与大陆的联系，并造成武装占领的既成事实和为攻占台湾作战略准备。马关订约后，日本不等双方换约和办理交割台湾手续，便急不可待地派兵南下，直扑台湾。台湾民主国成立时，日本已任命桦山资纪为台湾总督兼军务司令官。在桦山统率下，由北白川宫能久亲王统辖的陆军精锐部队近卫师团约1.5万人，由海军中将有地品之允和少将东乡平八郎等率领的海军常备舰队共11艘军舰，几乎倾巢而出，已集结于台湾北部海面。台湾民主国缺乏舰艇，没有制海权，只能作陆上防御。

5月29日，日舰佯攻基隆港，另一路日军则在基隆东南之澳底登陆。30日，日军向基隆进犯，占领三貂岭。6月1日，日军攻瑞芳，遭到守军猛烈抗击。也就在这一天，清朝政府派出办理台湾交接的专使李经方抵达沪尾（即淡水）港外，他慑于台湾人民反割台的巨大声势，不敢登岸，随日舰改驶基隆口外。第二天，与日方代表桦山资纪先后在日舰横滨丸和公义号轮匆匆忙忙三次会晤，便签下了《交接台湾文据》。[1] 3日，日陆海军向基隆发动猛攻，守军虽顽强抵抗，终因力量悬殊而告失陷。此时，通往台北的军事要地狮球岭形势危急，坚守一日后，狮球岭遂陷敌手。4日下午，基隆溃兵退入台北，唐景崧逃往沪尾，6日乘德轮逃往厦门。7日，日军在辜显荣引导下进入台北城。9日，又占沪尾要塞。17日，桦山资纪在台北宣布建立殖民统治政权，并订此日为所谓"始政日"。

日军虽然占领台北，但台湾人民反占领的斗争却更加迅猛地在全台掀起。当时，各地义军纷起，著名的有徐骧、姜绍祖、吴汤兴、胡嘉猷、江国辉、苏力、黄娘盛等各支义军，其成员主要为农民，也有小部分散兵游勇。以刘永福为首的黑旗军以及新楚军等部清军，在台北陷落后，仍然坚持抵抗，与义军联合抗击日军。

11日，日近卫师团分兵两路南下进犯台中门户新竹，遭到徐骧、吴汤兴、姜绍祖等义军和清军杨载云部的激烈抵抗。22日，由于军械不继，粮食断绝，义军主动后撤。新竹陷敌后，义军曾发起三次反攻，展开了激烈的新竹争夺战，先后进行大小20余次战斗，牵制日军达一个月之久。义军著名领袖姜绍祖在第二次反攻时受伤，被俘后殉难。

新竹失守后，义军退往大甲溪、台中一带。8月14日，日军攻陷苗栗后，南犯大甲溪，遭到南岸吴彭年部黑旗军和北岸徐骧所率义军的伏击。激战一天，日军纷纷落水，遗尸累累，还生擒日军多名。此后，日军虽多次反扑，均被击退。最后日军收买奸细带路抄袭，依大甲溪奋勇阻击的袁锦清部全部壮烈牺牲，徐骧退往彰化，日军始得渡大甲溪进犯台中。

日军步步南逼，攻陷台中等地。徐骧、吴汤兴等率部退守彰化，依大肚溪天然屏障顽强阻击来犯之敌。27 日晚，日军分三路扑向彰化城东。当时，驻彰化义军有黑旗军吴彭年部及吴汤兴、徐骧等共 7 营，刘永福又派来黑旗军王德标等 5 营，共有兵力约 3000 余人，与由北白川宫能久亲王、旅团长山根信成少将率领的近卫师团日军主力在八卦山展开血战，敌受阻不得进。28 日晨，日军从山谷僻径爬上山顶，义军奋起肉搏拼杀。吴彭年率部由大肚溪赶来增援，击毙日军千余人，山根信成少将被击毙。吴彭年身中数弹，为国捐躯，其部几乎伤亡殆尽。吴汤兴也战死于山下。徐骧率 20 余人拼死突围，八卦山陷于敌手。

29 日，日军又陷云林，30 日，其前锋已抵嘉义城北之大莆林。坐镇台南的刘永福，内无粮饷，外无援兵，所部已不足 10 营，形势极为严峻。刘力撑危局，派王德标率七星队守嘉义，派副将杨泗洪率部反攻彰化，当地群众也纷纷起来抗击日军。黑旗军与义军在大莆林与日军激战，迫敌向北败逃，杨泗洪在追击中重伤身亡。经过近一个月的连续作战，曾经收复云林、苗栗一带，歼敌近千名。但是，由于饷械极度匮乏，清政府不但不予接济，连刘永福派人到大陆募集的捐款也被扣留，甚至封锁去台船只，台湾军民处境更为艰难。

9 月 16 日，日军成立"南进司令部"，调集 4 万大军，海陆并进，倾巢南犯。北白川宫能久亲王亦率近卫师团直扑嘉义。王德标率队与徐骧、林义成、简精华等义军联合抗击来犯日军。刘永福又派总兵柏正材统兵来援。10 月 11 日，日军攻嘉义，王德标与徐骧等在城外暗埋地雷，诱敌深入，炸死日军 700 多人。日军仓皇撤走，中途又被义军设伏截击，北白川宫能久亲王受重伤，不久毙命。次日，日军反扑，轰塌嘉义城墙入城，王德标率军浴血巷战，伤亡极重，被迫退守曾文溪，该地距台南府城仅 20 公里，为守卫台南的最后防线。侵台日军集中全部兵力猛攻。徐骧、王德标及来援的简精华义军等拼死杀敌。徐骧在激烈拼杀中身负重伤，仍跃起高呼："大丈夫为国死，可无憾！"壮烈牺牲。王德标和前来增援的总兵柏正材亦同时殉国。[2]

日军得曾文溪，台南已处于日军南北夹击、三面包围之中，危在旦夕。当时，刘永福部柯壬贵率部坚守台南，刘永福与义子刘成良驻安平炮台策应。由于外援早绝，粮饷告罄，精锐损失殆尽，士兵饥疲至极。18 日，台南粮绝，守军溃散。19 日，日军大举进攻安平炮台，守军顽强抗击，毙敌数十人，终因力量悬殊，无援战败。刘永福乘英国轮船退回厦门。21 日，日军占领台南。至此，轰轰烈烈的有组织的台湾军民反抗日本占领的武装斗争基本结束。

11 月中旬，日军在占领全省重要城镇之后，桦山资纪宣称全岛完全平定。然而，台湾人民反抗日本殖民统治的斗争却从未停息。12 月 30 日，黑旗军旧部林大北即在宜兰揭竿而起，以"驱逐倭奴、恢复中华"相号召，打响了全台沦陷后反抗日本殖民统治的第一枪。

以台湾人民为主体的反抗日本武装占领的斗争，是中国人民反帝斗争的光辉一页。从 1895 年 6 月到 10 月，不畏强暴的台湾义军和清军官兵前仆后继，抛头颅、洒热血，历经大小百余仗，持续 5 个多月，在极为艰难的条件下，奋勇抗敌。日本侵略者前后出动了 7 万大军，和常备舰队的大部分舰只，并付出了包括近卫师团长北白川宫能久亲王以及第二旅团长山根信成在内的 4800 名官兵死亡，以及负伤 2.7 万人的惨重代价。其伤亡人数比日军在此前甲午战争中伤亡人数多出将近一倍。台湾军民用自己的鲜血和生命显示了中国人民维护国家领土主权完整的坚强意志和浩然正气，在台湾史和中国近代史上留下了光辉的一页。

参 考 文 献

〔1〕王铁崖编.《中外旧约章汇编》第一册，三联书店，1957 年版，第 620—621 页。
〔2〕另一说徐骧牺牲于 10 月 9 日，又一说谓王德标下落不明。

第六章　日本统治的 50 年

第一节　殖民统治的建立

一、殖民统治机构与法律体系

1895 年 6 月 17 日，日本首任驻台湾总督桦山资纪在台北主持始政仪式，标志着日本在台殖民统治的正式开始，台湾从此沦为日本的殖民地达半个世纪。随着日本殖民统治的逐步确立，台湾走上了殖民地化的进程，社会政治、经济结构发生了巨大的变化，台湾人民也饱受着日本殖民者的奴役和欺凌。

日本殖民者在台湾建立了专制独裁的总督统治，以海军大将桦山资纪为第一任台湾总督，日本内阁则设立台湾事务局，由首相伊藤博文、参谋总长川上操六分任正副总裁。1896 年 3 月，台湾划归拓殖省管辖，同时发布的《台湾总督府条例》规定台湾总督的主要权限为：一、统率陆海军掌管辖区内防备事宜；二、在必要时可任命民事长官，独断处置判任以下文官；三、可在职权或特别委任范围内发布府令。随后颁布的"关于在台湾施行法令之法律"（简称"六三法"），更赋予台湾总督以律令制定权，其中第一条明确规定："台湾总督得在其管辖区域内发布具有法律效力之命令。"虽然有报呈敕裁并由评议会议决的约束，但该法又规定"情况紧急时"，总督得径直发布命令。这样，殖民总督便拥有立法权，同时它使得台湾处于与日本国内不同的两个法域，因而该法案在提交日本议会讨论时，围绕其是否违宪以及大日本帝国宪法是否当然地适用于台湾等问题，引起很大争议。结果，议会以追加三年立法时限为妥协，通过了"六三法"。此后，"六三法"每到三年即予延长。替代"六三法"的"三一法"于1907年开始实施，二者之间并没有本质的区别，主要是增加了台湾总督发布的律令不得违反在台湾施行的日本法律和敕令这一条。总之，"六三法"和以后的"三一法"，为总督在台湾的专制独裁统治提供了法律依据。台湾总督据此发布了一系列的律令，包括《匪徒刑罚令》《法院条例改正令》等，残酷镇压台湾人民的抗日斗争。台湾总督集立法、行政、军事大权于一身，掌握了人民的生杀予夺权，成为台湾殖民地政治的一大特色。

1919年，台湾实施文官总督制，日本殖民者提出"内地延长主义"政策，日本国内法律部分适用于台湾。日本殖民者的治台政策也从高压、专制及强调台湾特殊性转向试图通过文教、文治导化台湾人民，强调消除台湾特性，使台湾和台湾人成为日本帝国真正的领土和臣民。为了强化同化政策，日本殖民者对台湾法律体制作了部分修正。1921年颁布法律第三号（简称法三号），台湾总督的权力受到了某些限制，即只有在台湾地方需要而日本国内法律尚无明确规定时，总督才拥有律令权，同时扩大总督府评议会规模。不过，由日人及部分御用绅士组成的评议会，只是供总督咨询或提出建议而已。所以，台湾总督的专制权力并未因此而有什么实质改变。血腥镇压台湾人民反抗斗争的《匪徒刑罚令》，就是根据总督的紧急命令权制定的。台湾的武力反抗活动自1915年的西来庵事件后已基本停止，而《匪徒刑罚令》却一直延续至日据末期，这反映出日本殖民者对台湾人民反抗意志的高度警觉及内心深处的恐惧。

为了维护对台湾的统治，日本殖民者还充分运用警察机关这一暴力机器，在台湾建立了遍及社会各个角落的警察网络，形成名副其实的警察社会，它成为台湾总督府专制独裁统治的有力支柱，也成为殖民权威的具体体现。

在殖民统治初期，面对风起云涌的武装抗日浪潮，日本在台湾实施军政。有关军队调动等事宜，须经军参谋长认可，军人在台湾拥有相当大的权力，武官在军事乃至民政上拥有很大的决定权，这不利于日本殖民统治深入展开。1895 年起，开始创设警察。首先从日本国内招募 759 人，布置在全岛各地。儿玉源太郎任台湾总督后，决心加强警察职能，扩充警察机构，各地方厅政务均由警察协助处理，而支厅长以下的官吏多为警察官。其时，"一切政务皆由警察官施行，警察力大为更张，成为民政之羽翼"。[1] 警察人数也从 1895 年的 840 人增加到 1898 年的 3375 人。当时有人指出：台湾的行政系统，"虽是总督府—各厅各课—人民，而事实上，总督透过警察与人民相接，以巡查充任税务、卫生、农政等诸般政事，人民耳目所见之官吏，唯有警察而已"。[2]

1902 年，除全台 10 厅置警察课外，97 个支厅计有派出所 992 处。1898—1902 年间，台湾总督府警察费占当时民政费的 44.8%。[3] 警察始终以日本人为主体。虽自 1901 年起录用台湾人为警察，但人数较少，并且多为巡查补等低级职员。警察除执行一般公务外，还担负保甲、鸦片、行政、户口、刑决、收容、取缔、卫生、税捐、征役以及外事等种类繁多的特别事务。在社会生活中，警察是"土皇帝"。各市街乡庄都有警察派出所的存在，他们权重地方，无所不管，人们不得不称其为"大人"。据 1922 年统计，同在日本治下，民众与警察的比例，日本内地为 1228：1，朝鲜为 919：1，而台湾则高达 547：1。[4]

日本殖民者为进一步维护和巩固殖民统治，还在台湾复活并强化了传统的保甲制度，与警察制度相配合，以更有效地控制和奴役台湾人民。1898 年 8 月，台湾总督府颁布保甲条例，1903 年 5 月，制定保甲条例实施细则，全岛居民以十户为一甲、十甲为一保，保甲内的居民负有连坐的责任。保甲须成立壮丁团，负责防范"匪徒"及各种灾害，接受警察官的指挥。这个条例成为日本殖民者控制台湾人民的基本条规。[5] 显然，恢复保甲制度的目的，在于使人民自相牵制，既不耗费殖民政府的钱财，又有利于统治秩序的稳定，其实质即"以台治台"。

在初期抗日武装斗争被基本镇压之后，保甲制度发生了一些新变化，保甲组织从警察辅助机关转为一般行政辅助机关，举凡保甲内"不良分子"的教化、流浪者就业辅导、购买公债、劝导储蓄、督促纳税、修建道路、户口调查、传染病预防等，均由保甲执行。它已成为台湾总督府殖民统治的重要工具，日本殖民统治通过保甲组织而深入到社会的各个角落。

台湾总督还拥有相当的人事权。日本在台殖民官吏分为敕任、奏任、专任和判任四种。儿玉源太郎时代，民政长官和参事长官为敕任，警视总长、各局长为敕任或奏任，参事官、事务官、警视、技师、海事官、翻译官为专任，此外各属官、警部、技手、通译等为判任。地方官厅方面，除三厅长为奏任外，绝大多数下层官吏均为判任官。依据《台湾总督府条例》，总督对中下级地方官员拥有任免权，实际上对于奏任以上官员也多是根据总督的建议而定，这一人事权充分保障了台湾总督对其统治构想的实施及政令的下达，从而树立了总督的专制权威。

日本殖民者通过一系列立法手段，赋予台湾总督专制者的权力，他除了对天皇及内阁负责外，不受议会的限制。尤其是在初期武官总督时代，总督在辖区内拥有立法、行政和军事大权。总督一方面透过警察、保甲维护社会秩序，另一方面通过行政命令权掌控各级官吏，构成了层层叠叠的金字塔形权力结构，高高在上，发号施令，而压在最底层的则是广大的台湾人民。

参 考 文 献

〔1〕〔2〕竹越与三郎.《台湾统治志》，东京博文馆，1905年版，第49、246页。

〔3〕盐见俊二.《日据时代台湾之警察经济》，载《台湾经济史初集》，第131页。

〔4〕黄昭堂.《台湾总督府》，台北自由时代出版社，1989年版，第230页。

〔5〕洪秋芬.《台湾保甲和"生活改善运动"（1937—1945）》，载《思与言》第29卷第4期。

二、殖民地经济"基础工程"的建立

占据台湾的最初几年里，殖民当局最主要的事务在于镇压人民武装反抗，付出了庞大的军事费用，使得经济萎缩不前。而其时当局的经常岁入（主要为租税和关税），远不够支付军费等开支，其不足部分只得由日本国库提供补助。1896—1904年，日本中央财政对台湾财政的补助金总额达3000多万元，占该时期台湾财政收入的20%左右。最初三年的补助额更高。

为谋求财政独立，维持殖民统治，第四任总督儿玉源太郎（任期1898—1906年）提出了以"殖产兴业"为中心的20年财政计划。通过发行公债，筹集资金，兴办铁路、邮电、港口等官营企业以及其他民间企业来发展经济。为实现以上目标，事先开展了土地调查，林野调查，币制改革和建立金融体制，建立交通体系等"基础工程"，即为殖民地经济奠定基础的工作。

一、土地调查。清代台湾土地所有权分割成大租权和小租权，两者又可以分别分割、继承、典卖，使得地权十分零乱，同时存在着大量隐田或土地种目状况不明，地籍混乱等问题。殖民当局于 1898 年 7 月公布地籍规则和土地调查规则，开始调查工作。历时六年，共投入人力 176 万人次，资金 522 万元，调查地籍面积 777850 甲，土地 1647374 笔，造成地租名册 3253 册，大租名册 2371 册，达到了确定土地权利所属、区分土地种目及查明地形的目的。1903 年 12 月发布确定大租权的公告，并禁止新设立大租权。1904 年当局公布取消一切大租权，由官方对各大租权人发给补偿金。总计应领补偿的大租权者 30000 人左右，补偿金总额 3779479 元。土地调查的结果，田园面积从调查前的 366987 甲增至 633065 甲，赋课收入由 86 万余元增至 298 万余元。土地调查工作一方面因取消大租权而确立了一地一主的近代土地制度，另一方面，大量增加的赋课则给总督府的财政提供了重要的财源。

二、林野调查。1895 年当局颁布"林野取缔规则"，规定"凡无地契及其他可资证明其所有权的山林原野，悉为官有。"据此，除土著居民居住的"番界"以外，在 97 万余甲林野中，被没收为官有的达 916775 甲，民有的仅 56961 甲，其中还包括不承认其所有权，但因其长期使用而准予继续使用的"缘故林"。以后，当局于 1914—1925 年间整顿官有林野地，出卖其中的 204912 甲，获得 5459863 元的巨额收入。

三、金融体制的建立。通过币制改革和设立台湾银行，建立了金融体制，其主要目的是把台湾纳入日本的体系。晚清台湾币制十分混乱，流通着的各国银元和自铸银元达数十种。1899 年台湾银行开业，发行以一元银币兑换的纸币。这种类似复本位制的做法，当金银比价变化时，往往造成汇兑的投机和经济上债权关系的混乱。总督府和台湾银行乃建议改行单一金本位制。1904 年 6 月，台湾银行发行金币兑换券，后来取消了银币的流通，台湾的币制完全纳入日本的体制。台湾银行的另一个作用是承担总督府的事业公债。1900 年发行的 2210 万元公债，全部由台湾银行认购，其后共再发行 15 次，由日本国库和台湾银行共同认购。因此，台湾银行创立之初的大部分资金用于认购公债和向当局贷款。1905 年以后，产业和贸易金融业务才逐渐开展。此外，当局还把台湾的关税也编入日本的经济圈，通过关税来保护和扶植日本产业，在砂糖、茶叶、海运等方面，逐渐驱逐和排挤欧美资本。

至于警察制度的建立，在 1898 年，由后藤新平提出警察与行政合一的主张。各地方厅设置总务课、警务课和税务课等行政机构。厅长虽然由文官担任，但事务大半由警务课执掌。至于地方厅以下，支厅长由警部充当，其以下官吏全部为巡查，当局于1898年8月颁布保甲条例，恢复清代的保甲制度。警察和保甲结合，成为殖民统治的基础。警察机构在推行殖民地经济政策方面的作用是不可忽视的。显然上述各项"基础工程"都是力图把台湾纳入日本的经济体系，以利于日本资本的投资和控制。[1]

在建立基础工程的同时，台湾总督府还实施殖产兴业政策，最初仅限于官营事业。为了筹措资金以兴建铁路、筑港、上下水道等建设事业，总督府拟发行6000万元公债，1899年经日本帝国议会修正，削减为3500万元。基隆、高雄的港口从1899年开始投资建设，南北铁路405公里，于1908年完成。这些官营事业属总督府拥有。为尽快解决财政困难，总督府在发展官营事业的同时，选定蔗糖业为民营企业的重点。这是因为日本自身粗糖产量极小，可以成为台糖的市场，日本的砂糖消费税将成为重要的税源。总督府决策层计划劝诱民间成立一二间资金100万至200万元的大规模制糖会社（公司）。1900年12月，在当局提供6%年息的保证下，三井出资100万元的台湾制糖株式会社宣告成立，并于次年在台南桥仔头建立台湾第一家现代化制糖厂。但因日本资本对利润不能确定的台湾蔗糖业并无兴趣，而总督府因财政困难也无法拿出更多的钱来保证提供年息。所以，1900—1906年再无第二家日本财团投资设立新式制糖厂，总督府只得转向本地资本。

由于本地资本规模小，在总督府提供机器设备等实物奖励下，成立的几家制糖厂规模都很小。除此以外，在总督府的示范与奖励下，从1905年开始，本地人设立了许多改良糖廍，就是将传统糖廍压榨甘蔗的石碾改为小型压榨机器，并将动力由牛改为石油发动机或蒸汽机。改良糖廍在初期蔗糖业发展中起过重大作用。1908年以前，改良糖廍和旧式糖廍产糖量超过新式糖厂。但在日本资本大量涌来之后，本地资本的小型糖厂和改良糖廍很快就遭到灭顶之灾，而总督府的政策转而帮助日资兼并它们。"殖产兴业"的结果是发展了总督府的官营事业和日本财团的民营企业，殖民当局"基础工程"只是为官方和垄断财团的事业奠定基础。

参 考 文 献

[1] 隅谷三喜男等.《台湾之经济》, 台北人间出版社, 1993年版, 第9—10页。

三、武装抗日运动

按照《马关条约》的规定，在两年内台湾居民可以选择去留。但是能够回到大陆的主要是一些不愿受日本统治又有能力离开台湾的"有力人士"，一般民众根本没有选择的自由，他们只能留在台湾。日本殖民者的统治，使台湾人民受到剥削和凌辱，因而激起了台湾人民的反抗，从日据初期到1915年，进行了长达20年的以农民为主体的轰轰烈烈的抗日武装斗争。

初期的武装抗日运动在日本占领不久就爆发了。1895年11月18日台湾总督桦山资纪向日本政府报告："今本岛全归平定。"[1] 然而，就在日本人打算欢度其在台湾的第一个新年之时，台北城外的枪声粉碎了他们的迷梦。1895年年底，北部各地的抗日武装集团首领陈秋菊、詹振、林李成、胡嘉猷等秘密商议，决定趁元旦日人松懈之机发动起义。他们袭击各地宪兵屯所，包围宜兰，直指台北，响应民众达2万多人。在中南部，柯铁等人推简义为首，在铁国山聚集各路人马，号称天运元年，决定将日军牵制在中部地区，然后乘虚分袭南北两路。他们围歼日军侦察队，包围南投，袭击斗六，突入鹿港，给予日本殖民者以沉重打击。南部的温水溪、十八重溪、蕃仔山地区，黄国镇等12人号称"十二虎"，率部进攻嘉义，袭击各地派出所和弁务署。凤山地区的林少猫，下淡水溪右岸的魏开、陈鱼等，也接连攻击宪兵屯所及阿公店、赤坎、阿莲等地。在全台各地抗日义军连续不断的攻击下，日本殖民者顾此失彼，狼狈不堪。

日据初期台湾人民的武装斗争，有以下几个显著特点：其一，它得到了祖国大陆人民的积极支持。在各次起义中，均有为数不少来自大陆（福建）的志士参加义军，如台北大起义就有来自厦门的有生力量加盟其中。同时，福建也成为台湾抗日武装集团资金和武器弹药的主要来源地之一，如林李成在厦门期间即得到热烈支持和资助。台湾总督府民政局长水野遵也说："土匪骚动时，常有中国船自厦门方向将火药等送来台湾。"[2] 此外，流亡福建的台湾抗日武装集团首领与岛内义军保持着密切的联系，并伺机潜回台湾，继续指挥抗日斗争，其代表人物有简大狮、林少猫、林李成等。其二，回归祖国是台湾抗日民众的共同心声。在北部，胡嘉猷等人在檄文中公开宣布："此次征倭，上报国家，下救生民。"他们使用清廷"赏戴蓝翎"头衔和光绪年号，并称"诸国皆我清朝和好之国"，以恢复中国对台湾的主权为诉求。在中部，柯铁等人在大坪顶上竖起的义旗，书写"奉清征倭"四个大字，也明明白白是以回归祖国相号召。至于南部义军，则准备"进攻嘉义，歼灭日本军，以回复清政"。[3]所有这一切，充分体现了台湾人民强烈的祖国意识。

面对台湾人民的武装反抗，日本殖民者一方面组织力量镇压，调集国内军队驰援，迅速完善警察体系；另一方面，颁布《匪徒刑罚令》，以此作为镇压台湾人民反抗的法律依据。该令规定："不问何等目的，凡结合多人以暴行或胁迫达成其目的者均以匪徒定罚。""首魁、教唆者、参加者、指挥者均处死刑，附和随从或服杂役者，处有期徒刑或重惩役，如有违抗官吏或军队者，不问既遂未遂均处死刑。"[4]根据这一血腥法令而惨遭屠戮的台湾同胞，从1898年至1902年短短的四年间，便达11900多人。

此起彼伏的抗日运动，震惊了日本殖民者，他们出动大批军队、宪兵和警察，组织讨伐队，进行惨无人道的屠杀和焚掠，台湾人民遭到空前的大浩劫。在北部，仅被第七旅团在短短时日内杀害的就有2454人，整个"宜兰平原大半化为灰烬"；在中部，云林地区4000余房屋被毁，6天之内，烧掠了70多个村庄。"杀良民之父、夺其母、害其兄、又杀其子、杀其妻、害其弟，……且又将其家屋及所有财产焚烧一空，使其无寄生之所。"制造了血腥的"云林大屠杀"惨案。在南部，日军对潮州和恒春进行镇压，"被害者达2053名，伤者不知其数"，被焚房屋5813户，连日人自己也惊呼："讨伐被害意外之多"，充分暴露了日本殖民者的凶残面目。

日本殖民者的屠杀政策并没有吓倒英勇的台湾人民，却"激怒了附近的人民"，将他们"推入彼等（指义军）的队伍中去"，当日军"向人民询问'匪情'时，便不告以事实"，[5]并出现台湾闽、粤汉人和土著居民同胞同仇敌忾、共同杀敌的场面。同时，日本殖民者的大屠杀也受到国际舆论的谴责。为此，儿玉源太郎继任总督之后，强调"消灭'土匪'的根本性良策，为识别良民与'土匪'，不可驱民为'匪'。"后藤新平以施行尊重台湾旧习惯，举办"飨老典"、"扬文会"，颁发绅章等活动，安抚笼络地方士绅，力图将地方有力人士纳入殖民统治架构中，保良局所罗致的人大致即属此类。

日本殖民者还改变镇压策略，采行阴险的招降政策，以图瓦解抗日义军。首先，派员与北部的陈秋菊等人谈判，又派通译与中部的林朝俊会面，百般劝诱。台中县知事则大肆张贴谕告书，劝降柯铁等人；嘉义弁务署也加紧了对黄国镇的招降活动。1899年台南县知事矶贝静藏更提出条件优厚的《归顺土匪处置法》，展开更大规模的招降活动。在日本殖民者的镇压和招降的双重压力下，各地抗日运动陆续被镇压和破坏。1900 年，简大狮被从大陆引渡回台湾处死；同年，坚持斗争的柯铁病殁山中；1902 年黄国镇战死；林少猫据点突遭日军袭击，一门被屠。台湾人民的初期武力反抗斗争终于悲壮地落下了帷幕。

殖民统治秩序基本确立后，日本资本渗透至台湾产业的各个领域，警察力量深入全岛各地乃至穷乡僻壤，台湾人民原有的生产、生活方式受到冲击，普通民众遭受压迫，部分乡绅的既得利益也不免受侵害，于是一系列反抗日本资本压迫及警察统治的武装暴动接连发生。较著名者，如北埔事件、林圯埔事件、苗栗事件、六甲事件、西来庵事件等，这些事件大都由中下层民众发动，以秘密宗教为组织形式，具有偶发性和区域性。在日本殖民者的强力镇压下，最终均归失败。值得注意的是，这些武装反抗运动有的源于祖国辛亥革命的影响，有的以祖国军队将进攻台湾作为号召，有的更以回归祖国为目的。显然，在台湾民众的心目中，祖国占据着重要的位置。

苗栗事件就是在中国大陆辛亥革命的影响下发生的，当时，同盟会员罗福星返回台湾，在苗栗、台北等地秘密发展革命组织，以"驱逐日人""光复台湾"为号召，得到新竹、台南、南投等地的响应，参加者达 1500 多人。他们进行军事编制，准备发动起义。由于被日本警察发现，参加者纷纷被捕。罗福星在《大革命宣言书》中指出，从事光复台湾活动，是为了"雪国家之耻，报同胞之仇"。在法庭上，他公开承认此举目的是"使本岛（台湾）复归中国所有"。罗福星于 1914 年 3 月就义，同案受审的有 261 人，6 人被判处死刑。

1915 年又发生由余清芳、罗俊、江定等人领导的噍吧哖起义，即西来庵事件。当时在辛亥革命的影响下，台湾人民的爱国情绪相当高涨，余清芳等人利用宗教信仰，鼓吹抗日。以台南西来庵为据点，广募党徒，筹集军费，并在各地"食菜堂"（斋教）进行活动。余清芳以大元帅的名义，奉"大明慈悲国"之旨发谕告文，提出"恢复台湾"的口号。被日方发觉后，他们树帜抗日，参加者大部分是农民。他们攻打甲仙埔支厅的几个警察派出所，杀死日本官吏等数十人，后来又率领所部 1000 多人围攻噍吧哖市街，被日本警察和军队打败，牺牲惨重。余清芳等逃入山中，终于被捕。在这个事件中，有1400 多人被捕入狱，其中 866 人被判处死刑。从此以后，台湾人民的抗日运动基本上便从武装斗争向非暴力抗争转化了。

参 考 文 献

〔1〕〔4〕山边健太郎.现代史资料（21）《台湾》，序论，东京，みすず书房，1971年版。

〔2〕《第九回贵族院议事速记录》，条约局法规课，昭和41年版（非卖品），第24页。

〔3〕台湾宪兵队编.《台湾宪兵队史》，龙溪书舍复刻本，第200页。

〔5〕许世楷.《日本统治下的台湾》，东京大学出版会，1972年，第121、93页。

第二节　社会经济的殖民地化

一、原料产地的建立与"米糖相克"

对于宗主国来说，殖民地的一个重要作用，就是提供初级产品——农产品和工业原料。日据时期台湾对于日本的作用，很重要的就是向日本提供粗糖和稻米。殖民当局通过推广农业技术，发展水利灌溉等措施，提高了甘蔗、稻米的产量，并进而促进了农业生产的增长。在工业方面，则奖励、扶持日资发展新式制糖厂，以制糖业为中心，发展了一定规模的现代制造业。投资者主要是日本人，产品主要运往日本。以米糖为主的农业经济是当时台湾经济的主体。台湾成为日本资本的重要输出地，也是日本的重要原料产地。30年代中期以前，台湾工农业的增长都是为着适应宗主国对初级产品的需求。

1905年日俄战争结束后，日本资本主义迅速发展，资本不断集中。日俄战争结束的次年，日本国内资金充裕，金融利率下降，资金急于寻求出路，在这种背景下，台湾制糖业成了日本资本输出的一个重要领域。在台湾总督府的扶持下，短短的20多年中，日本垄断资本在台湾投资建立了许多庞大的制糖厂。

台糖大量输日，使台湾殖民当局获得巨额的砂糖消费税，再加上土地调查以后大量增加的赋课、专卖收入、官营事业收入等，1905年开始，总督府财政得到独立。虽然本地人的小型糖厂和改良糖廍为殖产兴业政策做出了贡献，但总督府仍力图发展日压榨能力 1000 吨以上的大规模糖厂，极力劝诱日本国内资本投资台湾制糖业。1906 年 12 月，明治制糖株式会社的成立，开启了日本国内资本大规模投资台湾蔗糖业的新阶段。随后，日本国内资本纷至沓来，先前就成立的台湾制糖株式会社则不断增资扩展。此一时期，本地人成立的现代会社仅有林本源制糖一家而已，其余的十几家大规模制糖厂都是日资企业。

日资大糖厂兴建后马上就和本地人的小型糖厂和改良糖廍发生冲突，这种冲突主要是围绕着原料获得问题。当时制糖厂的原料甘蔗 80% 要靠农民提供，而农民要比较甘蔗和粮食作物的收益，才能决定是否种甘蔗。另一方面，稻米向来也是台湾的重要农产，为保证本岛需要和向日本的输出，甘蔗种植面积也不能无限扩大。由于本地人的小型糖厂和改良糖廍在日资大量涌到之前就已设立，因此都能拥有相应的原料采取区域。日资大糖厂为了占据这些原料采取区域，就兼并或收购本地人的小型糖厂和改良糖廍。

对于日资兼并，收购本地人的小型糖厂和改良糖廍，总督府是给予支持的。当时总督府禁止全部由台湾人组织的企业使用"会社"名称，本地资本被迫隶属于日本资本，日本殖民者以强权政策抑制本地资本参与糖业经营。为了避免原料上的冲突，当局决定撤除改良糖廍，给予一定的赔偿金。后来殖民当局实行"制糖能力制限政策"，许多改良糖廍就被取缔。在日资糖厂和当局的两面夹攻下，本地人开办的改良糖廍迅速没落，本地资本受到排挤，台湾制糖业成为日本资本的一统天下。[1]

从 1910 年开始，日资糖厂进行了第一次合并运动，主要是为了瓜分原料产地。合并的结果形成了台湾制糖、明治制糖、盐水港制糖、东洋制糖、帝国制糖等几家日资会社控制台湾制糖业的局面。这五家日资会社占据了将近 70% 的甘蔗产区。第一次世界大战期间，德、奥等甜菜糖产国产量剧降，使得日本砂糖（日本精制糖以台湾粗糖为原料）输出剧增。同时，日本国内的人均糖消费水平增长，使得糖价上涨，利润暴增。为此，日资糖厂不仅将大部分红利转为投入资本，同时大量向台湾银行贷款，五大制糖厂的贷入资本均已超出实收资本。糖业界的"黄金时代"大约持续到 1920 年，1920 年 7 月，西方各国控制砂糖采购，以后的二三年中，糖价持续下跌，导致糖业界的萧条。

于是各大制糖厂所属的垄断财团对所属企业进行改组、合并，以加强对市场的垄断控制。这次改组合并是以日本国内垄断财团为主体来进行的。经过一系列互相之间的收购、合并，台湾糖业界最终在 20 年代下半期形成三井系、三菱系、大日本制糖系三大资本系统鼎立的局面。这三大系资本占据了台湾制糖业的 87% 的资本和 84% 的制糖量。30 年代后半期和 40 年代初期，这三大系资本更彻底地将其他所有制糖厂合并，而形成他们完全瓜分台湾制糖业的局面。[2]"日本资本对糖业生产的侵入与控制非常彻底，充分反映了资本集中化与密集化的特色。"[3]

表 6-1　糖业资本的累积与集中（1926—1928 年）

单位：千日元，万斤

系别	资本额（1928 年 6 月 30 日）		制糖量（%）			
	登记资本	实收（%）	1926 年 11 月—1927 年 10 月		1927 年 11 月—1928 年 10 月	
三井系　台湾制糖	63000	38100	（21.73）	1801.6	（26.45）	2377.8	（24.96）
三菱系　明治制糖	48000	34800	（19.95）	867.1	（12.73）	1877	（19.7）
盐水港制糖	58500	34875	（19.89）	837.8	（12.83）	1209	（12.69）
日糖系　大日本糖	51417	34749	（19.82）	613	（9）	1795.9	（18.85）
新高制糖	28000	10705	（6.11）	530.5	（7.79）	670.4	（7.04）
东洋制糖	-	-		818.1	（12.01）	-	
以上小计	248917	153229	（87.4）	5504	（80.82）	7930.1	（83.82）
全体合计	282867	175326	（100）	6810.2[(1)]	（100）	9527.7[(2)]	（100）

摘自台湾总督府《台湾事情》1928 年，第 348—351 页。（1）为 13 家会社之合计；（2）为 11 家会社之合计。转引自涂照彦《日本帝国主义统治下的台湾》，台北人间出版社，1990 年版，第 309 页。

日资制糖业主要从事粗糖制造，在获得巨额利润以后，它们的投资领域拓展，一部分资金投入其他行业，一部分资金投向海外。投资于岛内的主要为制糖相关行业，如利用制糖副产品糖蜜生产酒精等。为了运送甘蔗，各大制糖厂都铺有轻便铁道，1927 年，私营铁路 1327 英里，属制糖公司所有的 1280 英里。在榨季以外的时间里，这些铁道也供一般运营之用。此外，在 1917—1918 年间，因航运价高涨，台湾制糖、帝国制糖、盐水港制糖均购置海轮用于运送自家所产的糖，并且参与一般海运业。[4]30年代中期以前，碾米、凤梨罐头、纺织、采矿、窑业、机械、木制品以及一些日用品制造也有一定的发展，但其规模不大，制糖业仍然占据了工业构成中的绝大部分。

表6-2　各种工业生产累年百分率（1914—1935年）

年份	工产总额（千日元）	食品工业（%）	化学工业（%）	窑业（%）	机械工业（%）	金属制品（%）	纺织业（%）	其他（%）
1914	52638	86.3	3.5	2.8	0.8	0.6	0.5	5.6
1920	214008	81.1	6.1	3.8	2.2	0.7	1.7	4.3
1925	193799	73.4	9.8	3.4	2.0	1.2	2.2	7.5
1931	192567	76.8	6.3	3.5	2.7	1.9	1.1	7.8
1935	192494	75.4	9.5	3.3	2.5	1.9	1.3	6.1

资料来源：台湾总督府殖产局《台湾商工统计》。

表6-2中食品工业，是以制糖为中心的，以1935年为例，糖占了食品工业的60%左右。

在农业方面，为适应日本帝国主义的需要，在日据期间，农业生产有巨大的增长。1895—1939年生产持续上升；1940—1945年产出下降。根据台湾学者的研究，农业产出总指数1910年为40，1939年为107，而1945年则下降为48，1939—1945年六年间下降55%。平均年增长率，1910—1920年为1.4%，1920—1939年为4.5%，而1939—1945年为-12.33%。同期人口增长率低于农业产出的增长率。[5]

从总产量来看，1900年稻米产量为307000吨，1938年上升为1402000吨，增长357%，1944年下降为1068000吨，但比1900年仍增长248%。甘蔗产量，1902—1903年为409894741千克，1938—1939年为12835395277千克，为1902—1903年的3131%。其他作物也表现出同样的增长。稻米和甘蔗是日据时期台湾最重要的农作物，它们构成了农业总产出中的绝大部分。它们的消长变化，基本上反映了农业生产的变化。

日据时期农业基本上还保留小农经营模式，农业的全面增产无疑要通过全体小农来实现。对于农业生产有贡献的两个要素——劳力和土地的增长，可以通过统计数字显示出来。台湾人口1905—1943年由3123302人增长为6585841人，增长了110.86%，其中农业人口由1961556人增长为3271131人，增长66.9%。农业人口是农业劳动投入的直接来源。据美国学者的测算，日据时期农业劳动投入增长50%以上。1898—1945年耕地面积由401839公顷增加到816016公顷，增长了一倍多。[6]土地投入的增长幅度超过劳动投入的增长幅度。

对农业增产起作用的还有资金投入和技术两个因素。农业资金投入最主要的表现为水利投资（固定资产投资）和肥料（流动资金投资）两部分。就水利投资部分而言，总督府直接投入部分起了很大的作用，总督府资金的来源，不外是赋课，也就是说，出自台湾人民的身上。1901年，总督府颁布公共陂圳规则，把关系到公众利益的陂圳指定为公共陂圳，受官方监督与管理。官方计划兴办工程14处，其中最大的工程为桃园大圳和嘉南大圳。嘉南大圳投资5413万元，灌溉面积15万甲，从1920年9月开始兴建，历时10年，于1930年5月完工，对当时整个农业经济发生重大的影响。在农业技术的普及方面，引进甘蔗新品种、限制旧稻种、推广蓬莱米都有一定的成绩。但是，在1925年以前，农业生产快速成长，而农民生活水平却很少改善。"台湾农民变成日本资本剥夺相对剩余价值的对象。"[7]

殖民者着重发展台湾的米、糖经济，到了1925年以后，米的生产摆脱了停滞的状态，于是发生了"米糖相克"问题，表面上是稻米与甘蔗两个部门的冲突，实际上是"糖业的利润建立在米作部门的落后与不利的相对价格上"。[8]"所谓相克的实质就是台湾农民的利益和日资糖业资本利润冲突问题"，[9]反映了台湾农业的殖民地性质。20年代以前，台湾主要是作为日本的糖业基地，相应的，在农业方面就通过扩大甘蔗种植面积来提高甘蔗总产量。第一次世界大战后，日本本国因急剧的工业化和都市化，对粮食的需求与日俱增，1918年的米骚动集中地反映了粮食短缺问题。因此，日本要从它的殖民地朝鲜和台湾进口稻米来缓解粮食需求问题。而殖民地较廉价的米，也有助于降低日本国内劳动成本。正是在这种背景下，蓬莱米于1922年在台湾驯化成功并向全岛推广，绝大部分输出到日本，小部分为岛内日本人享用。台湾输日稻米比朝鲜少，是因为它还要供应日本糖消费量的80%左右。"米糖相克"问题产生的总背景，源自宗主国日本本身的需要：既要台湾的糖，也要台湾的米。

根据殖民当局原料采取区域制度，农民应将甘蔗卖给制糖厂，但农民可以不种甘蔗而转种对抗性作物水稻、花生、番薯、旱稻等。农民在决定种植何种作物之前，要比较一下收益。当时，日资糖厂推行"米价比准法"，即甘蔗收购价格决定于米（或其他对抗性作物）的价格。在糖价大幅上涨时，日资糖厂由于生产成本基本不变（蔗价占据了制糖成本的大部分），可以获得高额利润。第一次世界大战时，糖价猛涨，各制糖厂获利超出上年一倍以上。因蔗价不决定于糖价，农民并不能分享到糖价上涨的利益。

蓬莱米输日以后，它在日本市场的价格虽低于日本本地米价，但却追随日本米的价格波动，日本米价的稳定或上升，使台湾蓬莱米生产者获得好处，台湾农民的生活有所改善。岛内食用的蓬莱米的价格也随之上升。米价的普遍上升使得农户偏向种植稻米，而影响到甘蔗种植面积，这就产生了所谓"相克"问题。日资糖厂对"相克"问题的对策是采取惯用的债务捆绑办法，对境地困难的农户发放生产和生活贷款，同时与他们签订合同，规定他们按糖厂的要求种植甘蔗。但制糖厂认为这样做尚不足以保证他们对甘蔗的需求，他们要求当局通过政策进行干预。殖民当局为了日商的利益，在嘉南大圳灌区采取强制轮作制度，来保证蔗田面积。后来情况发生变化，日本政府于1936年通过"米谷自治法管理案"，要求日本、朝鲜、台湾都减产稻谷，台湾总督府通过劝诱贴补转作的方法来劝诱农民放弃稻作。但在1937年"七七"事变以后，因侵略战争的需要，对稻米需求上升，"相克"问题才不再提起。

随着米糖农业的发展，台湾对日贸易也有所发展。出口以米糖为主，进口主要有肥料、纺织品、烟草、酒、铁制品等。出超幅度很大。"这明显地表明着日本与台湾工农业垂直分工的贸易结构"，"这充分说明，台湾巨额经济剩余转移到日本去了"。[10]应当指出，当时"台湾的主要贸易对象已经由大陆转为日本，两岸之间仍有经贸往来"。[11]两岸间的贸易有过四个起伏，其中受第一次世界大战的影响，欧美退出大陆市场，日本以台湾为中继站，对大陆的贸易有所增加；抗日战争发生以后，台湾对大陆沦陷区之间的贸易又有增加。所以在日据时期，台湾与大陆之间的传统贸易关系受到很大破坏，但并未中断，"仍在台对外贸易中占有一定的地位"，"在台湾对日本以外国家和地区贸易中占的比例更大"，只是因为受到日本殖民政策的影响，起伏很大。[12]

表6-3　日据时期台湾对外贸易结构

单位：千日元

年份	出口额（A）	大米、糖所占的出口比重（%）	进口额（B）	出超额	A／B×100（%）	进出口额合计（C）	对日贸易在贸易总额（C）中所占的比重（%）*
1897	14857	30.7	16383	-1526	90.7	31240	18.7
1907	27376	49.7	30971	-3595	88.4	58347	64.1
1917	145713	66.6	88844	56869	164.0	234557	73.9
1925	263214	69.8	186395	76819	141.2	449610	76.8
1932	240728	78.1	164498	76230	146.3	405226	87.9
1937	440175	72.2	322124	118051	136.6	762299	90.3
1940	566054	54.8	481813	84241	117.5	1047867	84.5
1944	311204	51.5	164723	146481	188.9	475927	70.8

*对日贸易指对日本本岛的贸易。其他地区主要为朝鲜、中国东北（旧满洲）等日本旧殖民地，但在中日战争以后，也扩大到华南和东南亚等地区。

资料来源：1937年以前的数字来源于《台湾总督府贸易年表》（1940年）。以后的数字来源于《台湾统治概要》（1945年）所登载的统计资料。转引自日本大藏省管理局的《有关日本人海外活动历史的调查》，通卷第14册，台湾篇第3分册第5部分的《台湾经济（一）》第5—11页。

参 考 文 献

〔1〕周翔鹤.《日据初期台湾改良糖廍研究》，载《台湾研究集刊》1995年第2期。

〔2〕涂照彦.《日本帝国主义下的台湾》，台北人间出版社，1990年版，第307—310页。

〔3〕〔7〕柯志明.《殖民经济发展与阶级支配结构》，载《台湾社会研究季刊》1992年第13期，第222、207页。

〔4〕矢内原忠雄.《帝国主义下之台湾》，台北台湾文献委员会，1952年版，第244页。

〔5〕李登辉.《台湾农业发展的经济分析》，台湾联经出版事业公司，1980年版，第

15—18 页。

〔6〕何保山.《台湾经济的发展》,上海译文出版社,1981 年版,第 55 页。

〔8〕柯志明.《日据台湾殖民发展研究再思考》,载《台湾史田野研究通讯》1989 年
第 13 期。

〔9〕周翔鹤.《日据时期台湾农家经济与"米糖相克"问题》,载《台湾研究》1995
年第 2 期。

〔10〕隅谷三喜男.《台湾之经济》,台北人间出版社,1993 年版,第 20 页。

〔11〕林满红.《四百年来的两岸分合》,台北自立晚报社文化出版部,1994 年版,第
53 页。

〔12〕黄福才.《台湾商业史》,江西人民出版社,1990 年版,第 230—241 页。

二、殖民地的社会结构与分配关系

随着日本殖民统治的建立和殖民地经济的发展,台湾社会结构与清代后期相比,发生了重大的变化:殖民地官僚体系取代了清朝官员的统治地位;在清代后期占有重要地位的西方外国资本,受到日本的排挤,不得不陆续退出台湾;原有的银行—洋行—妈振馆—茶行的经营模式也逐渐衰颓,直至被完全淘汰;当年垄断两岸贸易的郊商,在日据初期进一步衰落,大陆资本势力日益式微。在这种情况下,日本资本大量涌到台湾,日本资本家集团成为台湾最主要的剥削者,占据了统治地位。在农村,基本上保持原有的地主制和小农经营,但由于日本势力的介入,也发生了一定的变化。

日本资本包括民间资本和国家资本。所谓"国家资本",即殖民当局所直接拥有的资本,这些资本主要通过财政手段积累起来。随着财政体制的完备,各种税收和官营企业收入大增,财政收入丰裕。1921—1934 年,由于受到世界经济不景气的影响,财政收入减少,当局增设酒专卖和增收所得税以增加收入。1935 年以后,为配合日本军国主义对中国大陆和南洋地区的侵略,殖民当局建立战时工业,财政收入再度膨胀。总的说来,1905 年以后当局的财政都有大量盈余,这些盈余除了奖励、扶持日资制糖企业以及战时作为"军事贡献金"移交日本国库以外(1936—1942 年的"贡献金"计 12547.8 万日元),大量作为总督府的直接投资用于铁路、港湾、公路、水利等事业。殖民当局的国家资本规模比民间企业大得多。

表6-4　总督府的固定资本构成（年度平均占总额的百分数）

单位：%

	1898—1904	1905—1909	1915—1919	1920—1924	1925—1929	1930—1934	1935—1939	
农业	4.4	11.8	15.5	16.9	15.1	12.0	25.3	19.5
灌溉	4.4	11.8	8.9	7.2	6.9	1.4	2.7	a
防洪	-	-	4.4	9.6	8.2	10.6	22.6	19.1
其他	a	a	2.2	a	-	a	-	0.4
交通运输	71.1	62.7	47.8	55.4	67.9	68.1	60.0	65.9
港口	11.1	17.6	20.0	13.2	15.7	21.3	22.0	20.5
铁路	55.6	41.2	18.8	27.7	40.3	29.8	20.7	24.1
公路	a	-	2.2	7.2	8.8	10.6	11.3	9.5
其他	4.4	3.9	6.7	7.2	3.1	6.4	6.0	11.8
其他	24.5	25.5	36.7	27.7	17.0	19.9	14.7	14.6

a. 不到 0.05%

资料来源：何保山：《台湾的经济发展》，第40页。

日本民间资本主要在制糖业。1910年前后，输出到台湾的日资已达8000万元左右，新式制糖厂已增加到15家。20年代以后，除了继续输出到台湾的日本国内资本以外，日资糖厂等企业的利润转为投资也构成资本的一大来源。同时，日资糖业企业还向采矿、酒精、造纸、金属制品、药品、罐头和商业等领域投资。截至1929年，日资已在台湾制造业资本中占据90.7%，采矿业的71.6%。1938—1941年，在核定资本额500万元以上的股份公司中，97%为日本人所拥有。核定资本额25万至500万元的股份公司中，日本资本占据65%。本地人的资本被排挤，只能投资于小企业。

日资就其自身结构而言，尚可区分为日本本国资本和岛内日本人资本两个来源。一般而言，日本本国资本多为垄断资本性质的大财团，而岛内日本人拥有的资本则较小，所掌握的多为较小规模的企业。但总的来说，日本资本在工商业中居于独占地位。

日本不仅在经济上占统治地位，而且"与西方帝国主义者比较，日本对殖民地的管理更为直接，对殖民地社会的渗透更为深入，对当地人进入政府的限制也更严格得多"。[1]在政治上，也形成由少数日本上层阶级独占的政治专制主义。他们"有计划的迁入上层社会的统治阶级（包括殖民官员、殖民经济执行者、技术专家等），昔日在台湾的日本人以昭和十八年（1943年）最多，将近40万人"。[2] 日本人成为社会的上层。"几乎全部的台民薪水阶级屈居日本机关和日本人公司的下级职位。"[3]

表6-5　1945年台湾公务人员统计表

单位：人，%

	敕任官	比例	奏任官	比例	专任官	比例	判任官	比例
日本人	166	99	2091	99	152	86	17972	83
台湾人	1	1	29	1	24	14	3726	17

当然，也有一些台湾人居于社会上层，他们是与日本人合作的企业界人物，主要是有钱有势的乡绅地主和商人，鹿港辜家、板桥林家、基隆颜家、雾峰林家、高雄陈家就是他们的代表。他们有的本来就是大地主大乡绅，并参与商业活动，在社会上有一定地位，成为日本人笼络的对象；有的则是积极追随日本人，为日本效力，而得到日本人的赏识和扶持，不仅在经济上成为巨富，而且在政治上也有相当的地位。在经济地位上稍次于他们的还有原来的地主、富商、买办等，也有日据时期崛起的新家族。[4] 他们一方面与日本人合作，一方面也受日本人的排挤。例如林本源制糖与新兴制糖都是本地资本仅有的较大的糖厂，最终也被日资所兼并控制。

至于本地的中小资本，更是处在从属和被排挤的地位。本地资本多是依靠地租积蓄而转化为商业资本和工业资本。据日本人的调查，1905年，台湾一般中产阶层资产约在4000—10000元之间。后来规定台湾资本在工业方面只能在资本额20万元以内活动。他们主要经营极小工厂（工人不满5人）和小工厂（工人5—29人）。1935年，以上二者合计占工厂数的95.3%。在极小工厂中，土砻间和制面厂占了大多数，其工人多是厂主本人和其家人、亲戚等。这种极小工厂从事的产业附加值往往很小，如土砻间（兼米商），经营碾米、米的出口以及买青等放贷行为，主要收益是米的交易和放债的利息，实际上是乡村高利贷资本，而不是资本主义的产业资本。不过中小资本在商业流通领域还是比较活跃的，在这方面，日本资本很少插手。还有一些中产阶层向大陆寻求发展，除了经营贸易、航运、汇兑以外，有不少人在厦门、福州、汕头投资。[5]

由于工业的发展，形成了一个不大的劳工阶层。30 年代中期以后，职工人数增加较快，显然是战时"工业化"所引起的。工人的一个来源是农业部门。当时由于农村家庭人口增加，许多人耕种自己的土地而不出租，迫使佃农流向城市寻找就业机会。另一个来源是一部分日本移民加入了职工队伍。1925 年，岛内日本人有 183722 人，1941 年为 312386 人，他们大多数集中于制造业、交通运输业、贸易、行政部门和专业性服务等五种行业。一般而言，大企业中雇佣的技术人员和熟练工人多为日本人，他们成为"劳动贵族"，工资比台湾人多。本地人一般都受雇为非熟练工，工资收入很低。此外，"每年约有一万大陆劳工来台，担任采茶、采矿及金银工、漆工、鞋工、人力车夫、理发师、厨师等工作"。[6]

表 6-6　日据时期台湾职工人数统计

单位：人

1914 年	1918 年	1926 年	1934 年	1938 年	1941 年
21859	40005	52341	66559	95641	147700

资料来源：《台湾省五十一年统计提要》。

在农村，土地关系的变化就是取消了大租，确认原来的小租主为地主，形成了一田一主的土地所有关系。除此以外，殖民当局保留了农村中传统的地主制和小农经营模式，不予改变。除了产生一个新的日本人土地所有阶层以外，农村中的土地分配状况改变不大。地主和农民仍然是农村的主要社会构成，农村的生产关系并没有转化为资本主义的劳资雇佣关系。

据调查，1923—1939 年间，土地所有状况变化见表 6-7：

表 6-7　自耕农与佃农之耕地面积

单位：公顷

时期		1923	1927	1930	1932	1939
总计		670566	762287	778919	756757	827884
自耕农	共计	280614	333451	352419	351501	361548
	水田	101203	127498	132396	128223	201367
	旱田	179411	205953	220023	223278	160181
佃农	共计	389952	428836	426500	405256	466336
	水田	226443	249540	257437	256084	318880
	旱田	163509	179296	169062	149172	147456
百分比	自耕农 共计	41.85	43.74	45.25	46.45	43.67
	水田	15.10	16.73	17.00	16.95	24.32
	旱田	26.75	27.01	28.25	29.50	19.35
	佃农 共计	58.15	56.26	54.75	53.55	56.33
	水田	33.77	32.74	33.05	33.84	33.52
	旱田	24.38	23.52	21.70	19.71	17.81

转引自周宪文:《台湾经济史》,台湾开明书店,1980年版,第463页。

从表 6-7 来看，随着耕地面积的不断增加，自耕和佃耕的土地总数仅在 2 个百分点以内变化，幅度不大。大约有一半土地是掌握在地主手里。至于土地分配，根据 20 年代的调查，拥有不到一甲土地的耕作者计 259642 户，其耕地面积为 103500 甲。拥有 10 甲以上的户数为 8221 户，其耕地面积为 285123 甲，尤其其中拥有 100 甲以上的计 196 户，其耕地面积为 94072 甲。也就是说占总户数 64.08% 的农户，只拥有耕地的 14.35%；而占总户数 0.05% 的大地主，却拥有耕地的 13.6%。这表明，一方面存在耕地的集中，另一方面却存在着耕地零细化。实际上耕地集中部分，有许多日本人大地主，尤其是日资糖业会社，从殖民当局手中获得"无主地"进行开垦，因而拥有了大量土地。1926 年，仅日资糖厂拥有的耕地，就占耕地总面积的 1/8。另一方面，农村中存在着广大的小农户，农业还是以小农经营为主的。只是由于米的生产利润低微，日本资本才没有侵入这个领域。

农村分配关系的变化，决定于两个方面：一是传统的土地制度，一是农业的殖民地性质。从传统方面来看，地租往往要占到收成的一半，据1927年的调查，双季水田租率平均为49.1%，单季水田为43%；旱田则为27.6%。除了地租，北部的地主还常常收取碛地金（押租）。南部旱田则须预先缴纳租金，实际上也就是押租。地主可随意撤佃或更换佃户；缴纳货币地租时，作物价格由地主单方面决定；大地主往往将土地委托"佃头"管理，佃头常有地租以外的索取；凡此种种，都使佃农处于很不利的地位。

从殖民地经济性质方面来讲，日本资本虽然没有直接进入农作物生产阶段，而仅把其加工阶段从农业生产过程中分离出来，但日资通过诸如"典押、农家流动资金的贷放、在水利灌溉、运输和仓储上的投资以及市场的控制"，对农业生产加以控制和渗透，使得农民变成"制糖公司经济设计之专业执行者"。[7] 由于农业主要为日本提供原料甘蔗和稻米，这两种作物商品化程度都非常高，因此作物价格的变化对农家经济的影响就非常大。一般来说，由于"土著（按：指的是本地）米作部门内的阶级支配程度均逊于日资支配下的蔗糖部门"，[8] 加上日资糖厂采取蔗价追随米价的做法，所以稻农的收入要比蔗农稳定。蓬莱米大量输日后，由于日本市场米价上升，有些蔗农转向种稻，农民生活有所改善。在日资糖厂的独占经营下，蔗农沦为单纯的原料供应者，收购价格被压到最低，许多人要向会社贷款才能维持生活。1931—1932年间，单位产量的提高使得蔗田的收入高于稻田，蔗农生活略有改善。到1932年后，蔗田产量停滞不前，蔗农生活又受影响。一般而言，蔗作要求比较少的劳力，而稻作（尤其蓬莱稻）不但要求较多的劳动，肥料的投入要求也较高。自耕农可根据自己的经济状况决定作物结构，但佃农则无此可能。尤其在米价上升时，地主常常要求种蓬莱米，否则就撤佃，这无疑使得佃农更加处于不利的境地。

据1932年调查，所谓"不耕作地主"有84000多户，占总农户1/5，其中只有少数是日本人。殖民当局把本地地主阶级作为社会安定和财政来源的一个支柱，所以允许他们保持租佃关系。但是，当本地地主与日资糖业资本发生利益冲突时，殖民当局便出来袒护日资糖厂。从30年代末开始，殖民当局直接介入租佃关系，并对地价、地租作出决定，遏制地主的土地权利，削弱地主阶级的自主性。

传统农村高利贷残酷地剥削农民，是农村残破的一个重要原因。为避免农村经济的凋敝，殖民当局曾极力提倡较低利息的农村信用组合。但信用组合的贷款对象主要是地主及中等收入以上的自耕农和半自耕农，因此传统农村高利贷还有广阔的活动余地。高利贷者有地主、商人、土砻间等。据1933年的调查，在37543户被调查农家中，向地主个人借款的农家为32820户（占87%），占这些农户负债总额的52%（800万元）。可见这种传统高利贷形式在农村中保持着坚固的地位，对半自耕农以下农家作用尤其大。至于农村商人通过赊售生产物资和生活用品，以及购买农产品（买青等）向农民放贷也是一种传统方式。本地资本被从制糖业排挤出来以后，多转而开设土砻间。土砻间规模一般都很小，个人开设的占70%，资金不足2万元的也占70%。土砻间利润很低，它们实际上是一种高利贷机构，通过"买青"向农民放贷。

最后应当提到的是新产生的日本人地主阶层，其中一个主要构成是日资糖业会社。殖民当局将所谓无主荒地无偿拨给糖业会社，供其开垦种植甘蔗。各日资糖厂共拥有土地78601甲。再加上"佃权取得地"25237甲，制糖会社共支配耕地103838甲（1926年）。日资糖厂对于其所控制的土地，仍然采取传统租佃方式租给农民种植甘蔗。除此以外，日本农业移民计划虽失败，但所占有土地却仍归日本人所有，再加上日本拓殖会社和其他会社占有的土地，以及当局发给退职官吏的土地，日本人共控制耕地12万甲，为全部耕地面积的15%。

总之，在日据时期，日本殖民者及日资资本成为社会的主导力量。在农村，土著地主占有重要地位，但米糖生产发生矛盾时，殖民当局便出来维护日资糖厂的利益，削弱土著地主的力量。殖民地的政治经济导致了殖民地化的社会结构与分配关系。阶级对立与民族对立互相交错，"大体上日本人对台湾人的民族对立，同时也是政治上支配者与被支配者的对立，并与资本家对农民、劳动者的阶级对立一致"。[9]

参 考 文 献

〔1〕高棣民.《殖民时期台湾的资本主义根源》，载韦艾德等.《台湾政治经济理论研究》，鹭江出版社，1992年版，第141页。

〔2〕南方朔.《日据时期台湾的阶级结构》，载《夏潮论坛》1984年第6期。

〔3〕戴国辉.《台湾总体相》，台北远流出版公司，1992年版，第91页。

〔4〕林满红.《四百年来的两岸分合》，台北自立晚报社文化出版部，1994年版，第

132 页。

〔5〕同上书，第132—143页。

〔6〕同上书，第83页。

〔7〕柯志明.《糖业资本、农民、与米糖部门关系》，载《台湾社会研究季刊》1992
年第12期。

〔8〕柯志明.《殖民经济发展与阶级支配结构》，载《台湾社会研究季刊》1992年第
13期。

〔9〕黄俊杰.《战后台湾农民社会意识的变迁》，载《台湾风物》第40卷第3期。

三、殖民地教育的发展

日据时期的台湾教育，可分为学校教育和社会教育两大类。社会教育在普及日语和强化日本大和精神的灌输方面，起着重要的作用。例如桃园兴风会在其纲领中写道，该会宗旨为："1.振兴母国（日本）国风；2.驯致内（日）台人间及街庄内共同和亲之美风；3.奖励国语（日语）、励行习得母国（日本）礼仪作法及其他国风。"〔1〕这显然是一种典型的殖民地教化团体。仅据1919年的调查，与普及日语相关的社会教育团体有887个，会员44302人，主要进行修身、日语等教育活动。

学校教育可分为初等教育、中等教育、师范教育和高等教育。初等教育设立公学校专收台湾人儿童，设立小学校专收日本人儿童，土著居民儿童则入"番童教育所"。其所设置的课程中，日语、修身、读书等日式教育课时占总课时的70%—80%，普及日语则为其主要目的。1922年，随着《新台湾教育令》的颁布，初等教育实施日台学生共学制，实际上只有少数台湾儿童进入小学校学习。1941年，取消公学校、小学校的区别，统一改称国民学校。

中等教育最初是为适应在台日人升学需求而开设的。台人子弟只有家境较殷或获资助者，才能远涉日本留学。为此，台湾士绅呼吁给予台湾人更多的受教育权利，并酝酿在台中自行设立中学校。台湾总督府出于统治安定及方便控制考虑，接手办理，由台人出资设立台中中学校，收台湾人子弟入学。学校采行日本式管理，目的在"使学生获得作为日本国民所必需的知识"〔2〕，中等教育在教学内容上，侧重于台湾地方的需要，安排了许多实用性科目，总督府不鼓励本地学生升学，而是力图将他们引导到服务于社会的方向，以满足殖民地建设对中低级人力资源的需求。

师范教育早期附属于国语学校，称国语学校师范部。其中又分甲乙二科，甲科收日本学生，乙科专收台湾学生。1899年，独立的师范学校方才设立，办学宗旨是培养一代尊崇日本皇室、富于日本精神的教师。换句话说，日本殖民者试图首先将为人师表的师范学生训练成日本帝国的忠实臣民，然后通过他们去影响和训导下一代台湾儿童，以达到同化的目的。师范学校只限于为初等教育培养师资，中等以上学校师资均来自日本国内，或是日本国内大学毕业的台湾人方可担任。

高等教育机构包括医学校、农林学校、商业学校、工业学校等专科学校及台北帝国大学。台北帝国大学的设立，在岛内外曾有过一番争议，赞成者认为台湾地理上接近华南、南洋，有利于对该地区进行研究，可以配合日本南进的需要；反对者则唯恐台湾人接受大学教育会对日本统治带来威胁。日本殖民者考虑到台人转赴日本或大陆求学，可能受到反日或赤化思想影响，同时，也想培养一批台湾士绅子弟，作为殖民统治的助力，因而才同意开办。

表6-8可见，这个时期教育得到了相当的发展，初等教育获得普及、教育体系逐渐完备。1922年，小学以上教育程度者占29.2%，1935年为41.5%，到了1944年则高达65.8%。然而，日本殖民者发展教育的目的，并不在于提高台湾人民的整体文化素质，而是为了培养可供其利用的特定的人力资源。在初等教育方面，他们要普及的是以日语和日本文化为主要内容的同化教育。在中等以上学校，其方针则正如总督儿玉源太郎所言："教育一日不能忽视，然而徒为灌注文明，养成偏向主张权利、义务之风，将致使新附之民，陷于不测之弊害。"[3]台湾学者认为，"从这番话可以看出，殖民地政府显然了解教育的结果将可能使被殖民者觉醒，从而造成殖民地统治上的困扰。因此，殖民地政府并不愿积极在台湾推行教育，甚至是倾向于愚民的。"[4]

表6-8　日据时期台湾教育的发展（1900—1944年）

单位：个，人，%

学校类别 年代	大学		专门学校		师范学校		中等学校		职业学校		公、小学校		学龄儿童就学率	
	校数	学生数	校数	学生数	校数	学生数	校数	学生数	校数	学生数	校数	学生数	日本人	台湾人
1900	0	0	1	89	1	195	0	0	0	0	127	13272	-	-

续表

学校类别\年代	大学		专门学校		师范学校		中等学校		职业学校		公、小学校		学龄儿童就学率	
	校数	学生数	校数	学生数	校数	学生数	校数	学生数	校数	学生数	校数	学生数	日本人	台湾人
1905	0	0	1	140	1	242	1	136	0	0	204	31221	-	-
1910	0	0	1	194	1	443	1	266	0	0	291	49556		
1915	0	0	1	205	1	764	3	1357	1	168	420	81979	95.5a	13.1a
1920	0	0	3	508	2	1188	6	2279	5	857	625	175596	98.0	25.1
1925	0	0	3	723	3	1699	21	7569	22	2246	861	244902	98.3	29.5
1930	1	180	3	831	3	1190	23	10507	38	4323	891	282641	98.8	33.1
1935	1	114	4	976	4	1379	24	12241	46	5552	917	407449	99.3	41.5
1940	1	322	4	1078	6	2002	36	18684	89	16240	974	671059	99.6	57.6
1944	1	357	4	1817	3	2888	45	29540	117	32718	1099	932525	99.6b	71.3b

资料来源：台湾省行政长官公署统计室编印：《台湾省五十一年来统计提要》，台北，1946年版，第1211—1212、1241—1242页。

a为1917年数字，b为1943年数字。

应当指出，日本殖民者的一个重要目标，是要切断台湾人民与祖国大陆的联系，"欲以教育的力量同化台湾人及先住民"。[5]总督府民政长官内田嘉吉即明言，教育是"为了使台湾人成为日本的善良臣民，即同化为目的"。[6]东乡实也说："大体上，即以将作为中华民族的台湾人同化于日本为其根本方针。"[7]

作为殖民地被统治民族，台湾人民遭受着不平等的差别教育。在初等教育中，专收日本儿童的小学校相对于专收台湾儿童的公学校，师资力量较强，经费较多。教育程度的差别也一直存在，即使到取消公、小学校区别的国民学校时代，仍有适用于日本人的第一课程表和适用于台湾人的第二课程表之分，前者程度明显优于后者。同时，在台日人与台湾人儿童就学率呈现出明显的差异。到1936年，台湾儿童平均就学率艰难地上升到43.8%，日人则已高达99.4%。[8]公学校毕业的日本学生，升入中学的约占半数，而台湾人却不及1/20。无怪乎日本人认为："就多数的台湾人说，中学校的门户，事实上是封锁住了。"[9]

在高等教育上，日本学生占了绝对优势。1928年，台北经济专门学校有日生 338 人，台生 70 人；台中农林学校日生 94 人，台生 5 人；台北帝国大学日生 49 人，台生 6 人；1937 年，台南工业专门学校日生 178 人，台生 29 人；台北经济专门学校日生 229 人，台生 23 人；台北帝国大学日生 128 人，台生 59 人；1941 年台中农林专门学校甚至出现日生 160 人，而台生仅 1 人的情形。[10]《台湾民报》就此尖锐抨击道："将台湾人所负担的租税，建设维持学校，然而受教育的恩惠的学生，不但是以收容在台的日本学生为主，甚至每年由日本内地大批移入学生。如此使台湾人负担经费，而教育由日本内地移入的学生，此岂非明白的教育的榨取？"[11]

日本在台湾建立的殖民地教育体制，主观上是为了同化台湾人民并培养中下级技术人才，以利于殖民地经济的运作和政治的统治；客观上也引进了新的教育观念和科学文化知识，打开了台湾人民的眼界。对台湾人民来说，前者与他们的文化传统和价值观相违背，势必引起民族主义的反抗浪潮；后者则有助于增强自身对社会的适应能力，提供参与政治、经济活动的机会。

日本殖民统治时期，台湾人民一方面接受汉学传统教育及家庭中华文化的传承；另一方面则接受近代教育和日本皇民文化的灌输。两种文化的撞击、冲突、磨擦，对新一代台湾知识分子产生了不同的影响，他们中有些人竭力保持中华文化传统，吸收近代科学文化，并以做一个堂堂正正的"中国的台湾人"为荣。但在殖民者政治压迫和统治者优势文化的冲击下，有些人又心生苦闷，感到迷茫。日本人柴田廉称之为"迷失的羔羊"。这在一定程度上反映出当时一部分知识分子的心态。此外，还有一些人受到殖民教育较深的影响，他们的亲日情结是不容易消除的。

参 考 文 献

〔1〕台湾教育会编.《台湾教育沿革志》，台北南天书局，1939 年版，第 102 页。

〔2〕同上书，第 745 页。

〔3〕宿利重一.《儿玉源太郎》，东京国际日本协会，1943 年版，第 335 页。

〔4〕吴密察.《台湾近代史研究》，台北稻乡出版社，1990 年版，第 157 页。

〔5〕矢内原忠雄.《日本帝国主义下的台湾》，台湾银行，1964 年版，第 76 页。

〔6〕《帝国议会贵族院委员会速记录》（明治篇 26），第 27 回议会，东京大学出版社，1987 年版，第 127 页。

〔7〕东乡实、伊藤四郎.《台湾殖民发达史》，台北晃文馆，1916 年版，第 416 页。

〔8〕台湾省行政长官公署统计室编.《台湾省五十一年来统计提要》,1946 年版,第 1241—1242 页。

〔9〕山川均.《日本帝国主义铁蹄下的台湾》,收入王晓波编.《台湾的殖民地伤痕》,台北帕米尔书店,1985 年版,第 78 页。

〔10〕台湾省行政长官公署统计室编.《台湾省五十一年来统计提要》,1946 年版,第 1214—1218 页。

〔11〕《打破榨取的教育政策》,载《台湾民报》1927 年 9 月 25 日。

第三节　民族抵抗的社会运动

一、政治抗争与文化启蒙

第一次世界大战前后,世界政治格局及思想潮流发生了深刻的变化,民族自决原则广泛传播,各国民族运动此起彼伏,爱尔兰独立运动、祖国的辛亥革命和五四运动、朝鲜独立起义、俄国十月革命以及日本国内民主运动的兴起,无不给予岛内外台湾知识分子以极大的刺激。在世界潮流的影响下,台湾民族资产阶级和知识分子开始发动并领导了反抗日本殖民统治的民族运动。

民族运动的开端,可以溯自 1914 年成立的台湾同化会。由日本人板垣退助发起的台湾同化会,是计划以给予某些权利待遇来换取台湾人同化于日本,而林献堂等绝大部分台湾人参加同化会的目的,则在于试图经由台湾同化会争取台湾人的权利,以减轻在总督专制统治下的痛苦,二者同床异梦。同化会虽于 1915 年被解散,但参与其中的一部分台湾人成为日后民族运动的领导和骨干,同时该会开创了台湾人从事近代政治运动的先河。此后发展起来的各种社会运动,理念不同、性质各异,从比较温和走向比较激进,直到被平息和消灭。

议会设置请愿活动是争取台湾人政治权利的抵抗运动的重要组成部分。斗争首先从留日台湾学生中开展起来。1918—1920 年,彭华英、林呈禄、蔡培火等在东京先后成立了启发会、应声会和新民会等组织,林献堂等台湾士绅也参与其中。他们抨击日本殖民暴政,并要求撤废"万恶之源"的"六三法"。1920 年底，"六三法"撤废活动进一步发展成为台湾议会请愿活动。他们要求日本统治者确认台湾地位的特殊性，承认台湾人的参政权，以特别代议机关——台湾议会的形式，实施特别立法。不过，台湾地方议会只是日本帝国议会的补充，议会设置运动只是要求在殖民体制内寻求参政权。尽管如此，它毕竟敢于在殖民统治下，以公开的方式发起以台湾人为主体的、针对总督府专制统治的斗争，其目标固然只是要求有限的地方自治，但它能在一定程度上减轻人民的痛苦，因而得到台湾人民的支持，赴东京请愿者返台时获得"凯旋将军"式的热烈欢迎。

然而，即使是这样一种叩头请愿式的活动，也被日本殖民者视为眼中钉，必欲去之而后快。参加请愿的人，"服务官方机关者，立即被解职，服务于银行公司者，透过该银行公司，各予以免职，有关公卖事业者则剥夺其特权，与银行有借贷关系者，拒绝其资金之融通，且严禁有关政治之讲演，虽系通俗之学术性讲演，亦常被命令中止解散"。[1] 1923 年，日本殖民者更以违反治安警察法为名，拘押了蒋渭水、蔡培火等 49 人，未被检肃者也受到监视，制造了震惊一时的"治警事件"。与此同时，日本殖民者还于 1921 年扩充台湾总督府评议会，评议员多是日本官员和资本家，还有几个投靠日本的台湾人。该机构设置的目的，在于抵消议会设置活动的影响，表面上予台湾人以参政权，但是，评议会"归属台湾总督监督并开申其咨询所应之意见"，[2]是一个"咨询"机关，不过是台湾人参政的"花瓶"而已。在日本政府及台湾总督府的压制下，台湾议会设置请愿活动前后进行 15 次，均在日本议会以"审议未了""不采纳"的情况下而告失败。

台湾文化协会是留日台湾学生运动与台湾岛内反抗斗争合流的产物，由以蒋渭水为代表的岛内知识分子和留日学生、士绅林献堂等人商议，于 1921年 10 月成立，其宗旨为"助长台湾文化之发展"。文化协会的中心任务，是对广大民众进行新知识和文化观念的灌输，实施文化启蒙宣传。文化协会创始人之一吴海水指出：台湾人为"支那民族"，因此"我们期望着，在于促进我们民族文化之提高"。[3]可见，文化协会所要发展和弘扬的就是中华文化，其目的是促进台湾民众民族意识的觉醒。

文化协会是一个由民族资产阶级（包括部分地主）领导的，以小资产阶级知识分子为主体的，有相当部分工农群众参加的反日民族阵线。他们举办各类文化讲习会，发行《台湾民报》，提倡汉文，介绍五四运动后大陆的思想文化，"宗旨不外欲启发我岛的文化，振起同胞的元气，以谋台湾的幸福"。[4]还利用这一阵地，抨击殖民当局的横暴，开展乡土文学、台湾话问题及民族运动理论等讨论。此外，召开讲演会，针对当时民众关心的社会热点问题，揭露殖民统治的实质，号召民众起而抗争，有时演讲会变成"一种变相的示威运动"。[5]文协还进行普及文化艺术活动，寓教育于娱乐之中。如改良剧的演出即以宣传民族意识、讥讽总督政治为主要内容之一，美台团的电影放映，场内更同声赞颂台湾宝岛，"当时，在台湾乡村，电影还很稀奇，加上解说者的讽刺又投合人心，每次都有众多的观众，获得预期以上的效果"。日本人认为这些活动"暗地里诅咒总督政治，有挑拨民族反感的口吻"。

台湾人民反日民族情绪的高涨及文化协会影响力的与日俱增，引起日本殖民者的恐慌和警惕，他们立即采取行动加强控制和镇压。台湾总督府一方面组织御用人士成立"公益会"和"有力者大会"等团体，公开站在前台与文化协会相对抗，另一方面则直接运用警察、监狱等暴力机器进行赤裸裸的镇压。文化协会讲演会动辄被以违反"治安"为由而遭禁止，文协负责人被恫吓和拘捕，同时还散布谣言，极力挑拨文化协会的内部矛盾，进行分化瓦解。而文化协会内部，伴随着团体的扩大和岛内外社会主义思潮的影响，其成员尤其是青年成员思想左倾者日益增多，不同思想路线的斗争开始表面化。以连温卿为首的左翼激进派在文化协会内的影响力渐居主导地位，林献堂等以温和抗争手段谋求有限地方自治的方针受到挑战。1927年1月，文化协会临时总会上连温卿派掌权后，林献堂、蔡培火等退出，日趋激进的新文化协会遭到日本殖民者的数次镇压，于1930年后停止活动。

1927年7月成立的台湾民众党，按照蒋渭水、蔡培火、谢春木等人的意图是要继续实施以非暴力体制内抗争的手段，争取地方自治，进而达成"民族解放"。民众党在建党宣言中公开宣告该党"没有民族斗争的目的"，并强调"以合法的手段"进行斗争。[6]但这只是出于避开殖民当局压制借口而在文字上作表面的让步，从日后的大会决议及其实际行动、提出的口号等各方面考察，民众党仍然是一个从事反日民族运动的政党。

民众党的纲领包括政治、经济、社会三个方面，即"确立民本政治，建立合理的经济组织，及改除社会制度之缺陷"。[7]要求实施地方选举、地方自治以及集会、结社、言论和出版自由，废除封建保甲制度、实现司法公正等；要求改变日本资本对台湾经济命脉的控制，以摆脱台湾人在经济领域的依附地位，自主发展民族资本；并且着重提出支持工农运动的发展。他们认为："在帝国主义国内殖民地的被压迫民族的解放运动，应取民族运动——以农工阶级为基础的——这是世界解放运动的原则。"[8]主张实行"以农工阶级为基础的民族运动"。[9]至于建党思想，则试图仿效孙中山先生革命的三民主义思想指导下的中国国民党模式，建立以农工势力为中心、联合各阶级的民众政党，或谓"大众政党"。

民众党既以农工阶级为中心力量进行民族运动，因而在实践活动中对工农运动采行积极参与和支持态度。由于农民组合主要已为文化协会所控制，所以民众党侧重于对工人运动的支持。1928 年 2 月，工友总联盟成立，蒋渭水、谢春木等任顾问，民众党实际上指导着工友总联盟的活动。民众党指导下的工人运动与文化协会主导下的农民运动相呼应，促成了全岛工农运动的广泛开展及工农大众的民族觉醒，从而将民族运动推向一个新的高度。

民众党还积极推动地方自治改革运动，反对向日人官吏放领官有地，反对颂扬殖民主义的始政纪念日活动，反对总督府的新鸦片政策，声援雾社起义，抗议日本军国主义的侵华战争活动。他们或举办讲演会宣传动员群众，或发表文章、散发文告以表达民意，或组织群众团体与日本殖民者相抗争，在短短时间内，即造成台湾岛内范围广泛的反日斗争浪潮，给予日本殖民统治以很大的冲击。

随着民族运动的深入和无产者组织在民众党内影响力的膨胀，民众党内左倾思想路线日益占据上风，加上领导人蒋渭水受到中国革命的影响，着意仿效孙中山的建党思想，在推进民族运动的同时，尝试开展阶级运动，从而激化了与以蔡培火等人为代表的党内稳健派的矛盾。这些试图以合法运动达成有限台湾地方自治的人们，便退出民众党，于 1930 年 8 月 17 日成立台湾地方自治联盟。内部的分裂给予日本殖民者以镇压的良机，1931 年 2 月 18日，民众党就被加上"绝对反对总督政治和民族自决主义"的罪名而遭到禁止。[10]

参 考 文 献

〔1〕蔡培火等.《台湾近代民族运动史》，台北学海出版社，1979 年版，第 130 页。

〔2〕黄昭堂.《台湾总督府》，台湾自由时代出版社，1989 年版，第 140 页。

〔3〕《台湾社会运动史》第一册，文化运动，台北创造出版社，1989 年版，第 191 页。

〔4〕王晓波编.《台胞抗日文献选编》,台北帕米尔书店,1985年版,第65页。

〔5〕《台湾社会运动史》第一册,文化运动,台北创造出版社,1989年版,第205页。

〔6〕《台湾社会运动史》第二册,政治运动,台北创造出版社,1989年版,第149页。

〔7〕《台湾社会运动史》第二册,政治运动,台北创造出版社,1989年版,第149页。

〔8〕《以农工阶级为基础的民族运动》,载《台湾民报》1927年5月1日。

〔9〕《对台湾农民组合声明的声明》,载《台湾民报》1927年6月12日。

〔10〕《台湾社会运动史》第二册,政治运动,台北创造出版社,1989年版,第265—266页。

二、农工运动与台湾共产党

日本殖民者对土地的兼并和掠夺,激起农民的强烈反抗。在蔗作领域,蔗农的生产、销售乃至家庭生活都受到日资的控制,其所受盘剥较其他农家更甚。所以蔗农反抗日本糖业资本家的斗争十分激烈。殖民主义和封建主义的双重压迫,使得农民饱受欺凌和榨取,尽管在日本殖民统治时期,农民的生活水平相对有了提高,但他们的所得与所应得两者并不成比例。这时农民运动的对象既有日本资本又有本地地主,其中农民与日本资本及殖民政府的矛盾斗争是农民运动的主要内容,这就赋予了运动鲜明的民族斗争色彩。

1925年,台中二林庄蔗农成立"二林蔗农组合",要求提高甘蔗收购价格,遭到制糖公司的拒绝。蔗农拒不收割甘蔗,并与前来取缔的警察发生冲突,这就是"二林事件"。当时,殖民当局决定放领官有土地给日籍退职人员,这给世代利用该地的农民利益带来极大损害,据统计,到1926年放领土地面积即达3886甲。于是农民在文化协会的支持下,为反对放领土地和压低甘蔗收购价格,开展了轰轰烈烈的抗争,明治、盐水港、大日本、凤山以及林本源等几大制糖会社甘蔗原料供应区均广泛发生反抗运动。仅1925年此类抗争事件即达12起,参加者5290人。事态严重者,农民与日警发生暴力冲突,一大批农民运动积极分子被捕,如二林事件中即有93人遭逮捕,31人被判刑。

农民运动的蓬勃兴起,打击了在台日本资本的利益,也遭到日本殖民当局的镇压,分散的、各自为战的斗争方式已不适应要求。在此背景下,1926年6月成立了台湾农民组合,由简吉任中央委员长,至1927年底已有23个支部24100名会员。农民组合提出提高农民知识水平,发扬互助友爱精神,以合法手段达成目的。1927 年后，农民组合先后由新文协及台湾共产党所主导，其第二次全岛大会发表的宣言更号召全岛工农大众团结一致，提出拥护苏维埃，打倒国际帝国主义等口号，体现出革命性和战斗色彩。在农民组合的领导下，1927—1928 年间，便发生了 420 件抗争事件，其中发生在南投竹山、嘉义竹崎一带的竹林事件，是因总督府支持三菱制纸强占当地居民赖以生存的竹林资源而爆发的反抗斗争。

如火如荼的农民运动深刻冲击着日本殖民统治的基础，而农民组合却日趋左倾，并且提出在政治、经济上向日本殖民统治发起进攻，因而日益成为台湾总督府亟欲剪除的心头之患。1929 年 2 月 12 日，台湾总督府开展全岛大搜捕，农民组合的主要干部被捕，简吉等人被判刑。日警并在各地捣毁组合支部，威逼农民退出组合，农民组合受到严重破坏。但是，农民运动并没有中止，此后反抗日本地主资本家压迫剥削的斗争及针对土著地主的租佃争议仍不时发生。

工人运动也在 20 年代开始发展起来。据统计，1930 年全台工人数为 577752 人，其中制造业 87351 人，占 15.1%；矿工 19562 人，占 3.3%；运输业 48862 人，占 8.4%；短期雇工 421976 人，占 73.3%。从民族分类来看，日本人占 3%，台湾人占 93%，其余为大陆、土著居民及外国人。[1]工人阶级深受日本资本、民族资本的双重压迫，处境十分困难。大多数工人在较恶劣的工作环境下劳动。在日人企业主的工厂里，工人动辄遭到日本资本家及工头的斥骂和虐待。山川均揭露，"企业家常怀征服者对被征服者的心理和态度，以对待劳工：是在进行一种不可形容的虐待"。[2]本地工人受到严重的民族歧视，平均工资不及日本工人的一半。"台湾工人的劳动力比机械力还要便宜，被为所欲为地榨取。"[3]

台湾工人组织形成于 1919 年，当时台北印刷工人结成具有近代工会性质的台北印刷从业员组合。20 年代，在祖国工人运动的影响下，在台大陆工人于 1923 年成立台北华侨洋服工友会等多个工会组织，并带动和影响了台湾近代工人运动的兴起。伴随民族运动高潮的到来，在文化协会和民众党的指导下，工人运动蓬勃开展起来。据统计，1921 年至 1931 年间，劳资争议 513 件，卷入人数 36280 人，工人运动的矛头集中指向日本资本家。按民族类别划分的劳动争议，针对日本人的约占 60% 以上。[4]

文化协会较深介入工人运动是在新文协时期。连温卿、王敏川等于 1927

年4月参与组建台湾机械工友会，会员300余人。高雄铁工所罢工即是新文协指导下最具规模的抗争活动，这次罢工还得到了台湾农民组合的支持。其他较有影响的工人运动还有日华纺织会社台北办事处罢工、嘉义营林所和阿里山出张所罢工等。仅1928年就发生工人抗争事件23起。不过，由于文化协会内部在有关工会组织、名称及工人运动纲领诸问题上意见不一，无法形成有力的领导力量。加上新文协不久因新竹事件、台南墓地事件遭到打击，工人运动的领导权逐渐转移到民众党的手中。

1927年，机械工人罢工失败后，民众党提出实施以农工阶级为基础的民族运动，并在1928年创立台湾工友总联盟，该联盟在宣告中明确认定：殖民地的劳动阶级是"民众群众解放运动的急先锋——前卫队"，[5]其领导人蒋渭水对工人运动也十分重视。相对新文协而言，民众党的政策更加统一、明确，其领导下的工人运动更具组织性和斗争能力，规模和影响力也较大。工友总联盟成立之初即有团体会员29个，个人会员6367人，1929年猛增至团体会员41个，个人会员11446人。工人运动蓬勃开展起来，如基隆砂炭、洋服、建筑、木器、台南机械、安平制盐等行业的罢工。民众党指导下的工人运动主要有高雄浅野水泥会社罢工事件、台湾制盐会社罢工事件等，工人运动的核心组织为工友总联盟。20年代末，工友总联盟的成员受社会主义思潮影响日趋左倾，他们主张阶级斗争，以谋求无产阶级的彻底解放。尤其在1930年工友总联盟第三次大会后，左倾激进倾向十分明显，这就引起日本殖民者的高度警觉和强力镇压。随着民众党于1931年被禁，工友总联盟的作用也走向衰退。

在台湾产业工人队伍不断壮大，农民运动蓬勃兴起的情况下，工农运动的发展迫切需要代表其利益的无产阶级先进政党的领导；同时，一部分知识分子在民族运动的洗礼和岛内外社会主义思潮的刺激下，思想觉悟获得提高。伴随着国际共产主义运动的开展，第三国际对殖民地无产阶级政党组织的建立，也给予积极的重视和支持。在此背景下，由日共和共产国际策划，在中国共产党直接指导下，台湾共产党于1928年4月15日在上海成立。

台共政治大纲认为：台湾的殖民地地位决定了社会革命的主要对象是日本殖民者，革命的首要任务是推翻日本帝国主义的统治，同时消灭封建势力，实行土地革命。台湾革命的性质属于民族民主革命，共产党以工人阶级为先锋队，依靠广大的工人农民大众，在一定程度上团结民族资产阶级，又与它的动摇、妥协和不彻底性作斗争，并与之争夺领导权。在组织形式上，台湾共产党作为日本共产党的一个民族支部，"将透过日本共产党去完成世界无产阶级革命的一支队的任务"。[6]党的中央常委由林木顺、林日高、蔡孝乾三人组成。由翁泽生在上海同第三国际东方局及中共中央保持联系。

台湾共产党的组织遭到日本警察的破坏，不久，由谢雪红、林日高、庄春火等在台湾岛内建立党中央。台共十分注重扩大在工人、农民中的影响力，派遣干部进入工会和农民组合，吸收新鲜血液。同时引导青年加入共产主义团体，以迅速在岛内建立坚强的党组织。政治大纲要求："当前紧急任务乃急速地扩散至台湾各地方，吸收参与实际运动的共产主义者，以这些革命的先进知识分子为中心，先着手于预备组织的召集。此种预备会议之后，再努力吸收担任战斗员的劳动者与农民党员，然后以劳动阶级及贫农做基础，如此始可建设成一个严密而巩固的共产党。"[7]在台共的积极活动下，吴拱照、庄守进入文化协会，并在文协第三次大会确立其主导地位，文化协会从而成为台共的外围组织；在农民组合第二次大会中，台共关于"农民问题的适当对策"被全面接受，农民组合的工作实际上由台共所主导。在工人运动方面，他们在北部矿场及南部铁路厂筹备工会组织，同时尝试建立赤色总工会，寻求统一全岛工人运动。对台共的影响力，有如下的记载："（台共）将台湾农民组合、台湾文化协会完全变为其指导下的外围团体，而农民运动、小市民学生运动则依据党的方针推行。至昭和五六年（1930—1931年），甚至连赤色工会的组织或劳动争议方面亦有相当发展，在本岛左翼运动中留下了甚大业绩。"[8]此外，台共还组织青年农民以读书会、茶话会的形式，讲授"资本主义的骗局""共产党宣言"等，提高先进分子的思想水平。苏新、萧来福、王万德等人还深入林场、矿山，与工人打成一片，宣传马克思主义，号召起来与资本家做斗争。台湾工友总联盟第三次大会后，台共的活动有所加强，并成立了打倒反动团体斗争委员会。其后，还组成了赤色劳动组合，他们曾计划联合各党派共同发动工人斗争，不幸计划被日本殖民者侦知而失败。1931年七八月间，台湾总督府大肆搜捕台共，党的领导人和大批党员被捕，台共中央遭破坏，建立才3年多的台湾共产党从此陷于瘫痪状态。

台湾的民族运动是中华民族争取民族自由和解放斗争的一个组成部分。祖国意识是台湾人民在反抗日本殖民压迫斗争中涌动于心底的潜流。日本人写的《警察沿革志》不得不承认，台湾人的民族意识之根本起源乃系于他们原是属于汉民族的系统，"民族意识牢不可拔。……故其以支那为祖国的情感难于拂拭，乃是不争之事实。"即使是以经济斗争为目标的劳工运动和农民运动，也排斥日本内地人及日本资本，此种倾向从根本上说是出自"民族意识的一个现象"。[9] 被称为抗日运动温和派的代表人物林献堂，同样抱有明确的祖国意识，他说："应知台胞在过去五十年中，不断向日本帝国主义斗争，壮烈牺牲，前仆后继，所为何来？简言之，为民族主义也，明乎此一切可不辩自明矣。"[10]

参 考 文 献

〔1〕向山宽夫.《日本统治下台湾民族运动史》，东京中央经济研究所，1987年版，第832—833页。

〔2〕山川均.《日本帝国主义铁蹄下的台湾》，收入王晓波编.《台湾的殖民地伤痕》，台北帕米尔书店，1985年版，第60页。

〔3〕《台湾社会运动史》第二册，政治运动，台北创造出版社，1989年版，第219页。

〔4〕向山宽夫.《日本统治下台湾民族运动史》，东京中央经济研究所，1987年版，第835页。

〔5〕简炯仁.《台湾民众党》，台北稻乡出版社，1991年版，第158页。

〔6〕〔7〕《台湾社会运动史》第三册，共产主义运动，台北创造出版社，1989年版，第18、32页。

〔8〕《台湾社会运动史》第三册，共产主义运动，台北创造出版社，1989年版，第215页。

〔9〕《台湾社会运动史》第一册，台北创造出版社，1989年版，第2—3页。

〔10〕叶荣钟.《林献堂先生年谱》，收入《台湾人物群像》，台北时报文化出版企业有限公司，1995年版，第160页。

三、理番政策与雾社起义

在台湾世代生息繁衍的土著居民，他们大部分居住在山地，那里蕴藏着丰富的矿产资源，生长着茂密的森林，日本殖民者对此富源早已垂涎三尺。1896年，台湾总督府民政局长水野遵即曾指出："今后樟脑之制造，山林之经营，林野之开垦，农产之增殖，以至日本人之移住，矿山之开发等，无一不涉及蕃地，台湾将来事业，尽在蕃地。今欲在蕃地经营事业，首先须使蕃人服从我政府。"[1] 台湾总督府继承了清代的隘勇制，建立隘寮，不准土著居民随意下山，进行分隔和控制。他们还以强制手段迫使土著居民改变生活方式。此外还以军队和警察为主力，发动了一次又一次的"大讨伐"。1896年，对高雄阿斯本社和台中丘则卡斯社的镇压，1899年，对花莲太鲁阁社的镇压，均遭猛烈抵抗，日军被迫收兵。在1900年后的连续十余年中，大嵙崁土著居民抵抗前来镇压的殖民军警，使日本殖民当局受到重大损失。1911年，殖民者试图收缴北势居民的枪支弹药，在遭到拒绝后，日人出动大批军警进行镇压，但遭到顽强的抵抗而接连受挫。1910年开始实施"五年讨蕃计划"，出动全岛大部分军警分路合击，一面强制收夺枪支，另一面对反抗者进行残酷镇压。如1911年出动2000余警察围剿马利可宛居民，1913年出动3000余人进攻奇那济等。该计划耗费1600余万元，付出2700余人伤亡的代价，终于依靠带血的刺刀在山地站住了脚跟。腥风血雨刚过，日本殖民者即大肆掠夺樟脑、林木等山地资源，迫使土著居民为其效力。

为了掠夺山地资源，日本殖民者颁布《官有林野取缔规则》，将山地收归官有，土著居民由此失去了世代采集、狩猎的场所。总督府颁布的《樟树造林奖励规则》规定，制脑业资本家可无偿获得土地试种樟树，成功后无偿取得土地所有权，这就为日本资本大举侵入山地打开了方便之门。在殖民当局的扶持下，日本资本在台湾山地建立了大批樟脑园、茶园、热带作物种植园、咖啡园，开发矿山、砍伐优质木材，进行肆无忌惮的经济掠夺。同时他们还廉价征用少数民族人民的劳力，修筑公路、水渠、铺设桥梁，少量的工资还不时遭到警察的无理克扣。同时，为了监视土著居民，防止反抗事件的发生，在山地建立了庞大的警察监控体系，约20名土著居民即配有一名警察，山地警察集军、警、政、教于一身，人称"草地皇帝"。殖民当局还百般诱迫组织"头目势力者会"、"家长会"等，企图利用各部落首领达到"以蕃治蕃"的目的。此外，日本殖民者开设的山地交易所，更是控制当地人民的有力工具，它不仅廉价购入土特产品，高价出售工业制成品，从中牟取暴利，而且利用手中的盐、米、弹药等配给品，对不满日本殖民统治的村社予以限制乃至断绝供给。[2]此外还开设番童教育所，由警察担任教师，教授日语和修身等课目，进行殖民奴化教育。

然而，备受欺凌的土著居民并没有在殖民者的淫威面前屈服，他们为了自身的生存权利和民族利益，一直开展着不屈不挠的斗争，这种斗争的突出表现，即是1930年10月的雾社起义。

雾社泰雅居民有着光荣的反侵略传统，在日本据台初期，他们就多次起来武装反抗日军的镇压和武器收缴行动。20年代，日人为开发台湾山地水电、林木资源，大批强征雾社居民从事伐木、筑路和运输等劳役，而所付工资却仅有其他地区的一半，并且常受警察的克扣，当时有人揭露："令蕃人工作，每日工资二十五钱，但警察只付给蕃人十五钱，其他则饱入私囊。"[3]日本警察还常玩弄泰雅妇女，严重侵害了当地同胞的人格尊严。1930年开始的五年蕃地开发调查，计划迁移土著居民，夺取其土地为日本资本服务，使得雾社居民感到莫大的生存威胁。积聚已久的怒火和仇恨，终于爆发了。

参 考 文 献

〔1〕伊能嘉矩.《台湾番政志》（二），台湾丛书译文本第4种，台湾省文献会，1957年版，第630页。
〔2〕《帝国议会贵族院委员会速记录》明治篇17，第22回议会（明治38年），东京大学出版会，1987年版，第228页。
〔3〕喜安幸夫.《日本统治台湾秘史》，台北武陵出版社，1984年版，第198页。
〔4〕藤井志津枝.《一九三〇年雾社事件之探讨》，载《台湾风物》第34卷第2期。
〔5〕戴国煇.《雾社事件与毒瓦斯》，载《史联杂志》1986年第8期。

第四节 殖民统治的强化与战时反日活动

一、战时经济统制

20世纪30年代，经济大恐慌笼罩着整个资本主义世界，日本也不例外地被卷入，这时，日本军国主义确定了侵略中国和太平洋地区的南进政策，台湾遂成为南进的跳板。向来为日本提供米、糖的经济政策开始被修正，转向以军需产业为重点的"工业化"。这个"工业化"给殖民地经济结构带来了某些变化。

早在战前，就出现了新兴工业的萌芽，包括合金钢、化肥、炼铁、机械、石油化工等工厂。日本政府在发动侵华战争后，于1938年5月颁布了"国家总动员法"，它也适用于台湾。总督府不但根据"总动员法"对米、糖生产进行统制，同时还统制资金、人力，以适应其"工业化政策"。

所谓"工业化政策"，基本上是军国主义所要求的军需现代化。1941年10月，台湾总督府召开有官方及金融产业界代表人物参加的"临时台湾经济审议会"，确立了台湾工业化的构想，工业化所必需的各项基础工作是：发展电力工业、开发煤炭资源、建立工业区、确立必需的科研机构、确保劳动力、物资和资金的供给。需要发展的工业，有制铁、机器、造船、化学肥料、水泥、碳化、纸浆、制油、卤化、天然气利用等。太平洋战争爆发后，日本因其存放在英美的资产被冻结，同时因对美国等贸易中止，精密机械等重要物品进口来源中断，需要对其本国及殖民地的产业结构彻底修改、重新部署，以实现其"包容大东亚的自给自足经济"。根据1942年1月所谓"日满支第二次生产扩充五年计划案"，日本本国将重点放在船舶、工作母机、重要机械、汽车、有色金属部门，台湾则将重点放在发展以炼铝为重点的电气化学工业部门。

工业化主要是由日本垄断资本投资的。不少新兴财阀都来台湾投资，如日产、日曹、钟渊、东洋重工等康采恩资本投资于化学、肥料、水泥、重工业等部门。本地日系中小资本也有相当增长。作为"国家资本"的台湾拓殖公司，投资更是遍及岛内各地，对推进工业化发挥了主导作用。

殖民当局为了在岛内筹措资金，首先是采用加税和通货膨胀等办法。早在1931年"九一八事变"后，就以"事变处理"为名，增加了"临时利得税"（1935年4月适用于台湾），接着有"支那事变特别税"，该税于1943年3月改为"台湾大东亚战争特别税"。40年代，台湾银行贷款额年年大幅增加，贷款额已超出存款额的二倍，实则就是依靠发行钞票。此外，台湾的所有金融机构都必须认购日本国债。认购数额从1937年的10300万元到1942年增至27900万元，超过全岛金融机构存款额的50%。自1941年4月开始，一部分日本国债被允许作为银行准备发行钞票的担保。随着钞票发行的增加，日本国债也累积式地增加，加速了通货膨胀。为避免通货膨胀的恶性循环，当局在"皇民化运动"中实行强制储蓄，其目标额从1938年的5000万元增加至1944年的7亿元。此外，当局还实行"缴出黄金运动"，即强制购买民间黄金，1938—1939两年中，当局就购买黄金达6700万元。筹集来的资金大部分根据当局的意图直接贷给选定优先发展的工业部门，金融机构的融资，也都按总督府的规定流向指定的企业。这表明"台湾人的资本是被殖民政府导引的银行所动员而为日本资本效力的"。[1]

除了金融统制，还实行了人力统制。战前，台湾企业中的技术人员和熟练工人均来自日本，本地人多为非熟练工。推行工业化政策后，许多新企业成立，且日本自身人力资源紧张，"原本仰赖内地（日本）供应的高级中坚技术人员开始不足，接着因争夺熟练工，无经验者的投入，加上薪资高涨劳动者各处移动，以致工作效率降低，本岛产业界也逐渐出现劳务状况的纷争"。[2]为此，当局制定了"学校毕业者使用限制令"，统筹管理，以确保高级技术人员的需求。从1939年开始，又制定"国民职业能力申告令""从业者移动限制令""薪资统制令""青少年雇用限制令""劳务调整令"，1944年7月以后，更采用了"国民征用令"。这些法令的目的，就是要培养熟练工，但在实行中却不重"技术教育"，而重"精神教育"，"培养这些人所谓的日本人性格，即使被殴辱、踢打也不会有民族纠纷"。此外，殖民当局还征调大量劳力应用于电力设施、港湾、道路建设等部门，他们中许多人还被派到大陆和南洋战场参加战斗和其他辅助工作。

此外，从1939年开始实行"台湾米谷出口管理令"，即所谓"米专卖"，后来也对糖、地租、地价等进行统制，对农业经济实行全面的支配。

战时经济统制大致可以划分为三个阶段。

第一阶段为1931—1935年。随着日月潭水电工程的完成，新兴工业开始发展。日月潭水电厂1934年竣工，生产大量低廉电力，因此耗电巨大的炼铝、炼钢、化学工业得以发展。其他如蔗渣利用工业、火柴工业、造船业、汽车制造业均有设立，改变了以前单一制糖的工业状况。在农业方面，殖民当局在限制米、糖生产同时，开始鼓励发展棉花、麻类、小麦、水果、咖啡、薯类、可可等生产，并相应发展这些农产品的加工业。

第二阶段为1936—1940年。殖民当局继续发展电力工业，兴建了一些水电厂，在电力充沛条件下，利用海外资源发展冶炼、化肥、水泥、橡胶等工业。新办的工业有纺织工业与机械制造工业。机械制造为军事部门制造通讯器材、装甲车、精密测量仪器、造船等。纺织工业很大程度上也是适应战时需要，而且用的是从日本移入的旧设备。

第三阶段为1941—1945年。太平洋战争期间，由于运输困难，日本殖民当局被迫利用台湾本岛资源，集中人力物力发展钢铁、轻金属、煤炭、水泥、肥料、酒精等工业。在这一阶段中，水泥、碱、电力、酒精、纸、磷酸钙等产量均达历史上的最高峰。农产品加工工业则因战争而销售困难，逐年减产。

经济统制的实施，使得日本资本和本地资本全部被强制编入战时体制，人力、物力的总动员，严重限制了民间资本的活动空间，削弱了他们的经济实力和自主性。一般估计，工业化政策实施的结果只达到其预定目标的三成左右。以 1944 年而论，铁块、海绵铁产量为 12000 吨左右，以电气精炼的合金铁约 12000 吨，均为目标额的三成左右。铝为 9000 吨，约达目标额的四成左右。

台湾现代产业完全被日本资本所控制，战时的工业化和经济统制更是为日本军国主义的"南进政策"服务的。"台湾经济是在日本资本主义统治下进行殖民地开发的。其成就的根本意义是对日本资本主义的贡献。"[3]

参 考 文 献

〔1〕南方朔.《日据时期台湾的阶级结构》，载《夏潮论坛》1984 年第 6 期。
〔2〕小林英夫.《1930 年代后半期以后的"工业化"政策》，载《台湾史料研究》1993 年，创刊号。
〔3〕隅谷三喜男等.《台湾之经济》，台北人间出版社，1993 年版，第 25—26 页。

二、统治的强化与皇民化运动

1937 年卢沟桥事变后，日本帝国主义发动全面侵华战争，继而于 1941 年底发动太平洋战争。台湾作为日本的南进基地，在对华南和东南亚扩张战略中发挥着日益重要的作用。这时中日战争的全面爆发，给台湾社会带来了强烈震动，反日的所谓"非国民言行"四处出现，殖民者对台湾人民的思想动向倾注了极大的关注。台湾总督小林跻造曾说："台湾无论在政治，经济和国防上都与我国有重大关系，倘若此地居住的日本人（按：指台湾人）没有作为日本人应有的精神思想，惜力谋私，仅披着日本人的假面具，政治、经济方面暂且不论，国防上便如坐在火山口上。"因此，必须尽力使台湾人成为"真正的日本人"。[1]为此，日本殖民者进一步强化了在台湾的统治。

以前，日本殖民者以"内地延长主义"为施政方针，进行同化宣传。日本发动侵华战争以后，国内军部法西斯势力日益膨胀，台湾军部势力也不断扩大。他们针对当时台湾民众倾向祖国的民族情绪，指责台湾总督府同化政策的软弱，主张实施全民动员，强化统治。首先，确保在台日本人的主导地位，重要机关部门均由日本人掌握，甚至提出在台日人"警察化"的口号，加强对人民的监视和防范；其次，敦促总督府强化对社会的全面控制，强化保甲组织，把战争的动员落实到基层。[2]台湾军司令亲自威胁林献堂等人，停止议会设置运动；军部还公然叫嚣对台湾人民的"非国民言行"进行镇压。[3]军部法西斯势力与右翼分子相勾结，使殖民统治日趋强硬。

这时，台湾军司令部设在台北。在战争期间，台湾军曾编成波田支队、饭田支队、第48师团等赴大陆各地屠杀中国人民。在太平洋战争中，台湾更成为日军的基地和转运中继站。1941年12月8日这一天，从高雄、台南两个基地起飞的日本陆上攻击机、战斗机就有197架。日本的"台湾军"还成为进攻菲律宾和印尼的主力。[4]台湾作为日本南进军事基地的地位日益突出。

为了使台湾人为日本的侵略战争效力，殖民者推出了一个企图使台湾的人和地"都成为皇国的真正一环"的皇民化运动。这个运动大致可分为两个时期。1937—1940年为国民精神总动员时期。1937年9月，台湾总督府通过国民精神总动员实施纲要，重点即在于"确立对时局的认识，强化国民意识"。通过举办各种活动，企图从思想上消除台湾人民的祖国观念，灌输大日本臣民意识。1941—1945年为皇民奉公运动时期，主旨在彻底落实日本皇国思想，驱使台湾人为日本帝国尽忠。台湾人民被迫参加各种奉公会团体。透过层层网络，日本殖民者将运动推向台湾社会的最基层。

皇民化运动的目标既在于将台湾人同化为日本帝国的"忠良臣民"，故破坏中华文化，灌输大和文化及"忠君（天皇）爱国（日本）"思想便成为该运动的核心内容。首先，强制普及日语，不准使用汉语和地方方言，否则处以罚款。还在各地设置了众多的日语讲习所。据台湾总督府统计，1937年日语普及率为37.8%，1940年为51%，1944年则为71%。[5]其次，生活方式强制日本化。在全岛大力推行神社崇拜，民间供奉的神明集中焚毁，不许奉祀。台湾人世代相传的祖先崇拜被伊势大神宫的大麻奉祀取代，传统的中元、春节亦遭禁止，家庭中更要设置日式风吕（澡盆）、榻榻米等。同时，迫使台湾人改用日式姓名，试图使人们"在不知不觉中感受皇民意识"，从而达成日本化。[6]再次，强化皇民思想教育。在学校，强迫学生接受日本国民训练，丑化中国，抹灭学生的故国观念，提倡敬仰天皇，了解"皇国对东亚及世界之使命"，以期树立"忠君爱国"观；培养凶猛、好胜、服从、勇敢的日本式国民性格。在社会上，则进行兵役预备训练和国民精神训练，还开展崇敬日本国旗、学用日语、宣讲时事等活动。在文学艺术领域，作家和刊物受到控制，人们被迫从事皇民文学创作，传统的布袋戏、歌仔戏被禁演，所谓的皇民剧则盛极一时。

日本殖民者还组织各个行业的奉公团，在全岛展开所谓献金报国、储蓄报国运动，发行公债，分派军事费，以各种花招榨取台湾人民的膏脂。同时，为弥补人力资源的不足，日本殖民者将大批台湾人送上前线充当炮灰，1943年，实施陆海军特别志愿兵制，1945年，实行征兵制，土著居民同胞则被编入所谓高砂义勇队，送往南洋丛林地带作战。此外，被征为军夫的民众为数更多，据日本厚生省战后发表的数据，台湾籍军人军属和军夫有207183人。

这一切皇民化运动的措施，往往在"内台如一"、待遇平等之类的口号下进行，为此，他们也采用一些手段，笼络台湾上层人士，企图消除台湾人视日本人为"非我族类"的心态。但是，这些措施"无论任何一项，都不外是为了因应原原本本的侵略战争，希望把台民改造成日本皇民的既傲慢且任性利己的行径"。[7]

皇民化运动造成了人们心灵的创伤。一部分人对祖国历史文化缺乏了解，而对日本却有好感。甚至出现了一批日本殖民统治的"协力者"和亲日派，他们有的在台湾为日本帝国主义效力，充当他们的走狗，受到广大人民的唾弃；有的在伪满、汪伪政权中，以通达日语的"二等日本人"身份，做日本的爪牙。[8]也有的是在殖民统治高压下，为了生存，而被迫为日本人服务的。他们多数担任基层的保正、保甲书记、街庄役场（公所）等职务，除极少数为虎作伥者外，多数人一面替日人工作，一面为台人说话。在这种情况下，他们"暗地里只有祈求神明庇佑，使日本早日战败，回归祖国。及至轰炸日烈，日本节节败退的消息传来，本岛住民对回归祖国的愿望愈高，信心愈强"。[9]这可以说是这部分人心态的真实写照。

更多的人是属于被称为"亚细亚孤儿"的民众，他们受日本的教育、懂得日语，可是仍然被日本人视为二等公民，一旦发出不满的言论，就会受到"滚回支那去"的斥责；而在大陆的一些地方，却因为他们的日本籍，往往被怀疑可能是日本人的奸细，甚至被集中监视居住。"亚细亚孤儿"是日本殖民统治留下的历史的伤痕，他们的处境和心情理应得到人们的同情和理解。

参 考 文 献

〔1〕戴国煇.《台湾与台湾人》,东京研文堂,1980 年版,第 208 页。

〔2〕洪秋芬.《台湾保甲和"生活改善"运动》,载《史联杂志》1991 年第 19 期。

〔3〕近藤正巳.《对异民族的军事动员与皇民化政策》,载《台湾近现代史研究》
    1988 年,第 6 号。

〔4〕刘凤翰.《日军占领台湾期间军事活动》,台湾史学术讨论会论文,江西庐山,
    1995 年 7 月。

〔5〕〔6〕陈小冲.《1937—1945 年台湾皇民化运动述论》,收入《台湾研究十年》,厦
    门大学出版社,1990 年版。

〔7〕戴国煇.《台湾总体相》,台北远流出版公司,1989 年版,第 86 页。

〔8〕同上书,第 87 页。

〔9〕蔡慧玉采写.《保正、保甲书记、街庄役场——口述历史之二》,载《台湾风物》
    第 44 卷第 2 期。

三、人民的抵制和抗争

皇民化运动引起台湾人民的抵制和反抗。台湾人民以坚持民族气节为荣,
有一位作家讲出了当年台湾知识分子的心情:"坚持我们汉家儿女的传统精神,
不被日本人同化而为日本皇民,乃是我们不可否认的原则。……在日本人的
淫威之下总能像苏武在北海,一定能克服多种艰难而勇敢地苦守中华儿女的
气节。"[1]有的台湾人士指出:"在日本人强暴的统治下,度过了艰辛苦难的
五十年之后,我们全体台湾人民终以纯洁的中华血统归还给祖国,以纯洁的
爱国心奉献给祖国。"[2]连日本人也不得不承认,皇民化并不成功,末任总
督安藤利吉说道:"如果统治真正掌握了民心,即使敌人登陆,全岛化为战场,
台湾同胞也会协助我皇军,挺身粉碎登陆部队。真正的皇民化必须如此。但
是,相反的,台湾同胞万一和敌人的登陆部队内应外通,从背后偷袭我皇军,
情形不就极为严重? 而且,据本人所见,对台湾同胞并无绝对加以信赖的勇
气和自信。"[3]

中国抗日战争爆发以后,台湾岛内民间传闻便沸沸扬扬,心系祖国的台
湾同胞相信:国土面积广大而人口众多的中国,必将打败日本,并乘胜收复
台湾。一些人准备组织民众起来响应,一些人向日本警察局投匿名信,还有
一些人则暗地收听祖国广播,并予以宣传。甚至在日人为庆祝某一战役胜利

而举行提灯游行时，故意将"万岁"喊成闽南语的"放屁"以示蔑视。无怪乎台湾军司令称："岛人（即台人）阳表忠顺，而阴怀不逞，常有非国民之言行。"[4]

当时汉语虽然被禁止使用，但民众仍在暗中学习，日据末期尚有不少民众延聘教师教授中文。冲破重重阻力一直生存下来的汉学书房，至1943年才因总督府强行禁止而关闭。人们在公开场合不得不说日语，但在家中大多还是以台湾方言（主要是闽南话）交谈。民族运动领导者林献堂便是终身不学日语，以示不屑与同化论者同流合污之高风亮节。

更换日式姓名运动也受到相当的冷遇，1940年2月至8月间，仅有168人改名。改姓名者多是公务员、公卖品出售者，他们迫于切身利益不得已而为之。但其所创姓氏，亦不顾"不得使用今姓所源之中国地名为姓"的禁令，大多带有浓厚的民族色彩。如姓陈改为颖川、姓黄的改为江夏等，以示对祖国故地的怀念。针对日本殖民者不许祖先崇拜以防台人祖国意识滋长的图谋，许多人"在日寇压力重重之下，毅然出面领导，不为所屈"。有的"仍能与诸宗循时序佳节，维持集会于不坠，因是而被日本人嫉忌国族之团结，迭次迫令解散，族人不为所屈，虽一时阳示解体，而实愈坚强也"。[6]改中国传统的寺庙神明奉祀为神社天照大神奉祀，是日本殖民者致力推动并大肆吹嘘的同化活动之一。然而，台湾人民多将神像偷偷藏起或只在神案上多摆一副天照大神牌位做个形式而已。一些台湾同胞说："上面叫我们拜，所以才拜。""上面要我们早晚拜它，所以我们拜它，但不知道是什么意思。"[7]

此外，本地籍教师往往团结排斥日本色彩浓厚的教员及相关教学活动。在汉文被禁的情况，仍有作家在《台湾文学》杂志翻译介绍祖国大陆作品。一部分作家还不顾白色恐怖进行反战小说创作，如吴浊流便冒着危险暗中写作《亚细亚的孤儿》一书。

由于1937年以后日本加强对殖民地反抗运动的取缔，台湾抗日的社会运动基本上结束了。"此后的抗日运动，都属于零星事件，而无法形成一股力量和潮流。"[8]因此有组织的抗日事件很少发生，1941年的东港事件、1944年的瑞芳抗日军事件和苏澳渔民事件，都遭到残酷的镇压。尽管在日本殖民者的高压下，台湾人民难以进行大规模的反抗斗争，但他们在思想文化乃至生活等各个领域的反皇民化斗争，都体现出不屈不挠的民族精神。

在战争期间，许多台湾同胞在大陆参加祖国的抗日斗争。他们组织了台湾革命青年大同盟、台湾革命民族总同盟、台湾独立革命党等，但由于力量分散，不利于抗日活动的开展。1940 年 3 月，各抗日团体联合组成台湾革命团体联合会，该会的宣言阐述了台湾与祖国的关系，决心集合台湾抗日势力，协助祖国抗战，并推翻日本在台湾的统治。1941 年，该会改名为台湾革命同盟会，团结台籍志士达千人以上。开罗宣言发表后，该会更积极配合收复台湾的准备工作，发行《台湾民声报》，就战后台湾地位问题提出建言。

在祖国东南沿海，以李友邦为领导的台湾义勇队和台湾少年团，积极从事"对敌政治，医务诊疗，生产报国，宣慰军民"的工作，得到抗战军民的高度评价。义勇队出版的《台湾先锋》《台湾青年》及抗日丛书等，为宣传抗战、促进台湾人民族意识的高涨、帮助大陆同胞了解台湾等方面，发挥了积极的作用。1941 年日军偷袭珍珠港以后，"在台湾强迫征召军夫、通译、海军工员、学徒兵、护士等，并实施所谓志愿兵制，驱使台湾同胞前往中国大陆、日本或南洋各地前线充当炮灰"。从 1941—1943 年，被迫参加海南岛作战的台湾同胞近 20 万人，后来有不少人起义投诚，参加抗日。[9]台湾同胞的抗日反战以及参加祖国的抗战，充分显示出台湾人民作为中华民族一分子，在民族危亡的紧要关头，与祖国人民同生死共患难的英勇精神，他们的斗争，为抗战的胜利、台湾的光复做出了积极的贡献。

参 考 文 献

〔1〕巫永福.《风雨中的长青树》，台北中华书局，1986 年版，第 62 页。

〔2〕杨肇嘉.《杨肇嘉回忆录》，台北三民书局，1977 年版，第 4 页。

〔3〕王育德.《苦闷的台湾》，东京弘文堂，1964 年版，第 136 页。

〔4〕叶荣钟.《台湾人物群像》，台北帕米尔书店，1985 年版，第 256 页。

〔5〕黄昭堂.《台湾总督府》，台北自由时代出版社，1989 年版，第 172 页。

〔6〕陈小冲.《日本据台时期的同化政策及其失败》，收入《同祖同根源远流长》，海峡文艺出版社，1993 年版。

〔7〕鹫巢敦哉.《台湾皇民化之诸问题》，载《台湾时报》1939 年 12 月号。

〔8〕张炎宪.《日治时代台湾社会运动分期和路线的探讨》，载《台湾风物》第 40 卷 2 期。

〔9〕陈显忠.《抗战时期海南岛的阵前起义》，载《史联杂志》1985 年第 6 期。

第七章　当代台湾

第一节　台湾光复

一、光复与接收

1945 年，中国人民经过八年全面抗战，终于打败了日本侵略者，取得了抗日战争的伟大胜利。从此，台湾摆脱了日本帝国主义的殖民统治，重新回到祖国的怀抱，这是中国历史上的一个重大事件。

早在 1943 年 11 月，中、美、英三国签署的《开罗宣言》就指出："三国之宗旨在剥夺日本自 1914 年第一次世界大战开始以后在太平洋所夺得或占领之一切岛屿，在使日本所窃取于中国之领土，例如满洲、台湾、澎湖列岛等，归还中国。"1945 年中、美、英三国签署（后苏联参加）的《波茨坦公告》重申"开罗宣言之条件必将实施"。1945 年日本投降时，正是根据以上规定，《日本投降条款》才这样写道："兹接受中美英三国共同签署的、后来又有苏联参加的 1945 年 7 月 26 日的波茨坦公告中的条款。"

1945 年 8 月 29 日，即日本投降后不到半个月，设在重庆的国民政府下令设立"台湾省行政长官公署"，任命当时任陆军大学校长的陈仪出任台湾省首任行政长官。10 月 25 日，台湾省行政长官兼警备总司令陈仪在台北市公会堂（后改名为中山堂），接受日军第 10 方面军司令长官安藤利吉的投降。陈仪宣告："自即日起，台湾及澎湖列岛已正式重入中国版图。所有一切土地、人民、政事皆已置于中国主权之下。"至此，被迫割让 50 年又 156 天的台湾省，重归于中国主权的管辖之下，台湾人民恢复了中国国籍。全省同胞热烈庆祝台湾光复，家家户户张灯结彩，街头上锣鼓喧天，鞭炮震耳，男女老少兴高采烈，满怀着幸福的憧憬。

光复时的台湾面临着一系列问题：在经济方面，由于受到战火的摧残，工业厂矿、港口、船坞毁坏过半，电力设施处于半瘫痪状态；农田水利、交通运输体系也都受到不同程度的破坏。有关民生的工农业生产基本上处于停顿状态，生活物资匮乏。当时农业就业人口约占就业总人口的 46%，而 1945 年稻米生产量却只有 64 万吨，比全省最低消费量还少 22 万吨，出现严重米荒。工业生产只能勉强维持，发电量以及肥料、水泥产量都只达以往的 1/3。台湾产品由于失去日本市场，对外贸易陷于停顿。生产衰退，百业凋敝，人民生活水平显著下降。

在政治方面，国民党当局不敢起用抗日台胞中的人才，所依赖的是从大陆调来的官员和从大陆回台的"半山"，所以，台湾民众所面对的是他们所陌生的新的统治者。台湾民众由于不了解大陆的政治经济情况，不知道当时中国正处在大地主、大官僚、大买办的统治下，而对号称"五强"之一的祖国怀有过分的期待，以为从此可以当家作主、扬眉吐气了，一旦发现新的统治者存在许多问题，便感到失望，甚至认为今不如昔；而新的地方当局所面对的则是他们所陌生的经过日本统治 50 年的台湾民众，其中有爱国的人民，也有受日本帝国主义皇民化政策影响的"士绅"和民众，还有与日本人关系密切的人们以及所谓"殖民地菁英"。新来的官员们对于台湾受到日本影响的一切观念和习性感到非常不适，一律当作是"奴化"的表现，他们往往以统治者的姿态出现。双方都缺乏必要的了解，因此，台湾人民与从大陆去的官员之间的矛盾就很难避免了。

陈仪出任台湾行政长官以后，"其治台策略，主要系靠特殊化的行政体系加上全面性的经济统制，二者相互为用"。[1]基本施政方针是：第一，在台湾实行行政长官公署制度，由长官掌握行政军事一元化的权力，这本来是他和当时一些台籍人士共同设计的，其目的是避免大陆各省事权分散、牵制过多的弊病，以便集中权力，提高办事效率。第二，实施统一接收，全面掌握日本机关和人员的财产，不让其他势力介入，以确保台湾的财政基础。第三，保持币制稳定，力图防止大陆通货膨胀的影响。但是在实施过程中，发生不少问题。

首先，长官公署"从名义上、体制上予台湾同胞以不愉快之观感"。[2]因为它实行的是一种集全省行政、司法、立法、军事大权于一身的独裁专制统治，与大陆内地各省实行不同的制度，本地人很难取得从政或参与政治的机会，当时还留用了一批日本官吏和警察，容易令人想起日据时代的总督府，因而引起人们极大的不满，加上官吏的贪污腐败、军警的横行残暴，使接收变成为"劫收"，这就为不久后的社会动乱埋下了祸根。

在接收和处理日本资产方面，先后共计接收的日产企业（包括日台合办企业）860个，其中日本人支配（即日籍资本过半）的企业为775个，台湾人支配的企业85个。在处理上，台籍资本支配的企业原则上卖给民间；对日籍资本支配的376个规模较小的企业则进行出售或预定出售，其余399个大型企业实行公营，其中有19家企业由国民党台湾省党部接收。战前日本人在台湾的独占企事业，战后几乎全部以"国家资本"的形式为国民党政府接收，这些资产几乎垄断了台湾产业、金融、贸易等各个领域，特别是官方拥有的公有土地占台湾全部耕地的60%—70%，其产值在1947年占了台湾工矿业生产总值的70%。台湾当局还成立了贸易局和专卖局，独揽内外贸易和烟酒专卖的权利，这也和当地私人企业的利益发生冲突。

在建立独立的货币金融体系方面，鉴于台湾的特殊性，南京当局决定不在台湾实行法币制度，而是由台湾银行发行新币（即旧台币），作为台湾地区通行的货币。凡是新币的印制、发行、新币与旧币之间的汇兑比率及期限，均由台湾银行独立办理，中央银行只是在台湾派驻监理人员，对其业务进行监督。这项重大举措，大大减少了当时大陆严重的通货膨胀对台湾的冲击，并使台湾执政当局便于筹措和掌握资金来源，能够更加有效地配合经济重建。

参 考 文 献

〔1〕郑梓.《战后台湾的接收与重建》，台北新化图书公司，1994年，第207页。

〔2〕陈鸣钟等.《台湾光复和台湾光复后五年省情》，下册，南京出版社，1989年版，第646页。

二、"二二八事件"

接收中的问题日益严重，新的统治者缺乏经营现代产业的能力，台湾同胞对此已经有相当强烈的反映。1946年10月蒋介石巡视了台湾，他发表谈话说："中正此次来到台湾，看到台湾复员工作已经完成80%，衷心甚为欣慰。……一般经济事业都能迅速恢复，人民都能安居乐业，以台湾的交通经济以及人民生活情形，与内地尤其是东北华北比较，其优裕程度，实不可同日而语。"[1]可是台湾的实际情况却远非如此。工人失业，城市居民破产，大量走私，米粮外溢，粮食恐慌，物价飞涨，民众挣扎在贫困线上，则是台湾当时的真实写照。垄断性的经济统制政策，也使工商业者得不到发展的机会。贪污大案层出不穷，政治腐败日益加剧，并且没有任何改善的希望。光复才一年多，台湾民众对国民政府的期望已经变成失望。有人在旧总督府的大门上挂了一幅"狗去肥猪来"的漫画，[2]反映了人民的不满情绪。"二二八事件"就是在这种环境下发生的。

1947年2月27日，台湾省专卖局缉私人员和警察在台北市南京西路"天马茶坊"附近查缉私烟时，蛮横地用枪管将女烟贩林江迈打得头破血流，并且打死了围观的群众陈文溪。在场群众愤愤不平，涌到警察局和宪兵团，要求严惩凶手。他们的要求没有得到满意的答复。2月28日，更多的群众围攻了专卖局。下午，四五百名群众涌向行政长官公署请愿，卫兵公然向徒手群众开枪射击，打死打伤几名民众。[3]事后，陈仪宣告实行戒严，军警巡逻市区，打死不少民众。这时整个台湾已经失去了控制，台北民众罢工、罢课、罢市，全岛各县市都出现了抗官与排外（省）事件，人们冲击警察局和专卖局等部门，甚至阻止正常交通运输、抢劫军用仓库、烧毁公营机构、释放在狱犯等，也发生盲目殴打外省人的暴力事件。3月2日，台北民众成立"二二八事件处理委员会"，这个机构曾经扮演了民众代言人的角色，就事件的处理和政治的改革向行政长官公署进行交涉。3月7日，处理委员会提出"三十二条要求"，比较全面地反映了当时台湾各界民众有关民主与地方自治的要求。但是处理委员会的成员比较复杂，内部各方势力发生冲突，还有一些特务、流氓混迹其中，致使政治目标不断提高，甚至要求接管长官公署，终于遭到官府的镇压。

南京国民党政府接到陈仪有关这一事件的报告后，无论是蒋介石，还是其他高层官员，都认为要以叛乱案处理，派出军队坚决镇压。3月8日和9日，宪兵第4团和整编21师先后在基隆登陆，进驻台北。在国民党残酷镇压下，"二二八事件"以失败结束，处理委员会被当作非法组织而遭到解散，被列为"叛乱首要人犯"者都被逮捕或处死。17日，蒋介石派出当时任国防部长的白崇禧到台湾，"宣慰视察"。3月间进行收缴枪支和"肃清参与分子"的清乡工作。4月24日，国民党政府下令改组台湾行政长官公署为省政府，由魏道明接替陈仪出任台湾省首任省主席。

"二二八事件"是一次人民民主自治运动，其主要要求是进行政治改革，铲除专制与贪污腐败现象，实行地方自治。可是国民党当局却不能容忍，他们把这个事件加上"企图颠覆政府，夺取政权，背叛国家"的叛乱罪名，进行残酷的镇压。在事件过程中，许多台湾知名人士和大批民众被杀，死亡人数至少有几千人。与此同时，还有不少人被逮捕或失踪，或逃亡。[4]许多老一辈台籍菁英受到摧残，从此，"台湾进入一段很长很长的政治冬天"，[5]台湾人民与国民党当局之间、本省籍与外省籍之间产生了严重矛盾与隔阂，给当代台湾政治生活留下了阴影。所以，"二二八事件"是台湾当代史上一个有重大影响的历史事件，它所造成的"二二八情结"，至今在台湾政治生活中仍然有着一定的影响。

参 考 文 献

〔1〕陈鸣钟等.《台湾光复和台湾光复后五年省情》。
〔2〕同上书，下册，第565页。
〔3〕〔4〕死伤人数说法不一，无法确定。见赖泽涵总主笔.《二二八事件研究报告》，台北时报文化出版社，1994年版，第54、263页。
〔5〕黄富三.《"二二八事件处理委员会"与二二八事件》，载赖泽涵主编《台湾光复初期历史》，"中研院"中山人文社会科学研究所，1993年。

三、战后台湾经济、文化的重建

农业生产的恢复是战后台湾经济重建的重点。当时台湾官方采取重新整治农田水利、加强化肥供应、调整土地关系等措施，使遭到战争严重破坏的农业生产力逐渐得到恢复。到1947年，全省受战争和自然灾害破坏的农田水利设施基本修复，河患的防治与农田水利工程的建设进一步加强，农田灌溉面积有所增加。化肥产量也逐年增加，部分缓解了"肥荒"问题。

在工业生产方面，制糖工业是日据时期的重要工业部门，1939年，年产量曾高达140余万吨。光复之初，受战火重创的制糖工厂达34家，1945—1946年度全省有收获的蔗田仅3.3万公顷，年产糖8.6万吨。1946年5月当局将接收自日本人的四大制糖会社组成台湾糖业股份有限公司，垄断了岛内的制糖工业。台糖公司成立后，鼓励蔗农增加甘蔗种植面积，但由于受资金限制，糖产恢复缓慢。到1949年，台糖公司年产砂糖提高到63.4万吨，仍远未达到战前最高水平。在电力工业方面，1946年台湾电力股份有限公司成立，1949年日月潭两个发电所修复工程基本完工，使台电公司年发电量由1946年的472百万千瓦时提高到854百万千瓦时，但仍未达到战前最高水平。工业部门中恢复较快的是水泥工业，1946年当局接收日本人的各水泥工厂后，组成台湾水泥股份有限公司，对水泥进行统制生产，并注入了较为充裕的资金，使1950年台湾水泥总产量达到33.19万吨，大大超过日据时期水平。

在金融方面，当局对日本人的金融机构进行接收和改组，先后成立台湾银行、台湾土地银行、台湾工商银行及华南银行、彰化银行等商业银行。实施新币制度后，为防止和削弱全国通货膨胀的冲击，不断调整台币与法币的汇率，但仍然受到通货膨胀的影响，物价飞涨。到1949年5月台币改革的前夕，物价上涨率达到月幅122.2%，创下台湾史上最大幅度的上涨纪录，给当时的经济建设与人民生活带来严重的影响。

在教育和文化方面，由于日本统治期间实行日语教学，禁止学习、使用汉语言文字，致使不少台湾同胞对汉语相当生疏。光复后，教育上面临的首要任务即是推广国语教学，扫荡殖民主义教育制度及其影响。1946年1月，长官公署宣布进行教育改革，注重中国传统文化，加强国文、国语教育，禁止在学校中用日语进行教学（特定专业除外）。同年4月正式成立"台湾省国语推行委员会"，逐渐展开各项基础工作，如编订加注汉语拼音的国语教材，举行国语示范广播，举办各类国语培训班，在各县市设置国语推行所等。这些措施的实行，在社会上很快掀起了学习国语的热潮，促进了国语的普及，为新教育制度的建立奠定了基础。与此同时，针对日籍教师被遣返后造成中小学师资严重短缺的状况，教育行政当局采取征选、甄选、考选、训练及讲习等措施，同时设立台湾省立师范学院，以解决对师资的需求。

在文化上，一方面对殖民文化进行扫荡、摒除，一方面则着手恢复和重建中华传统文化。1945 年 11 月 18 日，台湾省籍知识分子游弥坚、许乃昌、杨云萍、陈绍馨等人成立了"台湾文化协进会"，旨在"铲除殖民地统治所遗留下来的遗毒，创造民主的台湾新文化"，[1]并发行刊物《台湾文化》。他们或出版书籍，或举办音乐会、画展，或开展促进国语运动等活动，积极宣传祖国文化，努力肃清日本殖民文化的残余；在强调台湾地方特殊性格之外，他们也强烈地表现出隶属于中国新文学一支的属性，[2]对战后台湾文化回归和重建中华民族文化起了促进作用。但是，在全面禁止日文、日语中有操之过急的毛病，而没有采用循序渐进的方式，以致大批接受日文教育的人才被排斥在外，忽视了台胞的实际困难，更欠缺对台胞的同情谅解，使得语言问题政治化。"二二八事件"以后，一些本地作家遭到拘禁或无辜杀害，台湾作家的爱国热情和创作激情受到压抑。

总之，从 1945 年到 1949 年的四年是台湾从日本帝国主义统治下回归祖国怀抱的转折时期，不论从政治上、经济上、文化上都面临着重大的改变，台湾人民不适应国民党的统治，国民党对台湾和台湾人民也未有清楚的认识，二者之间的差距，引起了种种问题，发生了"二二八事件"这样的对当代台湾政治产生重大影响的历史事件。但是，台湾人民毕竟在艰难的条件下，进行了工农业生产的恢复和重建，在文化教育等方面也开始铲除日本殖民统治的影响，在与祖国各地重新融合的道路上迈进了一步。

参 考 文 献

〔1〕叶石涛.《台湾文学的回顾与前瞻》，载《台湾在转折点上》，台北洛城出版社，1986 年版，第 20 页。
〔2〕同上书，第 15—24 页。

第二节　国民党的专制统治

一、东撤台湾与国民党的改造

台湾历史的发展受到国共内战的巨大影响。当时国民党发动全面内战，向解放区发起军事进攻，在国民党统治区内，各地人民展开了反饥饿、反内战等运动，到了 1949 年初，经过三大战役，国民党统治已经面临彻底垮台的命运。早在与中共进行最后的决战前夕，国民党当局就在谋求退路，经过再三权衡，他们决定东撤台湾。以历史地理学者出身的张其昀为首的幕僚，从政治、经济、地理等方面进行了充分的论证之后，提出了方案，其要点是：挑选强人主管台湾，抢运各种战略物资，充实台湾防卫力量，严格控制去台人员。这个方案经过蒋介石同意后，于 1948 年底开始实施。

蒋介石任命陈诚为台湾省主席兼警备司令，以蒋经国为台湾省党部主委。他们向台湾抢运各类物资，其中包括从中央银行金库运去的黄金 80 万两以及大量银元、美钞、外汇等，同时装甲兵、空军、海军、特种兵种等大量军队，各类专家、技术人员、管理人员以及故宫博物院的文化财宝都被运往台湾。据不完全统计，当年进入台湾的有近百万人。原来只有 600 万人口的台湾，一下子增加了许多外来人口，这就为台湾未来的发展提供了新的变数。

1949 年 10 月 1 日，中华人民共和国宣告成立。从这时起，中华人民共和国政府成为中国唯一合法政府。国民党集团的一部分军政人员退踞台湾，并且在 1949 年 5 月 20 日发布戒严令，封闭全省，限制出入境，实行军事管制，封锁大陆的消息，严禁一切违禁的言论、出版和罢工、游行等活动。台湾海峡两岸形成了长期隔绝的状态。台湾与大陆走上了不同的发展道路。

1950 年 2 月 23 日，国民党中央常委会决定蒋介石恢复"总统"的职务。3 月 1 日，蒋介石正式视事。当时由陈诚出任"行政院长"。蒋介石等人鉴于在大陆失败的教训，决定对国民党进行改造。7 月 22 日，国民党中央常委会召开临时会议，通过了《中国国民党改造案》。8 月，蒋介石又以"总裁"身份提出由陈诚、蒋经国、张其昀等 16 人组成中央改造委员会，这些人成为以后相当长时间内活跃于台湾政治舞台上的重要人物。

蒋介石强调，国民党几乎到了灭亡的绝境，整个生命寄托于台湾，而台湾的前途则要看改造的得失。在具体做法上，则是追究失败的责任，把一些党政元老、军事将领、派系领袖列为整肃对象；全面更换旧有的党政军系统；整肃党内旧有的派系，黄埔、中统、CC、政学以及亲美英系等全被制服。与此同时，培植新的实力派，通过各种培训，整顿各级组织，进行党员登记，发展新党员等，清理了一批异己分子，并为蒋经国培养坚定的拥护者，把党的权力掌握在蒋氏父子手中。

1952 年 10 月 9 日，国民党中央改造委员会宣布：国民党改造工作全部结束。次日，国民党召开第七次"全国代表大会"，建立起以蒋介石为总裁的国民党中央领导机构。大会选出 32 名中央委员，16 名候补中央委员。以陈诚、蒋经国、张其昀、张道藩、谷正纲等 10 人为中央常务委员，张其昀出任中央党部秘书长。中央评议委员会则专门安置一些党政军元老。

与此同时，对军警宪特机构也加以整顿。由蒋经国主持整军工作，他出任总政治部主任，以"政工"来控制军队。特务系统的整顿也由蒋经国负责，打乱原有的结构，加以重组。蒋经国还负责组建"中国青年反共救国团"，亲自担任主任，极力培养忠于蒋氏父子的青年，成为社会上的一股特殊力量。

总之，国民党改造是国民党历史上少见的一次整党运动，它把经过大失败、已处于混乱状态中的国民党重新加以整顿，清除旧有的某些势力和派系，设立新的组织机构、挑选各级新的负责人，组成以陈诚、蒋经国为首的实力派，为以蒋氏父子为首的国民党在台湾的统治奠定了基础。

二、"县市自治"与"法统危机"

早在"二二八事件"时，台面民众就提出了实行县市长民主选举的要求。1950 年 4 月，当局公布了"台湾省各县市实施地方自治纲要"，同时进行县市长选举。1951 年举行省议会议员和县市议会议员选举。此类选举，成为国民党标榜"民主政治"的范例，实际上在地方公职选举中，非国民党籍的参选者是个人，而国民党候选人则有组织系统完整、社会基础复杂的政党助选；非国民党籍参选者是依靠个人及家族的力量，而国民党则掌握着他人所没有的政治资源、行政财务权；只选县市长以下政务官及省县市以下的"民意代表"，不选"国民大会代表"、"立法委员"和"监察委员"；整个选举过程为国民党控制，没有实行公开、公平、公正的原则。这种选举实际上是国民党与地方势力的结盟，所选出的议会，在法制上听命于行政命令，只能参与议事，职权有限。不过，这类地方公职选举，对政治反对派和有志于投身政治的党外人士来说，还是提供了一定的参政机会；对当局来说，成为纾解专制统治下政治反对势力的手段。地方势力也在政治上得到发展的机会，逐渐形成地方派系，在以后的地方政治中起着重要的作用。

国民党当局所谓"法统"，主要是指以"中华民国宪法"和"动员戡乱时期临时条款"作为统治权力的法律依据。有了这个法统，他们的统治就是"合法"的，"正统"的。他们为了对抗中华人民共和国，企图依据"中华民国法统"统治台湾，并复辟其在大陆的统治。为了坚持"中华民国"的"法统"，他们不肯变更大陆时期选出来的"中央民意代表"，这就和"民意代表"的任期发生矛盾。早在 1950 年 12 月，为保证即将到期的"立法委员"的合法性，蒋介石以"总统批准"的办法，延长任期。次年 1 月，"司法院大法官会议"又作出解释，在第二届"立法委员""监察委员"未能依法选出并集会以前，第一届"立法委员""监察委员"继续行使职权。这样，"立法委员""监察委员"任期制就变成变相的终身制。

与之相应的"国民大会代表"的任期更显得重要。1954 年，蒋介石的"总统"任期届满，他的"连任"需要"国民大会"的认可，他的"终身总统"的意愿要通过"国民大会"去实现，这就有必要解决"国民大会代表"的任期问题。"国民大会代表"在大溃败过程中已经各奔东西，离法定人数相去甚远。1947 年底实际选出 2908 人，而去台的只有 1080 人，如果按照需半数以上选票才能当选的原则，蒋介石永远也不可能获得通过。

1953 年 9 月，台湾当局规定："在第二届国民大会代表未能依法办理选举集会以前，第一届国民大会代表自应适应该项条文之规定，俟将来形势许可，再行办理改选。"为解决人数不足问题，采取两个步骤：从海外及港澳召回 314 名"代表"；从原来的"代表候补人"中递补 230 人，这样人数就达到 1624 人，超过了半数。为避免以后的自然减员，决策部门干脆将此条改为："国民大会非有代表 1/3 以上人数之出席，不得开议。"负有选举"总统"职责的"国民大会代表"也就成为变相的"终身代表"。这些挽救"法统危机"的程序都在 1954 年 3 月举行的"第一届国民大会"第二次会议上完成了，"中央民意机构"成了国民党专制统治的工具，为蒋介石的独裁统治盖上了"合法"的印记。

按照"宪法"的规定，"总统"只能连任一次，1960 年蒋介石的两届任期已经届满，将不得再任"总统"，"法统危机"再度发生。但是蒋介石为了担任"终身总统"，操纵国民党中常会通过了《修正动员戡乱时期临时条款以巩固国家领导中心案》。2 月间，召开"第一届国民大会第三次会议"，主要议题就是完成蒋介石的连任安排。3 月 11 日，参加这次会议的"国代"中有966 人提出提案，要求在已经扩大"总统"权限的"临时条款"中，再增加

"动员戡乱时期总统连选得连任，不受宪法第 47 条连任一次的限制"的条文，并获得通过。有了"法统"的依据，国民党中央在次日召开临时"全会"，决定由蒋介石和陈诚出任国民党"总统、副总统候选人"。3 月 21 日，"国民大会"举行"总统"选举，蒋介石作为唯一的"总统候选人"，当选为第三届"中华民国总统"，陈诚当选为"副总统"。通过上述地方和"中央"的选举，在 50 年代和 60 年代，国民党大陆籍人士占据了"中央"的领导权，而台籍地方人士把持了市县级以下机构的权利，出现了"中央"与地方的分层。

三、白色恐怖下的政治事件

在戒严体制下，国民党不能容忍任何反对国民党和蒋家王朝的行为、言论和思想，把在大陆实行过的白色恐怖移植到台湾，为此采取了以下主要措施：

鼓动反共情绪。要人们树立"主义、领袖、国家、责任、荣誉"等五大信念，誓死效忠蒋介石；要相信反攻大陆计划能够实现；要支持所谓"三分军事、七分政治"，进行"反共文化战、心理战、意志战、总体战、立体战"等所谓反攻大陆的方针、战略；鼓动人们为把台湾建成"反共复国基地"而作出牺牲。

实行特务控制。从党政机关到中小学校，从军队系统到社会各界，特务无处不在，无时不在。七大特工系统中，仅就警察而言，其规模、权限就到了惊人的程度。全岛有 10 万多名警察，分属于台湾省警务处、20 个县市警察局、87 个分局、187 个分驻所、1268 个派出所、5027 个警勤区，警察网遍布岛内各个角落。加上另外六大系统的特工人员，使人民随时随地处于警察和特务的监控之中。

实行严格的管制制度。在"戒严令"之后，又陆续公布了"戡乱法"、"戡乱时期检肃匪谍联保连坐办法"、"戡乱时期检索匪谍条例"等许多法令，在严格的管制下，人权、自由、民主、生命安全等基本权利，已经成为一纸空文。再加上控制严密的特务网，使台湾人民生活在专制统治下，随时随地都有被查、被抓、被判刑、被处决的危险。

50 年代初，在国民党实行白色恐怖政策的情况下，人们绝口不谈国事，视政治为畏途，对国民党的专制统治敢怒不敢言，不可能发动任何政治运动。但是，国民党为了维护其统治，却主动发起了"防谍肃奸"活动，制造出许多"匪谍案""叛乱案"。当时保安司令部到处抓人，"抓到共产党就有功"，报纸上经常刊登"匪谍伏法"的消息，造成全社会的恐惧。不少要求停止国共内战、实现国家统一的人士，遭到当局的残酷镇压。据不完全统计，从 1949—1952 年，被当局以"匪谍"、共党人员名义枪毙的达 4000 人左右，而被以同罪判处有期、无期徒刑者有 8000 到 10000 人，至于被秘密处决者则无从统计。1993 年，在台北六张犁公墓附近，就发现 163 座当年在白色恐怖环境下被杀害者的坟墓，其中既有本省人也有外省人。白色恐怖造成成千上万的冤案，许多优秀青年和抗日一代的台湾人惨遭迫害。白色恐怖造成了这样的局面："人性被扭曲，互不信任的人际关系和阳奉阴违的社会风气，很快地蔓延到台湾整个社会；另一方面，奉承和追随得志的权贵的人则越来越多。"[1] 与此同时，也强化了一个专制独裁的政治体制，它们和台湾社会的矛盾加深了。

虽然社会矛盾暂时受到压抑，没有形成重大的政治事件，但是蒋介石的专制统治，则引起了国民党内部的一些政治势力的反抗。在 50 年代初期，国民党为了争取美国的支持，起用了早年从美留学归国的吴国桢出任台湾省主席兼保安司令。他和陈诚、蒋经国等人发生一系列矛盾，曾经公开对蒋经国主持特务活动表示不满。随着美蒋关系的加深，蒋介石不再重用吴国桢。1953 年，吴国桢以治病为名，辞去台湾省主席一职，前往美国。不久，台湾出现吴国桢"携资外逃"的传言。1954 年 2 月，吴国桢在美国公开发表谴责台湾当局的谈话，指责台湾不民主、"政府"过于专权、国民党一党统治。从此，双方开始"越洋大战"。3 月 17 日，蒋介石发表"总统令"，撤销吴的"政务委员"，国民党中常会则开除吴的党籍；次日，省议会成立专案组，开始调查吴任职省主席期间的贪污渎职罪行。这就是所谓吴国桢事件。

与此同时，又有所谓孙立人兵变。孙立人毕业于美国弗吉尼亚军校，1950 年出任"陆军总司令"。他在陆军整顿中，得罪了大批黄埔系将领，更严重的是他不赞成部队内的政工制度，而直接向担任"国防部总政治部主任"的蒋经国挑战。他与美国顾问团团长蔡斯关系密切，也引起猜疑。1954 年 6 月，孙立人被调任毫无实权的"总统府参军长"。1955 年，他的旧部郭廷亮被加上组织屏东兵变的罪名，孙立人则受到牵连而被长期软禁。人们认为孙立人是"官邸政治的牺牲者"，"孙立人之所以贾祸，国民党党内派系斗争与美国人的逾分关爱，实为两大主因。"[2] 以上两个事件，既反映了统治阶层内部对蒋介石统治的不满，也反映了蒋介石对美国插手台湾内部政治事务的担心。

1957 年发生的"五二四事件"是一次台湾人民自发的反美运动。当年 3 月 20 日深夜，美军驻台人员雷诺上士枪杀"革命实践研究院"职员刘自然，5 月 23 日，美军军事法庭宣判杀人凶手无罪。对此，台湾人民义愤填膺，要求还以公道。在美国方面拒不认罪、台湾当局置之不理的情况下，各界民众掀起了一场规模空前的群众性反美运动。5 月 24 日，刘自然的遗孀奥特华到"美国驻台使馆"门前静立抗议、哭诉，围观和声援的群众开始向"美国大使馆"冲击，同时，也围攻了美国新闻处和美军协防司令部。台北市警察局逮捕了一些抗议的群众，3 万群众强烈要求放人，被警察打死 1 人，伤 30 多人。当晚，当局派 3 个师的军队进入台北，群众遭到镇压。在事件过程中，当局抓了数十名民众，事后又抓了近百人，并把其中 40 多人定为"有意制造事件的暴动者"。蒋介石为挽回对美方的不良影响，下令撤销"台北卫戍司令""宪兵司令""省警务处长"的职务，"内阁"总辞，并亲自出面向"美国大使"道歉。

这次事件由于台湾当局授予美军以治外法权，美国援台人员包括临时指派的人员，均享有"外交"人员待遇，所以刘自然被枪杀后台湾方面无可奈何。起初台湾当局企图利用民众的力量，对美方施加压力，后来由于这个运动具有反美倾向，表现出台湾人民的不满情绪，并威胁到国民党的统治，因而，为防止该事件向更大的规模扩展，蒋介石和蒋经国改变了放任不管的态度，派出重兵予以镇压。

在 50—60 年代之间，《自由中国》事件是一次影响最大的政治事件。《自由中国》原是由胡适、雷震等人创办的杂志，以自由、民主、反共为标榜。50 年代中期，该杂志曾经表露出对独裁专制的不满，也曾对"总统"连任问题发表过不同意见，后来又就"修宪"、选举等敏感问题开展讨论，他们所宣扬的西方民主自由思想，在自由派知识分子和一些地方人士中引起了共鸣。1960 年，该刊发表多篇讨论反对党问题的文章，并着手筹组一个"真正反共""真正民主"的政党。雷震与一些本省政治菁英筹组"中国地方自治研究会"，进而准备在 9 月底成立中国民主党。但是，他们过高地估计了自己的力量。当国民党看到大陆人和本省人合作进行政治活动，对其统治构成威胁时，便以"配合中共统战阴谋""涉嫌叛乱"的罪名，于 1960 年 9 月初逮捕了雷震等人，中国民主党从此便夭折了。《自由中国》事件是国民党内部一些自由主义分子要求改革的一次尝试，也是"台湾地区组织反对党的第一个企图"，[3] 这个事件对台湾后来的民主运动起了一定的启蒙作用。

参 考 文 献

〔1〕戴国煇 .《台湾总体相》，台北远流出版公司，1989 年版，第 129 页。

〔2〕邓维贤编 .《孙立人冤案平反》，台北新梅出版社，1988 年版，第 6 页。

〔3〕黄德福 .《民主进步党与台湾地区政治民主化》，台北时英出版社，1992 年版，第 41 页。

四、美日的支持和两岸的对峙

第二次世界大战后，在冷战体制下，台湾和祖国大陆分属于两大阵营。1950 年 6 月，朝鲜战争爆发。美国公然干涉中国内政，支持台湾当局对抗中国政府，控制台湾，使之成为面对中国大陆的军事基地，成为帝国主义阵营包围中国链条上的重要一环。6 月 27 日，杜鲁门总统发表声明，一反过去的态度，声称"台湾未来地位的决定必须等待太平洋安全的恢复"，同时下令第七舰队侵驻台湾海峡。随后，美国第 13 航空队进驻台湾。1954 年 12 月 2 日，台美"共同防御条约"正式签订，把台湾置于美国的"保护"之下，美国干涉中国内政造成两岸长期对峙的局面，从此台湾问题成为中美两国的重大争端。次年 1 月美国参众两院通过"台湾问题决议案"，授权美国总统在认为需要的时候可以在台湾和台湾海峡使用武装力量。更为重要的是，台湾成为美国在远东地区的重要基地之一，台湾安全所需要的武器、资金和物资均由美国提供。美国的军事及经济援助，增加了国民党当局的统治实力，同时也使台湾问题复杂化了。

与此同时，国民党当局与日本的关系逐渐得到恢复和发展。1952 年 4 月 28 日，台日双方背着中国政府签订了所谓"和平条约"，7 月间又成立了"台湾日本经济协会"，以求经济上共同发展，政治上共同反共。日本经济的发展，需要市场，曾为日本殖民地的台湾成为日本的首选目标。50 年代中期以后，台日关系发展迅速，与台美关系一起，成为国民党当局对外关系发展的两大支柱，也成为国民党统治步入稳定期的重要助力。

　　蒋介石在建立起控制台湾的统治机构以后，提出"以台湾为基地"，实行"反攻大陆、雪耻复国"的方针。其口号是"军事第一、反攻第一""一年准备，两年反攻，三年扫荡，五年成功"。在这个时期，台湾当局多次派出飞机轰炸大陆一些城市，并派遣海军骚扰沿海地区，但反攻大陆的企图并没有得逞。1953年美国加强对大陆的武力威胁，他们大幅度增加对台湾的军事援助，国民党军队也加强对大陆沿海的武装骚扰和海空袭击。7月间以1万多军队袭击福建东山岛。美台之间还加紧进行"共同防御条约"的谈判，美国企图进一步控制台湾。在这种情况下，1954年9月3日，中国人民解放军对金门进行了炮击。当时美国企图说服台湾当局退出沿海岛屿，遭到蒋介石的拒绝。美国还策动在联合国讨论台湾海峡停火问题，企图使台湾问题国际化，也遭到中国政府的拒绝。1955年4月周恩来总理声明：中国人民不要同美国打仗，愿意与美国政府进行谈判。接着，又宣布，解放台湾有两种可能的方式，即战争方式与和平方式，"中国人民愿意在可能的条件下，争取以和平的方式解放台湾"。在国际舆论的压力下，美国被迫改变策略，7月，中美双方决定举行大使级会谈，海峡紧张局势才得到缓和。1958年8月23日，中国政府一方面为了打击美国企图迫使台湾当局放弃金马地区、造成台湾与大陆"划峡而治"的阴谋，另一方面也为了打击台湾当局对大陆的骚扰活动，再次对金门进行炮击。当时美国要求台湾方面从沿海岛屿撤军，又遭到蒋介石的拒绝，指出杜勒斯的讲话是美国的片面声明，台湾当局"没有任何义务遵守它"。[1] 从10月初开始，中国政府决定改为"单（日）打双（日）停"，炮击成为防止美国逼迫台湾当局从沿海岛屿撤兵的斗争手段。这一时期美国一直在台湾海峡炫耀武力，经常驻扎台湾的战斗人员达1万人左右，其中包括以327空军师为主的空军打击和运输力量，以及斗牛士地对空导弹、B52远程轰炸机和原子炮等。美方除向台湾方面提供至金门的运输舰外，还把巡逻战斗舰增加到14艘。台湾方面也增加了金马地区的兵力部署。金马地区既是台湾的"防卫阵地"，又是针对大陆的"进攻基地"。

　　进入60年代，台湾同大陆的关系基本上处于军事、政治对峙的状态。台湾当局提出了"建设台湾、光复大陆"作为其指导方针，其大陆政策也由过去以军事骚扰破坏为主，转变为加强政治渗透、特务潜伏、建立地下反共组织、"待机而动"的政策。台湾当局不断派遣武装特务潜往大陆沿海和内陆地区进行破坏，并用美国U2间谍飞机对大陆进行侦察。1965年2月，新任

"国防部长"蒋经国曾经宣布全岛进入局部性戒备状态，各部队停止休假，陆军战备机动部队随时待命，空军进入三级战备。1967年初，蒋介石、蒋经国又下令进入全面性戒备，企图利用"文化大革命"造成的混乱局势，袭扰大陆。但是，台湾当局对大陆的军事计划一直处于"备而不动"的状态，只是在特务活动和政治渗透方面却不断加强。

参 考 文 献

〔1〕《中美关系资料汇编》第2辑，下册，世界知识出版社，1960年版，第2884页。

第三节　经济的恢复与发展

一、土地改革与经济恢复

1949年国民党败退台湾后，台湾面临的压力骤然增加，经济环境相当恶劣，人口激增、物价飞涨、大量失业、财政赤字巨大、外汇严重不足。稳定和重建经济成为当时的主要目标之一。从1949年开始，当局推动多项重大改革措施，其中最主要的是进行土地改革。

台湾光复后，把日据时代的地主占有制完全保留下来，从日本人手中接收的公地，也多由地主包揽而后转租给农民，因此土地占有不均现象十分严重。56.01%的耕地为只占农村人口11.69%的地主所有，而占农村人口88.31%的农民只占有22.24%的耕地。国民党当局吸取了在大陆失败的惨痛教训，决定在台湾实行土地改革，以巩固其统治。在1949年到1953年间，先后实施了三个改革步骤：一、三七五减租：耕地租金降到土地主要作物全年收获量的37.5%为限；二、公地放领：将从日本人手中收回的公地出售给农民；三、实行"耕者有其田"：地主持有土地超过3公顷部分，出售给"政府"，再按公地放领方式出售给佃农，分十年支付。这些土地改革措施，较为彻底地打破了农村封建土地制度，这是因为国民党当局与本地地主没有什么瓜葛，这些政策不会损害自身的利益，却有利于缓和农村社会矛盾，巩固其统治地位。主持这项工作的陈诚采取权威手段坚决实行。

改革的结果，一方面在一定程度上减轻了农民的负担，公地承领农户得到较大利益，自耕农在农民总数中从原来的 33% 增加到 52%，激发了农民的生产积极性，农业经济得到稳定的成长，农业盈余转向工业投资；另一方面由于采取对地主妥协的政策，向他们补偿地价，其中 70% 是实物债券，分十年偿付，30% 是四大公司（水泥、纸业、农林及工矿公司）的股票。于是，有些拥地较多的地主，如板桥林家、高雄陈家、鹿港辜家等取得了大量股票，成为工商巨头，在工业上获利很大。而另一些地主也转营工商业，这有助于工商业发展的资本积累，为以后民间企业的发展提供了有利的条件，这是当时当权者所未曾预料到的。

土地改革是 50 年代台湾经济方面最重大的事件，它和"美援"共同奠定了战后台湾经济发展的基础。

与此同时，还采取了以下一些措施：改革币制和税制，实行外汇管制和贸易管制，并确立工业发展方向：加强军工与生活必需品、外销产品及进口货替代品的生产；并以电力、肥料及纺织工业为优先发展工业。经过上述努力，1952 年台湾经济生产已大致恢复到战前最高水平，物价涨幅也渐趋缓和。不过当年人均国民所得只有 86 美元，一般人民生活还相当穷困。

二、以农业培植工业与进口替代工业

50 年代初期，尽管经济恢复已基本完成，但台湾当局面临的经济形势仍十分严峻：一是军事支出庞大，财政仍然呈现巨额赤字；二是人口快速增长，失业率达 10% 左右；三是工业资源缺乏、资本不足、技术落后；四是外汇短缺，原来赖以赚取外汇的糖、米、香蕉等农产品因人口增加而剩余减少，无法继续换取所需外汇，等等。在这种形势下，台湾当局在大力发展农业、"以农业培植工业"的同时，决定采取进口替代政策，重点发展消费品工业以替代进口，节省外汇和增加就业。

"中国农村复兴联合委员会"（简称农复会）在农业发展中发挥了重要作用。土地改革完成后农复会的主要工作转向农业教育、技术推广、土地利用、水利设施兴建、农林渔牧生产改进等方面。1953—1956 年间，农业生产年均增长率为 5.7%，1957—1960 年间为 4.3%。农业产业结构也发生变化，大量的农产品及加工品开始外销。农业快速发展不仅为工业提供了劳动力、农产原料与消费市场，而且台湾当局实行米糖统制和低粮价政策，并通过田赋征实、随赋收购、肥料换谷、出口差价等政策，剥夺了农民自由购买的权利，榨取了农民的部分所得，加重了农民的负担。"农民在农地改革中所获得的利益，通过米糖统制而被剥削、抵消了。"[1]通过这种方式，将农业剩余有效地向工业转移，加速了工业部门的资本积累。此外，当时农产品及农产加工品出口占总出口额的 80% 左右，并在同类贸易中保持巨额顺差，为工业发展赚取了大量外汇，其中仅米糖出口一年就获得一亿美元的外汇收入，相当于一年的美援金额。总之，在这个时期，台湾的主要产业仍然是农业，出口也主要依赖米糖，利用农业换取外汇支援了工业化，农业还为支援军事财政、稳定物价发挥了作用，可见所谓"以农业培植工业"，表明了台湾农民为工业化做出了很大贡献，也做出了很大牺牲。

1953 年，台湾开始实施第一期四年经建计划，决定发展进口替代工业，即重点发展消费品工业以替代进口。为此，台湾当局采取了以下措施：保护关税，对已能自行生产的产品以高关税进行保护；管制进口；复式汇率与外汇管制；限制设厂，以防止岛内工业部门间的盲目竞争，使有限资源集中于亟需建立的工业部门。

进口替代工业发展策略大大提高了工业的发展水平。1953—1962 年间，工业生产总值以年均 11.7% 的速度增长，前后增加近两倍；其中制造业年均增长 12.5%，成为国民经济中增长最快的部门。工业占台湾岛内生产总值（GDP）的比例由 1952 年的 15.4% 提高到 1962 年的 21.9%。制造业行业结构发生较大变化，许多新工业产品不断涌现，替代了进口产品。工农业的发展带动了整体经济水平的提高，1956—1962 年间，经济实质年均增长率达到 7.1%，为 60 年代的经济起飞打下了基础。

台湾经济得以在 50 年代站稳脚跟并有所发展，以下因素也有很大的促进作用：

一是美援的注入。从 1951 年到 1968 年，美国向台湾提供的援助总额达 14.8 亿美元之巨，对经济发展产生了巨大的推动作用。首先，美援对稳定财政、抑制通货膨胀的作用相当大，当时，美援主要通过相对基金的形式补助台湾当局的预算，总数达 101.9 亿新台币，使当局不仅消除了财政赤字，而且有了较大数目的储备；而对通货膨胀的抑制作用，据分析，在第一期经建计划期间降低通货膨胀率 7.74%，第二期经建计划期间降低 1.35%，第三期经建计划期间降低 4.11%。其次，美援填补了当时严重制约台湾经济发展的"两个缺口"。一是外汇缺口，1951—1968 年间，国际经常账逆差，共达 16.09 亿美元，综合逆差达 11.6 亿美元，由于美援的注入，反而使台湾产生 3.2 亿美元的国际收支节余，在出口创汇严重不足的情况下得以进口所需生产设备与生产原料。二是资本与储蓄缺口，美援占台湾年均投资总额的 36.8%，其重点支持的电力、水库、肥料、纺织、铝业、机械与一般化学工业等部门，都是经济发展初期最重要的基础产业。第三，美援为台湾培养了大量技术人才，通过美援协助台湾在职人员赴外国接受专业训练的科技人员高达 2129 人。总之，台湾经济从稳定到发展，美援起了重大作用，同时也大大缩短了台湾经济实现起飞的时间。

二是大幅提高利率，大幅贬低汇率。1953 年恶性通货膨胀基本被遏止后，高利率政策对吸收社会游资、增加社会储蓄发挥了功效。1952 年到 1964 年，民间存款占银行存款总额的比例由 54.4% 上升到 68.8%，成为台湾资本形成的重要来源。同时还大幅贬低台币对美元的汇率，以打开国际市场。这些措施一方面使企业更加有效地提高资本的使用效率，一方面客观上起到了鼓励发展节省资本的劳力密集型企业的效用。

三是大陆资本与人才的大量流入。在国民党败退台湾前后，大量资本随之流入，先后三批实际运台的黄金共 277.5 万市两，银元 1520 万元。[2] 同时，以上海为中心的大陆纺织资本也大举流入台湾，1953 年前后有 11 家棉纺企业成立，其中 10 家来自大陆资本，棉纺织企业的纺锤数在几年内增加了近 10 倍。[3] 纺织业成为仅次于糖业的第二大制造业部门。国民党带到台湾的大量经济技术人才，基本填补了日本人退出造成的人才空白，一大批财经专家和技术官僚，对台湾经济的发展做出了一定的贡献。

参 考 文 献

〔1〕隅谷三喜男等.《台湾之经济》，台北人间出版社，1993 年版，第 38 页。

〔2〕王致冰、庄培昌.《蒋介石集团从上海劫走了多少黄金去台湾》，载《人民日报》1990 年 1 月 8 日，第 6 版。戴国辉《台湾总体相》第 126 页指出：有黄金 390 万盎司、美金 7000 万元、白银相当于 7000 万美元。

〔3〕黄东之.《台湾之棉纺工业》，台湾研究丛刊第 41 种，第 21 页。

三、出口扩张与第二次进口替代

50 年代后期，进口替代工业因岛内市场的饱和而产量过剩，使得工业增长速度减缓，无法进一步吸收当时仍然存在的大量失业人口。因此，当局开始采取鼓励出口政策，即以岛内过剩的轻工业品出口代替传统的初级农产品，使台湾走向出口扩张的经济发展新阶段。当时主要采取了以下措施：

实施"奖励投资条例"和"技术合作条例"，改善投资环境；实行奖励出口、放宽进口的外汇贸易政策；放宽过去的各种经济统制、企业保护和外汇管理，恢复市场正常机能；实现经济运营制度化，创设资本市场等。从 1965 年起，先后建立高雄、楠梓和台中三个出口加工区，在区内投资的厂商可以享受种种优惠。加工出口区在吸引外资方面取得成功，到 1975 年 10 月，共吸引侨外资金 1.41 亿美元，占投资总额的 82.4%；其出口额在 1974 年达5.1 亿美元，占当年总出口额的近 1/10。[1]

这些鼓励出口的政策取得明显成效，出口大大增加了。从 1960 年到1972 年，进出口贸易总额从 4.61 亿美元迅速增加到 55.02 亿美元，增长了 10倍多，其中出口额由 1.64 亿美元增加到 29.88 亿美元，增长 18.2 倍，出口平均年实质增长率达到 24%。到 1971 年，台湾结束了连年贸易逆差的局面，首次出现了 2.16 亿美元的贸易顺差。工业品出口逐渐成为台湾出口贸易的主力。1960—1972 年，生产总值实质年均增长率达到 10.2%，人均国民生产总值由 154 美元增加到 522 美元。60 年代成为台湾战后经济增长最快的时期，从而进入了经济起飞的阶段。

与工业的蓬勃发展相反，农业部门在 60 年代经历了由兴至衰的发展历程。1968 年以后，过去"以农业培养工业"政策造成的积弊开始暴露出来，农业劳动力与资本大量外流，农业投资相对减少，农工产品间的不平等交换都对农业产生了十分不利的影响。在其他发展中国家和地区的激烈竞争下农产品外销减少，农业发展面临前所未有的困境。1969 年，台湾农业首次出现负增长。

60 年代台湾经济之所以能获得高速增长，当时有利的外部环境发挥了重要作用。50 年代末和 60 年代，正是世界资本主义经济迅速发展的时代，国际产业分工体系也发生了重大变化。发达国家借助第三次技术革命，开始致力于资本与技术密集型产业的发展，而将劳动密集型工业逐渐转移到工资低廉的发展中国家和地区，形成垂直分工体系。这一时期，外国人和华侨在台湾的投资额猛增，1965 年到 1972 年投资总件数达 1354 件，投资总额为 7.56 亿美元，平均每年近 1 亿美元。1965 年美援基本停止后，大量的外来投资和技术无疑对台湾经济起到了输血的作用。外资成为台湾经济起飞的重要条件。此外，当时世界能源及其他重要原料价格低廉，为台湾的出口加工型工业提供了极为有利的条件；越南战争的爆发，也使台湾工业获得大量订单。美国市场对台湾开放，使美国成为台湾的主要出口地。台湾在市场上依赖美国，在生产上依赖日本。美、日、台的"三环结构"支撑着台湾的经济。[2]

至于内部的条件，主要是原有的经济基础和人力资源（经营者和低工资劳动力）、积极的开放政策，使外资与本地民间企业结合，带来了工业化和出口的发展，在其中，中小企业起了重要的作用，扮演了台湾经济起飞先锋的角色。

出口导向经济策略带来了高速经济增长，但也产生了一定的弊端。当时台湾形成了"二元化市场结构"，一是大量的中小企业，其产品主要销往国际市场；二是大企业，其产品主要内销，并受到高度保护。这一方面造成资源配置的扭曲，大企业因受到保护而在追求生产效率与技术进步上积极性不高；另一方面造成中小企业满足于在进口原料—加工—出口的代工型生产模式中循环，原料与技术严重依赖进口，从而形成所谓"浅碟式"经济。1973 年爆发的世界石油危机，对台湾经济的冲击是严重的。1974 年进出口贸易再次出现高达 13.27 亿美元的逆差，连续十余年的经济高速增长势头受到重挫。以加工出口工业为主的产业结构亟需转型升级。

从 70 年代初期开始，台湾当局提出"一切为经济，一切为出口"的口号，在继续大力推进出口扩张工业的同时，实行第二次进口替代。所谓"第二次进口替代"是指在岛内制造资本密集和技术密集的产品，以代替同类的进口产品。具体说来，主要是发展重化工业产品以替代进口，建立较为完整的工业发展体系。同时，大力建设电力、交通等基础设施，以改善投资环境。从 1976 年开始，为了加速经济结构的调整和实施第二次进口替代策略，先后进行"十项建设"与"十二项建设"。

"十项建设"以钢铁工业（"中国钢铁公司"）和石油化工工业（"中国石油公司"）为重点，同时进行交通运输基本建设，包括高速公路、铁路电气化、北回铁路、台中港、苏澳港、桃园机场，此外，还发展造船工业，兴建核能电厂。"十项建设"在 1979 年完成，它大大缓解了基础设施的紧张状况，为重化工业发展奠定了基础；而且在石油危机后世界不景气、岛内投资意愿低落的情况下，这些建设的投资刺激了内部需求，吸收了部分失业人口，对减缓经济的衰退起了重要作用。

在"十项建设"基本完成后，当局又宣布推动"十二项建设"，主要包括：环岛铁路网、台中港二三期工程、改善高屏地区交通、新建东西横贯公路三条和拓建屏鹅公路；兴建核能二三厂及"中钢"第一期第二阶段扩建；兴建海堤、改善农田排水及促进农业全面机械化；每一县市建立文化中心，开发新市镇、广建居民住宅。除少数项目外，大部分在 80 年代中期以前建成。

在第一次石油危机的冲击下，当局及时进行经济调整，使得 70 年代台湾经济仍有较快速度的发展。1974 年经济实质增长率仅为 1.2%，1975 年提高到 4.9%，1976 年大幅回升到 13.9%，此后一直保持较高的增长速度，使得 1972—1980 年间实质年均增长率达到 8.9%，工业生产和出口年均实质增长率分别达到 11.4% 和 12.8% 的高增长速度。重化工业占制造业生产净值的比重由 1973 年的 49.9% 上升到 1980 年的 54.5%，轻工业则相应下降到 45.5%。到 70 年代末和 80 年代初，制造业基本形成了上（重化工业）、中（中间产品）、下（加工制造）游的较为完整的发展体系。产业结构水平也进一步提高，1980 年农业、工业和服务业三大部门占岛内生产毛额（GDP）的比例由 1970 年的 15.5%：36.8%：47.7% 改变为 7.7%：45.7%：46.6%，人均国民生产总值 1972 年为 522 美元，1980 年上升为 2344 美元。

参 考 文 献

〔1〕台湾加工出口区管理处编印.《加工出口区统计月报》，1975 年 10 月号，第 8—9 页。

〔2〕隅谷三喜男等.《台湾之经济》，台北人间出版社，1993 年版，第 48—50 页。

四、经济转型与产业升级

1979 年的第二次石油危机，再次对台湾经济产生了冲击，出口产品竞争力因能源价格和工资水平的大幅提高而面临衰退危机，尤其是石化工业衰退最为严重，减产及停工现象十分普遍。因此，当局开始改变继续发展重化工业的策略，转而强调发展技术密集的产业。1979 年宣布积极发展机械、资讯、电子、电机、运输工具等附加价值高、能源密集度低的技术密集工业，并确定这些工业为策略性工业，予以优先发展。1980 年，设立新竹科学工业园区，吸引岛内外厂商前往投资高科技工业。

80 年代，农业发展仍十分缓慢，当局于 1982 年颁布"第二阶段农地改革方案"，主要内容是提供购地贷款，办理农地重划，推行农业机械化，以及推行共同、委托及合作经营等方式来扩大农场经营规模。但是，有些政策不太切合实际，农业生产仍未摆脱徘徊局面，农户收入与非农户收入的差距更加扩大，农业劳动力大量移向都市和非农业部门。

80 年代中期以后，经济环境又发生一系列变化，其主要表现是：新台币大幅升值、劳动力成本急剧上升；长期巨额贸易顺差形成外部失衡；公共投资不足及民间需求疲弱，储蓄率提高，形成内部失衡；全球贸易保护主义加强，使对外贸易的进一步扩张受到阻力；两岸经济关系的迅速发展，成为影响台湾经济发展的重要因素。这时传统产业大量外移，形成大规模的对外投资，而新兴产业及重化工业发展受到多种因素限制；外需与内需的失衡，游资泛滥，股票、房地产飙涨，造成所谓"泡沫经济"，对物价、生产、贸易形成强烈冲击。

在这种情况下，台湾被迫实行货币升值和开放岛内市场，走向"自由化、国际化与制度化"的经济发展方向，减少干预，扩大开放，确立新的市场规范，使台湾经济更大程度地参与国际经济体系。在进出口贸易方面，对进口关税税率多次作出调降，并放宽内外投资的限制。在金融方面，废除利率与汇率管制；对岛内外资本流动的限制大幅放宽；放宽对民间新银行设立和金融业务的限制；开放新证券商的设立和准许外国投资机构正式到台设立分支机构。在公营事业民营化方面，放宽公营事业民营化的范围，完成"中国石油开发公司"、"中国产物保险公司"与"中华工程公司"移转民营。

继"十项建设""十二项建设"之后，当局又于 1984 年开始推动"十四项建设"，企图改善经济与社会发展的失衡，但因土地取得困难、工程底价偏低工程不易发包等因素影响，进展很不顺利。80 年代中期以来，为增强产业的竞争能力，当局鼓励民间投资科技事业。进入 90 年代后，当局又以"促进产业升级条例"代替执行 20 多年的"奖励投资条例"，以引导经济资源由低效率的部分农业及劳力密集型产业流向高竞争力的资本及技术密集型产业。

台湾当局推动产业升级的基本策略是：鼓励传统部门的创新投资；确保对新兴部门生产资源的有效供应；以工业的科技化支援服务业的发展。

经过对经济体制的大幅革新和对经济结构的宏观调整，台湾经济自80年代中期以来发生了一系列重大变化，出现了一些新的重要特征。

增长速度趋于较为稳定的中速增长，并更多地依靠内需扩张带动。1981年至1986年，年均实质增长率为7.8%，1986年经济实质增长率为12.6%，其中岛内需求与岛外净需求的贡献分别为5.2%和7.4%。[1]1987年以后，年均实质增长率降为6.7%，转向中速增长，而经济增长的来源也发生重大变化，尤其1988年后台湾贸易顺差明显减少，外需对经济增长的贡献每年均为负值。出口增长相对减缓，岛内需求尤其是民间消费需求和公共投资需求迅速增长，从而使岛内需求成为带动经济增长的主要动力。

服务业开始成为主导产业。1986年，三大产业占岛内生产毛额的比重分别为5.5%：47.6%：46.8%，工业仍为第一大产业；而到1990年则分别为4.2%：42.3%：53.5%，服务业成为第一大产业。

产业升级初见成效，资本及技术密集型产业成为制造业的主力。由于岛内投资环境的持续恶化，传统产业大量移向海外，重化工业及技术密集型产业则继续保持增长，在制造业总产值和总出口中的比重都有上升。但高水平的科技产业基础仍十分薄弱，关键技术及零部件仍严重依赖日、美等发达国家，产业升级还有很长的路要走。

出口市场趋于多元化，贸易重点移向亚太地区。过去外销市场高度依赖美国，1986年对美国出口占其总出口的47.7%。后来随着对欧洲、东南亚尤其是香港及大陆地区出口的迅速增长，其出口市场已趋于多元化。对美出口比重有所下降，而对香港出口比重则呈上升趋势。但台湾对美国贸易出超约占美国入超的10%，在贸易政策上受到美国的巨大压力；在进口市场上严重依赖日本的局面也未得到根本改观，对日贸易逆差仍然居高不下。

台湾已由资本净输入地区转变为资本净输出地区。1952—1983年，华侨及外国人对台湾直接投资金额为38.98亿美元，而同期台湾对外直接投资仅1.34亿美元。[2]从80年代后期开始，台湾大量对外投资，1988年对外投资额超过侨外对台湾投资，开始成为资本净输出地区。

参 考 文 献

〔1〕台"经建会"综合计划处.《总体经济结构的阶段性调整（1986—1993 年）》，载《自由中国之工业》1994 年 7 月。

〔2〕台"经济部"投审会.《中华民国华侨及外国人、技术合作、对外投资、对外技术合作、对大陆间接投资统计月报》，1994 年 6 月，第 59 页。

第四节　社会与文化的变迁

一、社会结构的变化

经济的发展和变化为社会阶级结构的变化提供了基础。第一个重大的经济变化是土地改革，它引起农村阶级关系与社会结构发生了历史性的变化：农村的封建经济体系瓦解，地主作为一个阶级，在农村已不复存在，广大农民成为农村社会最重要的力量。1953 年，自耕农占农户的 57%，而佃农与半自耕农只占 37%，在农民阶级内部，自耕农阶层取代佃农成为农民的主体。许多地主离开农村进入城市，成为城市资产阶级。但整个社会仍是以农民为主体的农业社会。

60 年代以后，随着工业化的发展，产业结构发生变化，社会结构和阶级结构也发生变动。大批农民进入城市，农民阶级走向衰微，劳工成为人数最多的阶级。接着，城市的中间阶层不断壮大，形成了中产阶层；随着民间私人资本的发展，其中的一部分形成了企业集团，整个社会从农业社会向工业化社会转变。

随着工业化与都市化初步发展，农业走向衰落，农村人口不断流入都市与工厂，成为城市工人阶级队伍的一部分，农民阶级队伍人数相对减少。农村人口从 50 年代初的 420 多万人（1952 年），持续增至 1969 年的 615 万人，达到历史高峰。据估计，60 年代每年大约有 10 万人流入城市。90 年代初，农村人口只有 400 万人，较 60 年代末期减少约 200 万人。在 400 万农村人口中，自耕农达 340 多万人，占农村总人口的 85%；半自耕农与佃农合计达 60 多万人，占农村总人口的 15%。

70 年代末开始推行的第二次土地改革，鼓励农民进行共同、委托与合作经营，倡导"离农转业"与实行专业农民制度，一大批农民从农业生产中分离出来，从事非农业活动，成为"半农半工"或"半农半商"阶层。兼业农户不断增加，专业农户日益减少，专业农民与兼业农民收入差距逐渐扩大，专业农户中有 1/4 要仰赖其他经济来源加以补贴。80 年代以后，农民之间的贫富差距迅速扩大。大部分农户的子女在非农业部门就业，留在农村的多是老人和妇女。

所谓自耕农是一个成分复杂的阶层，包括原来的一些中小地主、新的富农和农场主，以及相对贫苦的农民。耕地不足 1 公顷的农户占总农户的 70%以上，他们是自耕农中的小农。农村土地主要集中在大农和中等以上农户手中。所谓大农是租用小农土地，雇用农场工人或其他农民，实行规模化经营的农场主。大农与小农、富裕农民与贫苦农民、农村居民与城市居民的差距日益扩大。农会、水利会都被以商业资本为主的地方势力所把持。

在政治上，农民曾经是支持国民党的一支重要力量，这是因为农民从土地改革中得到了好处，而国民党控制的农会、渔会、水利会等与农民建立了利益交换关系，加上农民的保守性格，所以在农村容易形成支持执政党的力量。但是，80 年代以后，小农阶级中已有五成没有特定政党偏爱的中立选民。近年来农民为了反对不合理的农业政策，进行了抗争。1988 年 3 月 16 日为抗议当局扩大开放美国农产品进口，全省各地有几千农民举行示威。5 月 20日云林县农权会为维护农民权益，发动数千农民前往台北市示威，与警方发生冲突，造成数百人受伤，成为"二二八事件"以来最大的流血冲突事件，体现了农村问题的严重性。

城市工人阶级队伍随着工业化的迅速发展而不断壮大。50 年代初，工人阶级人数约 100 万人，60 年代以后，随着现代工业的逐渐建立与劳力密集工业的蓬勃发展，吸引了大批农村剩余劳动力，工人阶级人数迅速增加。到 60年代中期，工人阶级人数增至 200 万人；1988 年总数达 680 多万人。在第二、第三产业就业的劳动力，分别占劳动力总数的 42.24% 和 44.86%。劳工约占就业人口的 80% 以上，工人阶级已成为一支最重要的社会力量。

在工人阶级中，多数是 60 年代后期以来脱离农村的农民，近年来城市青工有所增多。广大劳工用自己的血汗为经济发展做出贡献，可是却处于政治上无权、经济上受剥削的境地。资本家总是极力压低工资、延长工时、提高劳动强度，把工人当作他们的生财工具；大多数工人在中小企业中工作，而中小企业"压低劳动成本，任意剥削劳工，减缩防污投资，罔顾环境生态的恶劣后果"，致使工人的工伤和职业病相当普遍；受雇于家庭加工业的劳工，甚至从事着"人身从属的劳动"。[1]劳工还不能自由组织自己的工会，无法进行集体的抗争；劳工无法参与政治，只能成为"人头选票"，在民意机构中基本上没有自己的代表。长期以来，各类工会几乎都是官办的，并且规定30人以下的工厂不得建立工会，所以大多数中小企业的工人没有自己的组织，在1984年以前没有劳工运动。"1987年底到1988年初，为争取春节奖金、春节休假等问题，发生了三二息工事件，是战后最大的工潮。"[2]1988年发生台铁火车司机"集体休假"、苗栗客运公司集体罢驶事件。劳工的利益在民意机构中得不到反映和保护，劳工的政治力量十分薄弱，劳工阶级在社会中仍然处于低下的地位。

所谓"中产阶级"，或称"中间阶层"，是台湾学术界常用的一个概念，还没有一个确切的界定。一般将介于资本家阶级与工人、农民阶级之间的社会阶层称作中产阶级或中间阶层。在台湾，中产阶级大致包括了企业经理或管理人员、中小企业主、专业技术人员、知识分子上层与部分公务人员等。这里实际上包括"旧中产阶级"和"新中产阶级"两个类属。"新中产阶级主要是以技术、专业、文凭作为地位取得的凭借；而旧中产阶级主要是指自营小店东、自雇作业者，他取得这样的身份，靠的不是专业知识，而是自身原先拥有的资本。"[3]中产阶级的出现是台湾经济发展的结果。在民间私人资本的发展中，存在着一批小店东、自雇作业者，60年代后，随着经济起飞和出口的发展，造就了一大批具有经济实力的中小企业主。中小企业到80年代末已达到70多万家。这些中小企业在官僚垄断资本与民营大资本对资源与市场的垄断中生存与发展，他们与大资产阶级存在着矛盾；同时，他们又代表企业的资方，同广大的工人阶级也存在着矛盾。公、民营大企业还培育了一大批中、上层管理人员，他们也成为中产阶级的组成部分。高等教育的发展，培养了一大批知识分子与专业人才，其中许多人深受西方思想文化的影响，他们对中产阶级新生代的思想与行为方式产生重大影响。此外，大批在行政机关工作的公务人员，也被列为中产阶级的一部分。然而，对中产阶级的人数，学者们估计不一，从数十万人到200多万人不等。

中产阶级在70年代以后迅速兴起，成为一支重要的社会力量，深刻地影响着社会、政治和经济的发展。一般说来，中产阶级是经济发展的受益者，他们对现实是比较满意的，他们也要求进行一定的改革，要求参与政治，以求得自身更大的发展。他们与上层阶级有着相互依存的利害关系，与劳工阶层较有距离；另一方面又同上层阶级有着一定的矛盾，有可能与上层阶级发生抗争。他们与资本主义经济体系有着密切的关系，又受西方价值观念的影响，所以既要求改革，又存在局限，这种双重性格是中产阶级的重要特性。70 年代初，一批青年知识分子创立《大学》杂志，发出"革新保台"的呼声，在一定程度上反映了中产阶级的政治愿望与要求。党外势力成为中产阶级的政治代表力量。他们的政治态度并不一致，但都要求民主、自由、平等，改革"国会"，废除戒严法，取消"报禁""党禁"等，极大地冲击着台湾旧有的政治体制。中产阶级中有一部分人支持国民党，而另一部分则支持民进党，当然还有其他的政治主张，所以中产阶级成为各种政治势力争夺的对象。

大资本家，或称"上层阶级"，是台湾社会中最具政治经济实力的阶层。它的形成与发展较为复杂。起初是官僚资本占主导地位，后来在土地改革后，一部分地主取得地价补偿，掌握四大公司的股票，转变成为资本家，这是本地大资产阶级崛起的开始；另一些富裕的商人与高利贷者，通过收购小地主的股票或出售地价补偿的有价证券，发展为商业资本家与金融资本家。还有一部分是随国民党从大陆迁来的大陆籍工商业资本家，以及在进口替代时期崛起的台籍企业，如台南帮、台泥辜振甫、台塑王永庆等。经过 40 多年的发展，私人资本力量增强，少数大资本家掌握了社会的巨额财富。到 1988 年，100 家企业集团营业额为 12193 亿元台币，占国民生产总值的 34%。集团企业不仅是民间企业的骨干，而且是整体经济的重要支柱。[4]

国民党当局除了发展公营事业以外，也以其政策及资源极力扶持私人资本，并以经济特权来笼络地方派系，使他们拥有地区性的独占事业。官僚资本与民间大资本构成台湾社会的支配力量，尽管二者在经济利益上存有矛盾，但在复杂的政商关系下结合在一起。许多大企业的建立就是由政府、资本家（有时加上外国资本）构成的。民间大资本的发展在很大程度上依靠政府或大官僚的帮助与支持，甚至一些资本家就是政府大官僚。国民党通过控制所有的上游工业和金融业，来控制工商界，这样的政商关系，"使国民党政府得以巩固它在这个岛上的权力"。[5]

资产阶级的构成也发生了变化，地方大资产阶级在 70 年代后迅速兴起，并逐渐取代大陆籍资产阶级成为统治阶级的主体。80年代后期推行公营企业民营化，公营大企业的股权大部分落在本地大资本家手中。在一百家大企业集团中，90%以上是本地财团。政治权力结构基础也从以传统的大陆资本势力为主体转为以新兴的本地资本势力为主体。大批地方财团与派系渗入"中央民意机构"，大资产阶级的声音愈来愈成为"民意"，他们有了政治后盾，更便于操纵市场和民意，使政党政治变为金权政治，国民党与大资产阶级的政治结盟成为台湾社会结构的一大特征。

参 考 文 献

〔1〕参阅工党中央党部.《工党党纲党章》。
〔2〕彭怀恩.《台湾发展的政治经济分析》，台北风云论坛出版社，1990年版，第320页。
〔3〕萧新煌.《台湾的未来不是梦？》，台北不二出版公司，1992年版，第203页。
〔4〕韩清海.《战后台湾企业集团》，鹭江出版社，1992年版，第53页。
〔5〕王振寰.《资本，劳工与国家机器》，台湾社会研究丛刊，1993年版，第74页。

二、社会运动的发展

进入80年代以后，社会阶级结构两极分化日趋明显，一方面是拥有巨额社会财富的资本家阶级在增加，财富也更集中；另一方面是收入偏低的劳工人数的扩大与相对的贫困化。社会结构大致由大资本家、中产阶级和工人、农民所构成。

随着社会结构的变迁，出现了都市化的现象，在西部沿海，以台北、台中、高雄为中心，形成三个都会区。城市人口已达到总人口的80%左右。都市化所带来的人口、劳动就业、青少年犯罪、吸毒、娼妓、黑社会以及消费者权益、环境污染等问题也相继出现并恶化。反对运动在批评当时社会状况时指出："暴力横行，色情泛滥，处处充斥着奢靡和堕落的现象，人与人间的和谐信赖瓦解殆尽……整个社会变得愈来愈自私、愈来愈暴戾、愈来愈残酷"；"环境污染、食品公害、河川污染、交通混乱，不论衣食住行只有恶化而非进步"；"违规犯法，在台湾社会似乎变成常态"；"台湾社会在执政党错误政策和权威体制的统治下，文化正在日渐倒退中。"[1]80年代，随着政治体制的某些松动，民间力量开始发挥出来，一些社会运动，如消费者运动、环境保护运动、劳工运动、妇女运动、校园民主运动、"原住民"运动、老兵返乡运动、反核运动、教师人权运动、农民运动、政治受刑人人权运动、残障弱势团体请愿运动、无住屋者团结运动等，正是在这种条件下发生和发展起来的。

消费者运动是涉及大多数人利益的公益性社会运动。由于台湾当局的经济政策主要是鼓励工业投资，而长期忽视或牺牲了广大消费者的利益，因而引起广大消费者的不满。70 年代开始，不断发生消费者受害事件与纠纷，消费者保护问题日益成为大众关心的焦点。《消费时代》《消费者》等报刊相继出现，学术界也呼吁以立法形式保护广大消费者的权益。1979 年发生的"米糠油中毒事件"成为消费者运动的导火线。4 月间，台中、彰化地区几个乡镇先后发现 1000 多人的皮肤怪病症状。经几个月的反复诊断调查，确定为米糠油食物中毒，引起广大民众与社会知识界人士对侵害民众利益厂商的反抗与对当局处理事件的不满，并促成 1980 年 11 月"消费者文教基金会"的成立。这一民间组织，接受消费者的意见，提供对民生必需品、食品、饮料、药物等抽样检验报告，通过媒体进行宣传报道，并且发起了一系列保护消费者的活动，如拒乘"日亚"航空公司老旧班机、参与消费者保护法的修订、追踪有毒玉米流向、向厂商索赔等。这些行动对于提高消费者的保护意识及监督企业的生产行为起了积极的促进作用。

环境保护运动是最受民众支持的一种社会运动。在经济发展过程中，当局忽视环境保护，造成严重的环境污染与破坏。广大劳动者是直接的受害者，污染严重的社区多是劳动者聚居的场所。到 70 年代，广大民众逐渐重视环境保护问题，环保抗争增多。据统计，1976 年水与空气污染纠纷案件达 372 件，1979 年增为 553 件。进入 80 年代，反污染与公害的"自力救济"行动兴起，其中较具影响的有高雄阿米诺酸污染事件、彰化花坛砖窑厂事件、台中大里三晃农药厂污染事件等。1985 年 8 月，台湾当局核准了美国杜邦化工厂在鹿港附近的彰滨工业区设厂，生产二氧化钛。起初，该镇民众发动 10 万名群众联名上书，反对设厂，没有受到有关部门的重视。1986 年 6 月初，鹿港镇民众走上街头，散发传单，张贴海报，示威游行，迫使当局取消了杜邦公司的兴建计划。自此以后，环境保护运动进入高潮。1988 年 9 月，高雄林园石化工业区内一个废水处理工厂，因废水外溢，造成附近河川的鱼贝大量死亡，引起附近渔民的极大不满。索赔条件未能满足后，居民进占工厂，迫使工厂停工,一时造成石化业的危机。在环保运动中,反对兴建核能四厂是一场重要的抗争。早在 1980 年,台湾就提出兴建第四核能发电厂计划,但因各方存有较大争议而搁置。1984 年,台湾电力公司再度提出该案,遭到部分"立法委员"及环保运动者的反抗。1986 年,新投入运转的核能三厂连续出现故障,而苏联曾发生的切尔诺贝利核泄漏事件,则使岛内民众对核安全与核辐射更加担心,因而一再兴起强烈的反核行动。

学生运动则带有一定的政治性质。80 年代初,一些大学开始出现官方不准出版的地下刊物,广泛讨论学校体制改革与校园民主等敏感问题。1982 年,台湾大学社团首次提出取消学生会主席由校方指定的规定,要求进行普选,实行校园民主,但受到学校当局的警告、制止,并取消该社团活动。1984 年 5 月 4 日,台湾大学 8 名学生向当局陈情,要求大学独立自主,学生参与校政,反对学校政治化。同年,台大学生推举的候选人击败校方推举的候选人,当选为台湾大学学生会主席。1987 年初,台湾大学"自由之社"社团起草了大学改革刍议书,发动了 16000 多人签名,上书校长,要求改革教育体制。随后,又组织大学改革请愿团,要求"政治校长退出校园""大学自治",反对不合理的学校教育制度。为促进改革,台湾 13 所大专院校学生于 1987 年 7 月联合成立了跨校际的学生组织——大学生改革促进会。学生运动还走出校园,融入社会运动,如支持并参与妇女等团体组织的反对贩卖人口的雏妓救援游行活动,声援"三一六"农民抗议行动,参加"五二〇"农民运动及开展环保运动等。1987 年 11 月,台湾大学生还自行组织并发起要求"国会改选"的游行活动,开始直接参与政治活动。

妇女运动主要是一种争取公平待遇的社会运动。70 年代初,在美留学的台湾女性学者受到美国妇女解放运动的影响,回台首倡女性意识,宣传新女性主义,倡导两性平等,呼吁人工流产合法化等。新女性主义是一种思想启蒙教育,主要是通过一系列的演讲、座谈、发表文章及出版著作等方式,唤起女性的觉醒和社会对妇女的关心,但在当时并未得到多数女性的回应。80 年代后,由知识女性发起、组织的妇女团体,如妇女新知、主妇联盟、彩虹专案等纷纷出现,推动了妇女运动的发展。1984 年 6 月,妇女新知团体组织 7 个妇女团体到"立法院"抗议,使妇女界长期积极争取的堕胎合法化法案得以通过。1987 年 1 月,彩虹专案、妇女新知等妇女组织,与其他团体共同发起反对贩卖人口、救援雏妓的万人示威游行活动,迫使当局执行"正风专

257

案"，展开扫黄行动。然而妇女运动参与的人数有限，且多是有知识的中产阶级妇女，广大的中下层妇女并未动员起来。

"原住民"人权运动也是争取公平待遇的社会运动。"原住民"是当地的少数民族，人口约30多万，占总人口百分之一以上，是台湾政治、经济、社会生活条件最差的一个族群。"男性往往到都市从事劳力工作，或是担任矿工、渔民等危险性高的职业，女性更是悲惨，为数不少在年幼就被卖到风化场所沦为雏妓"，"原住民的文化传统都被压制，失去了对族群的认同及尊严。"[2] 1983年，"原住民权利促进委员会"成立，发动了多次街头示威，争取少数民族的法律和社会权利。

在"解严"以后，社会运动形成一股风潮，1983—1988年，街头抗议事件的次数逐年增加，涉及的领域相当广泛，参加的成员也逐渐多元化。这些运动多是针对当局进行抗议，要求改变某些政策或要求维护其权益，所以它实际上与政治反对运动一道，在迫使国民党进行政治改革方面，发挥了一定的作用。某些社会运动也曾与政治运动结合，与选举结合，有些政党势力也参与社会运动中来，使社会运动更加复杂化。

参 考 文 献

〔1〕参阅《揭民进党内幕》，台北风云出版社，1987年版，第9、17页。

〔2〕彭怀恩.《台湾发展的政治经济分析》，台北风云论坛出版社，1990年版，第325页。

三、教育的发展

1949年，国民党败退台湾，在对失败的原因进行全面"反省检讨"时认为，政治、经济、军事各方面的失败只是一时的，唯有教育的失败"影响巨大，且非短时间所能补救"，是失败的"主因"。[1] 教育的失败，不只是学校教育的失败，更主要的是"缺乏健全的教育方针和教育政策"，即"忽视了国家观念，民族思想和道德教育"。[2] 为此，国民党败退台湾后，一直比较重视教育的发展。

早在1950年，台湾的小学适龄儿童入学率即已达到约80%；至1955年，进一步达到97%，显示小学教育已基本普及。但当时初级中学数量不足，直到1967学年度，小学毕业生升学率仍只有约62.3%。由于经济建设开始起飞，急需大量人力，初中毕业生尤受欢迎，据有关方面统计，配合"第四期经建计划"，每年需初中毕业生8.2万人，但1966年10.8万初中毕业生除80%升入高中和高职外，所余不足2万人，与计划需求相距甚远，为此，决定延长"国民教育"的时间。[3]

推行"九年国民教育"是以金门县为试点的，从1968年起在台湾及金门地区全面实施。按照规定，学生免纳学费，所需增加教师、增建校舍的经费由地方税收筹措，所需建校土地也作出规定给予划拨。8月1日，开始实施"九年国教制度"时，共有公立及代用（私立）初中487所，学生人数为61.7万余人，加上已有小学2244所，小学生238.3万余人，小学升学率为74.6%。1982年实施"强迫入学条例"，对适龄儿童入学作了强制性的规定。到1989年初中增加到691所，学生112.5万人，小学2484所，学生238.4万人，小学生升学率达到99%以上。

中等教育原包括中学（初中、高中）、师范学校、职业学校（初职、高职）三类。实施"九年国教"以后，初中划归"国民教育"范畴；初职停止招生，逐年结束；师范学校早在1960年度起即分年改制为师范专科学校。后来的高级中等教育实际上只包括高中与高职两类。

1950学年度时，高初中合并中学共有62所，高中学生计1.88万多人。到1972学年度，高级中学增至203所（其中高初中合设97所），学生人数增至19.72万人，这是高中教育发展的最高峰。此后，为配合经建人才的需求，高中与高职两类学校人数比例逐年被调整，高中校数和学生人数不断下降，而高职的学生数在十年内增加了两倍。到1988年，高职学校达212所，学生44.4万人；高中则只有168所，学生20.8万人。高中与高职学生的比例为31.9%对68.1%。大量高职毕业的就业人口对台湾经济的发展是有相当关系的。

在高等教育方面，经过50—60年代的发展，至1966年，已有专科学校35所，在校学生近3万人，大学21所，在校学生5.48万人，研究所59所，硕士和博士研究生993人。

随着经济起飞，对高级专业人才和技术人才的需求不断增加，高等教育也得到相应的发展。研究生教育发展迅速，1967年公私立大学共有研究所69所，到1988年发展到327所，研究生达到17341人，其中博士生3222人。高等学校的师资素质也有所提高，留学回台以及博士学历和硕士学历的师资所占比重大幅增加。高等学校的规模得到扩充，1980年有大专院校104所，学生34.3万人，1988年增加到109所，学生47.9万人。随着美国教科书的广泛流传和大量留美学生回台执教，高等教育领域基本上受到了美国式的改造。

在科学研究方面，1954年7月设立"科学教育委员会"，负责主持和策划全面的科研工作。1959年，成立"长期科学发展委员会"，充实和加强较有基础的科研机构，发放科研补助经费，开设"国家"学术讲座，资送部分研究人员到外国进修。1969年，"长期科学发展委员会"改组为"科学发展委员会"，科研机构逐渐充实完善。按性质大体分成三大系统："中央研究院"及高等院校的研究系统，偏重于基础科学和学术理论方面的研究；"工业技术研究院"等隶属于"行政院"、省政府以及财团法人和事业单位的科研机构，主要从事应用科技的研究、开发与引进；"国防部"下辖的"中山科学研究院"，负责军事科研活动。基础科学研究在物理学、数学及应用科学、海洋科学、地球科学、医学等方面，现代应用科技研究在核能技术及运用、电子技术、电机及机械、化学工业、材料科学及材料工程学、生产自动化、农业、食品科技、生物技术等方面，都有一定的进展。并且重视技术成果的转移，使之迅速转化为生产力，获取经济效益。1979年，"经济部"成立"创新工业技术转移公司"，具体办理有关技术转移工作。

从1950年到1988年，教育经费增加了490多倍，教师人数增加7倍，学校数增加4.45倍，1988年在校学生达519.5万人，占人口总数的26%，其中大专学生47.9万人，占人口总数的2.4%。从数量上看，确有很大的发展。实施"九年国民教育"对于增加儿童升学机会、造就建设人才、提升人口素质都有一定的作用。但是，教育的弊端也日益显现出来。青少年犯罪、毒品流行、逃学、飙车等现象引起社会广泛关注，受到社会精英主义影响的"升学主义"、"过度功利实用化"、重视眼前利益忽视长远利益以及宣扬"反共复国"、领袖崇拜、"正统论"等泛政治化的教育，更阻碍了教育的发展。一些教育学家在总结40年来的教育发展时指出："在量的方面确有显著的增长（如学校数、学生数、入学率、德育投资的增加），然而教育的品质提升仍不够理想（如升学主义导致的教育不均等、学前教育的忽略、特殊教育的不够普及）；在形式上及硬体上的建设已有些基础，但教育内容、方法及相关软体上却落后；在教育效率、技术上已有成效，但教育内在理想及人文精

神的提振，却日益萎缩。"〔4〕

参 考 文 献

〔1〕《中华民国第三次教育年鉴》，台北正中书局，1957年版，第6页。

〔2〕《中华民国第四次德育年鉴》，台北正中书局，1976年版，第98页。

〔3〕汪知亭.《台湾教育史料新编》，台北商务印书馆，1978年版，第327页。

〔4〕高英茂编.《迈向二十一世纪，问题·议点·方向》，台北二十一世纪基金会，1989年版，第330页。

四、文化领域的论争

国民党当局在实施"军事戒严"专制统治的同时，在思想文化领域也实行全面的管制。他们一方面对新闻出版事业进行严厉的控制，陆续制订出一套钳制言论的法规和办法，取缔具有进步倾向的作品，并从1951年起对报纸实行各种限制，在言论上稍有不慎，便会受到当局的警告、停刊等处分。另一方面，又通过各种途径加紧进行"反共"宣传，提倡文艺作品的所谓"反共救国"的"战斗精神"，50年代"反共"文学泛滥一时。美国文化、西方文化的影响也不断加深。

50年代中后期，由雷震等一些从大陆赴台的自由主义知识分子创办政论性杂志《自由中国》，鼓吹西方的民主自由和宪政主义，批评国民党的独裁专制统治，在当时言论界中扮演了重要角色，不过它只能在思想文化界、军公教人员以及少数台籍士绅中产生一定的影响，得不到台湾社会的广泛支持。60年代，在政治、经济、军事各方面都依赖美国的情况下，西方的价值观念、生活方式日渐渗透到岛内，知识阶层开始对思想文化领域的泛政治化倾向以及精神生活的贫乏感到不满，他们希望从西方文化中寻找出路，出现了以《文星》杂志为代表的主张"全盘西化"的刊物。在文学界，也出现了一批介绍当代欧美作家的作品与思潮的杂志，并尝试用西方超现实主义手法进行创作，由此产生了所谓"现代派文学"。另一方面，一批台湾省籍的乡土文学作家也重新活跃，他们以反映本地一般民众的现实生活为目标，创作了许多颇有社会影响的文学作品。在不同思潮的相互激荡下，思想文化界围绕着如何对待传统与西化展开了一场"中西方文化论战"。

"全盘西化"论者主张"要就得全要，不要也得全不要"，"除了死心塌地学洋鬼子外，其他一切都是不实际的"。他们还对社会现状进行批判，大力提倡现代化和西化，宣扬西方的民主自由。这些言论在批判传统文化的消极面、反对独裁、要求民主方面有一定的意义，引起知识界的震动，也得到一些青年学生的支持，对以传统文化继承者自居的台湾当局则是一个有力的冲击。但他们全盘否定传统文化的民族虚无主义，则成为他们的致命伤，因而遭到了相当猛烈的反驳和打击。批判者认为，中国的情况、环境、问题与西方不同，不能全盘西化，而应当超越传统、超越西化、超越俄化，因而提出所谓"超越前进论"。这本来是一场学术性的论战，但是，由于全盘西化派自由主义的政治理念，可能造成对当局的威胁，国民党当局便组织力量进行批判，并封闭了宣扬民主自由的《文星》杂志。这场论战终于在当局的介入和高压下结束了。

60 年代中后期，面对西方文化的冲击和社会道德风尚的日趋下降，台湾当局企图以"固有文化"来"充实国民精神生活"，成立了"中华文化复兴委员会"，推动所谓"中华文化复兴运动"。这项运动在 70 年代初达到高潮，为保存、传播和发扬中华传统文化做了一些工作，使台湾出现了重视传统、回归传统的趋势，但由于运动具有"浓厚的政治含义"，以及过于重视形式忽视内容，也就"相对降低其文化的功效"。[1]

70 年代台湾当局在"外交"上挫折连连，政治上面临权力转移的关头，加上"保钓运动"的影响，激发了台湾人民民族意识的觉醒。在这种形势下，知识文化界从文化论战和西化思潮泛滥中解脱出来，掀起了"回归传统，关切现实"的思潮。70 年代中期兴起乡土文学运动，一批乡土文学作家立足于本土现实社会，创作了一大批反映现实社会问题、描写普通百姓生活及心态的文学作品，同时也发表了一批抨击日本殖民经济对台湾经济的冲击、揭露美军和日本人损辱台湾妇女的作品。乡土文学的发展显示出时代批判精神，社会影响日益扩大，终于引起台湾当局的不安和一些文学界人士的异议，于是 1977 年夏围绕"乡土文学"问题爆发了一场论战。有人认为乡土文学是"地方主义和褊狭的"，是贩卖"阶级文学"，扩大矛盾、丑化社会，还被扣上"工农兵文艺"的帽子，似乎凡主张乡土文学的人，不是"台独"分子就是共产党的"统战工具"。当局对乡土文学的围剿一度使文坛充满恐怖气氛。乡土文学作家们面对挑战，讨论了一些较重大的理论问题，阐明了文学应建立民族本位，抵抗新的经济帝国主义和外国文化的侵略；文学应"回归乡土"，反映现实，为社会和为人民大众服务；台湾乡土文学是现实主义文学，属于中华文化的一部分，"回归台湾本土的感情与大中华的民族意识是融会不分的"等观点。

随着台湾经济社会的变迁和本土化、自由化的发展，人们对台湾发展前途出现不同看法，1983—1984 年对"台湾意识"与"中国意识"问题，发生了一场空前的思想论战。论战主要围绕着"台湾意识"涵义及其产生的历史背景和现实根源、"台湾意识"与"中国意识"的关系而展开。论战的参加者包括政论家、经济学家、历史学家、社会学家以及文化界人士，为数众多，观点各异。这场论战实际上是国际政治动荡和岛内政治斗争的一种反映，"是政治斗争在理论方面的展开"。[2]"中国意识论"者有的否定"台湾意识"的存在，有的以"中国意识"涵盖"台湾意识"，有的认为"台湾意识"绝非"独立的民族意识"，它与中国意识或中华民族意识并不矛盾、对立。此一论者包括主张祖国统一的人士，也包括要以"三民主义统一中国"的人士在内。极端的"台湾意识论"者认为，"台湾意识"是"以台湾本土为主体的人们 400 年来休戚与共互相依存而产生的一种共同意识"。"台湾意识"是"相对于中国人意识而独立存在的台湾人的意识"，而"中国意识"则是"国民党当局强加给台湾人的，在台湾毫无实质基础，只是一种'虚幻'"。他们否定台湾人是中国人，甚至认为台湾人已经形成独立的"台湾民族"，从而主张"台湾住民自决或台湾独立"，主张台湾文化与中国文化划清界限。有的学者指出，这个论争的"背后暗流"，"乃是在国际政治关系的动荡不安中，一部分人企图以强调承认台湾现状并维持现状来对抗中国大陆对台湾的影响"。[3]这场论战表明岛内思想界在文化主体认知上存在着尖锐的矛盾和对立。事实表明，片面鼓吹"台湾意识论"是给"台独"分裂势力的活动提供"理论依据"。

由于都市化的发展、中产阶级的崛起和知识分子队伍的扩大，社会对文化的需求日趋多元化，"大众文化"便以强劲的姿态出现在社会上。台湾所谓"大众文化"，指的是具有规格化、大量化、快速化的特征，同时又是通俗性和消费性的文化。易看、易懂、易学、易参与、易获得满足，所以有人将它比喻为"速食文化"。它倚重于媒体强大的复制传播功能，将社会大众纳入它的影响范围之内。大众文化的兴起是台湾经济社会发展的产物。由于工商业社会的结构已基本定型，人们工作生活的节奏加快了，对娱乐、休闲形式的需求也日益多样化。商人们不失时机地大量制作满足大众多样休闲口味的文化商品。于是大量的武侠、言情作品、功夫片、警匪片、言情片及科幻片充斥市场，MTV 与 KTV 以及盗版录影带租售店盛行，此外还有各种各样的电玩器械、日本色情漫画、畅销企管书籍等，组成了商业取向的大众消费文化。不仅如此，一向被知识分子视为高层文化的精致文化、精致艺术也感染了商品化的气息，逐渐趋于交换、展示的价值，以制造娱乐效果为目的，而且日益依赖于美国、日本的学术文化界，创造精神大大削弱。这种商品化的消费型文化，使社会上出现价值观念混乱和脱序现象，日益增长的物质欲望、享乐主义、急功近利、投机取巧等，对精神文化建设带来极大的冲击。有的学者指出："台湾目前文化的发展，无疑地失去了人本的基本立场。物质文明再蓬勃，没有社群文化、精神文化映现人性光辉，必然只是暴发户式的庸俗文化。长此以往，中国文化将深陷庞大的黑洞，前途十分可悲。"[4]

参　考　文　献

〔1〕李亦园.《台湾光复以来文化发展的经验与评估》，李亦园著.《文化的图像》（上），台湾允晨文化实业股份有限公司，1982 年 1 月版，第 27 页。

〔2〕朱天顺.《当代台湾政治研究》，厦门大学出版社，1990 年版，第 235 页。

〔3〕戴国煇.《台湾史研究》，台北远流出版公司，1985 年版，第 142—145 页；施辉敏编著.《台湾意识论战选集》，台湾出版社，1985 年版，第 31—37 页。

〔4〕李亦园语，见杭之《迈向后美丽岛的民间社会》上册，台北唐山出版社，1990 年版，第 250 页。

第五节　本土化和自由化的推行

一、蒋经国当权与"革新保台"

进入 70 年代，随着国际形势和岛内社会经济的巨大变化，国民党的统治出现了严重的外挫内困的局面。1971 年在联合国第 26 届大会上，美国等 17 国提交了"关于代表权的决议草案"，主张既"确认中华人民共和国的代表权"，又"确认中华民国继续拥有代表权"，这个提案违背了联合国宪章的规定，遭到联合国大会的否决。在这次大会上，通过了第 2758 号决议，明确指出："承认中华人民共和国政府的代表是中国在联合国的唯一合法代表。中华人民共和国是安全理事会五个常任理事国之一。"根据这个决议，中华人民共和国在联合国的合法席位和权利得到了恢复，国民党当局的代表被联合国及其所属的一切机构驱逐出去。此后，有许多国家与国民党当局"断交"。接着，美国政府调整了对华政策，1972 年 2 月，美国总统尼克松访问中国，并联合发表了《上海公报》，开始了中美关系正常化的进程，驻台美军决定分阶段撤退。9 月，日本政府宣布与中国建交，与国民党当局"断交"。这一连串事件使得长期依赖美国的国民党当局，顿时陷入了空前的危机，在国际社会上日益孤立。

在岛内，由于从农业社会向工商业社会的转化、工商业经济的快速发展和教育的普及与提高，带动了阶级关系的变化。新兴的中产阶级不满足于政治的现状，他们要求参与政治，反对缺乏民意的民意机构和专制统治，国民党内的台籍新生代也对传统的政治秩序进行批判，要求改变限制台籍人士参与政治的各种做法。70 年代初，青年学生的"保钓运动"，是在专制统治下发起的一次反帝运动，反映了他们民族意识和政治意识的复苏和觉醒。与此同时，一批学术界和企业界青年，以《大学》杂志为阵地，议论"国是"，倡言政治革新，直接触及了统治体制和一向被视为政治禁区的"法统"问题，给国民党当局造成了很大压力。社会上要求改革政治的愿望相当强烈。这些情况表明，国民党当局不仅在国际上失去依靠，在岛内的统治也出现问题，它不得不"向内寻求更大的社会支持"[1]。

当时蒋经国已准备上台，他鼓励《大学》杂志的青年们对时政发表建言。"青年的建言，以及青年对他的期望与好感，对蒋在政治上的声望及政治权力的提升，有相当积极的作用。"[2]1972 年 2 月，国民党当局召开了一届"国大"五次会议，蒋介石再次当选"总统"，严家淦当选"副总统"。同年 5 月，经严家淦推荐，蒋经国出任"行政院长"。6 月 1 日蒋经国正式就职，从此，台湾开始进入蒋经国时代。

蒋经国出任"行政院长"是蒋介石的精心安排。面对"外交"溃败、社会矛盾上升、内忧外患一齐袭来的局面，为了应变求存，蒋经国开始对内外政策进行调整，实行"新人新政"，推行了一系列"革新保台"的措施，其核心是本土化，即向社会内部寻求支持，笼络台湾本土的政治、经济精英，以达到巩固国民党统治的目的。

蒋经国对"行政院"进行了大幅度改组，吸收大批具有专业知识的技术人才，破格提拔国民党第二代，取代原来一身暮气的老官僚。在各"部会"及直属机构的主管中，起用新人占一半以上，"阁员"平均年龄降为 61.8 岁；有 6 名台籍人士"入阁"。到 1978 年，台湾省籍的"阁员"占 32%，1987 年上升为 40%。当局通过增额选举，增加"国会"中台湾省籍和海外华侨的代表人数，至于大陆代表则不再选举，这对缓和"法统"危机、满足部分本土人士参与政治的要求有一定作用。在国民党内部也采取"启用青年才俊"的政策，在中央和地方党部中启用了台籍人士。国民党还注意吸收台籍人士入党，从 1972—1976 年，台籍党员人数增加到全体党员的一半以上，国民党成为以台湾人为主体的政党。在国民党中常委中，台籍人士也逐渐增加，到 1987 年台籍中常委已占 48%。

蒋经国的本土化是在强有力的反对力量尚未形成以前进行的，所以，"它的开放，是向社会的精英，而不是向广大的民众。它是在台湾化，但并不是在自由化。"〔3〕这种改革是属于所谓"体制内改革"，是"在不危及反共戡乱体制稳定的前提下，有意识地提高台湾省籍势力在政权内的政治地位"。通过这次改革，"使大批在台湾生长的年轻力量涌入各级政府和党务机构，国民党在政治意识、组织形态和年龄结构上都出现明显变化"〔4〕。国民党当局与台湾民众的矛盾有所缓和，省籍矛盾也得到了一定程度的缓解，蒋经国个人的权力地位也因而得到了巩固和强化。1978 年 2 月 19 日，国民党当局召开一届"国大"六次会议，3 月 21 日，蒋经国被选为"第六任总统"。至此，蒋经国集党政最高权力于一身，成为新的政治强人。

参　考　文　献

〔1〕〔3〕王振寰.《资本，劳工与国家机器》，台湾社会研究丛刊，1993 年版，第 41—44 页。

〔2〕李筱峰.《台湾民主运动四十年》，台北自立晚报社文化出版部，1987 年版，第 92 页。

〔4〕范希周.《国民党的政治改革及对其大陆政策的影响》，见朱天顺主编.《当代台湾政治研究》，厦门大学出版社，1990 年版，第 132 页。

二、"党外"势力的崛起和"政治革新"的开展

所谓"党外",在台湾当代史上是一个专有名词,它指的是国民党以外同国民党持不同政见的人士。有人认为,党外是包括分离运动、自治运动、反对运动、社会运动、本土运动和民主运动等不同政治力量组成的"反国民党的联合阵线"。党外的组成成分相当复杂,政治主张不一,内部经常发生矛盾,因而在运动中不断发生分化和重组。

1977 年 11 月,在举行五项地方公职人员选举时,非国民党籍人士纷纷以"党外"名义投入"选战",党外人士进行全岛性大串联。选举结果,党外人士取得了 30% 的得票率,有 21 人当选为省市议员,有 4 人当选为县长。这使得党外运动"表现出一个整体力量的雏形"。[1] 这次选举使党外人士受到很大鼓舞,参政欲望更为强烈。为了准备 1978 年的"中央民意代表"选举,党外人士首次组成全岛性的"党外助选团",并提出十二项共同政见,以组织化的形式向国民党当局发起挑战。但是,12 月 16 日,国民党当局因中美即将建交而发布紧急命令,停止选举活动。同时对党外势力的快速发展,采取高压政策。党外势力在参政道路被阻和国民党当局的高压政策下,走上街头,掀起了一连串反抗专制争取民主的群众运动。1979 年《美丽岛》杂志的创办,把这个运动推向高潮。

《美丽岛》杂志不仅刊登党外人士的政论文章,抨击国民党当局的专制统治和政治体制,而且在各县市设立了服务处,作为开展群众运动的基地。12 月 10 日,该杂志在高雄组织了一场声势浩大的纪念世界人权日群众集会,并在当晚举行火炬游行,喊出了"解除戒严、开放言论"和"结社自由"等口号,参加和围观的群众达 2 万多人。集会进行当中,国民党当局出动了大批镇暴部队进行镇压,游行群众与军警发生了大规模冲突,双方搏斗直至凌晨才平息下来。有上百名宪警受伤,民众受伤的人数则未有可靠的统计。事后,国民党当局以"具有叛国意念,共谋颠覆政府,与海外叛国分子勾联,策划暴力夺权"的罪名,逮捕了党外人士 150 多人,查封了《美丽岛》杂志及其服务处。经过军事法庭审判,有 40 多人被判刑。这就是所谓"美丽岛事件",或称"高雄事件"。

国民党当局的镇压,使刚刚崛起的党外势力受到重挫。但是在 1980 年底的增额"中央民意代表"选举中,几位美丽岛事件的"受刑人家属"和辩

护律师获得高票当选。此后，在1981年地方公职选举和1983年增额"立委"改选中，党外势力又有相当收获。这时党外人士意识到组织化的必要性，于是先后成立了"党外编辑作家联谊会""党外公职人员公共政策研究会"等组织。1985年5月，"公政会"和"编联会"共同组织了"党外选举后援会"，实现了两股党外势力的联合。1986年3月，"公政会"开始在各地设立分会。这时，在美国的许信良等人宣布将在海外组党，然后"迁党回台"，这对岛内形成相当的压力。于是7月间党外筹组建党十人小组，并举办各种"组党说明会"。9月28日，举行"党外选举后援会"会议，原定讨论提名年底参加"中央民意代表"选举的候选人及组党事宜，但会上有人动议先讨论组党问题，后来又有人主张立即宣布成立民主进步党，得到很多人的赞成。民进党就在出人意料的情况下，仓促成立了。11月10日，民进党召开第一次党员代表大会，通过了党纲和党章，选举了领导机构。

民进党的成立，实际上是享受了台湾各界人士多年来对国民党专制统治斗争的果实。它的出现，对国民党的一党专制体制无疑是一个巨大的冲击，并在一定程度上造成了台湾政治多元化和多党政治的格局。然而，这个在胚胎里就具有浓厚分离倾向和"台独"意识的政党，随着台湾政治环境的变化，"台独"主张日益显露：1987年5月，由民进党主导的街头运动，第一次出现"台湾独立万岁"的口号；8月，民进党人把"台湾应该独立"的条文列入"台湾政治受难者联谊会"的总章程；10月，该党主席公开表示"台湾人绝对有主张台湾独立的自由"；11月，在该党第二届党员代表大会上，把"人民有主张台湾独立的自由"列入决议；1988年初，该党第二任主席公然声称："没有任何力量可以禁止台湾独立。"

人们原以为国民党将"依法处置"民进党，可是国民党却决定采取"宽容应对之策"，后来甚至对民进党的"台独"言行加以纵容，成为台湾社会动荡与不安的隐患。

80年代中期以后，社会多元化的趋势也在发展。环保运动、校园民主运动、劳工运动及"原住民"运动等各种自发性群众"自力救济运动"相继涌现，街头请愿、游行、抗议事件频频发生。这时又发生"江南命案""十信弊案"，专制体制的弊端公开化。同时，围绕着蒋经国的身体状况和接班问题，议论纷纷，人们对强权政治和专制体制的不满日益强烈。在这种情况下，国民党于1986年3月29日召开了十二届三中"全会"。蒋经国在会上提出"政治革新"的主张，声称今后将采取"较为开明的做法"，"以党务革新结合行政革新"，进而"带动全面革新"。[2] 其目的是在确保台湾安全的前提下，加强"宪政建设"，采用比镇压较为理性的政策，以适应新的时代潮流的要求，维持在台湾的长久统治。会后，由 12 位中常委组成政治革新议题研究小组，研议有关解除"戒严"、开放"党禁"、充实"中央民意机构"、地方自治法制化、党务革新及改善社会风气与治安等六大革新议题，其核心是加强国民党政权与台湾社会的联系，"将反对派势力纳入议会竞争的轨道，对民众的集会、游行、请愿、罢工等活动加以约束控制，防止内部出现动乱"。[3]

解除"戒严"是政治革新的第一个步骤。1987 年 7 月，蒋经国宣布废除在台湾实施达 38 年之久的"紧急戒严令"，取消"非常状态"下的相关法规，适度放宽对言论、结社、集会、罢工、罢课、游行、请愿等基本民权的限制。同时，"行政院长"俞国华也宣布自 15 日起正式实施"动员戡乱时期国家安全法"。解除"戒严"使专制统治有所放松，也使国民党与台湾社会的矛盾有所缓和。

第二个步骤是允许台湾民众经其他国家和地区赴大陆探亲。当局于 1987 年 8 月宣布从 11 月起开放探亲，这是台湾当局借海峡两岸的互动来抑制分离意识的一个政治手段，也表明台湾当局对大陆政策的调整已经列入议事日程。

1988 年 1 月，蒋经国去世，由李登辉继任"总统"。由于"解严"和开放探亲已经对台湾社会造成重大冲击，"军事戒严"时期已经结束，一党专制的体制开始解体，本土化和自由化的进程已经无法阻挡。

参 考 文 献

〔1〕杭之.《迈向后美丽岛的民间社会》上册，第 48 页。
〔2〕《蒋经国言论集》第八辑，第 42 页，《中央日报》1987 年出版。
〔3〕李水旺.《论国民党当局的"政治革新"》，载《台湾研究》1988 年第 1 期。

三、两岸关系的变化

自从 1979 年全国人大常委会发表《告台湾同胞书》，提出"和平统一"的方针以后，中国政府采取了一系列有利于缓和两岸关系的措施。但是，国民党当局担心两岸关系的发展将对其"反共戡乱体制"造成威胁，因而制订出"不接触，不谈判，不妥协"的"三不"政策。1981 年国民党"十二全"

大会上，以"三民主义统一中国"取代了过去"反共复国"的口号，在处理两岸关系问题上也出现一些政策性的松动。但是，在政治上却仍然处于僵持的局面。1987年台湾当局在没有制订出新的大陆政策的情况下，宣布从当年11月起，允许台湾民众经其他国家和地区，赴大陆探亲。这表明台湾当局已经将调整大陆政策列入议事日程，但又疑虑重重。探亲在台湾社会上引起强烈的反应，这时，国民党内主张谨慎的意见占了上风，美国政府高级官员也私下表示担忧，在这种情况下，蒋经国公开表态，台湾当局的大陆政策是坚持反共立场的"三不"政策，"这个立场不会改变"。

尽管如此，两岸交流是中国人民的共同愿望，这不仅符合两岸人民的利益，也符合中华民族振兴的需要。在祖国统一的道路上虽然还存在不少阻力和障碍，也还会出现一些艰难和曲折，但是，祖国统一是大势所趋、人心所向，是任何力量也无法阻挡的。

后　记

　　台湾历史是中国历史密不可分的组成部分。对台湾历史的研究是中国历史研究的重要课题。1993 年 11 月，中国史学会和全国台湾研究会在北京联合举办了一次"台湾史学术研讨会"。这次会议就台湾史多方面的问题进行了认真的学术研讨，与会的专家学者还回顾了近十多年来台湾史研究的成绩和不足。大家深感实事求是地以科学的态度研究台湾历史的迫切性和重要性，认为在台湾史研究日益受到广泛关心的情况下，有必要编写一部简明扼要的台湾史。这次会后，在学术界的关心和推动下，由中国史学会、全国台湾研究会发起，并得到国务院台湾事务办公室、国家教委、中国社会科学院以及社科院近代史研究所、台湾研究所，厦门大学台湾研究所，中国人民大学清史研究所、历史系等的赞同和支持，决定编写一部《台湾历史纲要》，并于1994 年 3 月组成编委会，开始了本书的编撰工作。

　　参加本书撰写的有王升、王汝丰、王建民、邓孔昭、刘红、张振鹍、张冠华、陈小冲、陈孔立、陈在正、李祖基、杨立宪、林仁川、周翔鹤、曹治洲、戴文彬。

　　陈孔立统一修改了全部书稿，邓孔昭担任全书的校订工作。

　　本书的时间下限止于 1988 年 1 月。

　　编委会对本书的编写大纲、各章书稿曾先后多次讨论。王汝丰、王庆成、陈孔立、金冲及、姜殿铭、萧敬、戴逸等参加了最后的定稿工作。

后　　在编写过程中，安志敏、吴克泰、张克辉、茅家琦、蔡子民等专家学者
对书稿提供了许多意见，在此致以谢忱。

记

《台湾历史纲要》编委会

1996 年 3 月